日本の医療

その仕組みと新たな展開

岩渕 豊●著

中央法規

刊行に寄せて

　本書は，厚生労働省の事務官であった著者が，京都大学大学院法学研究科・公共政策大学院において行った講義をもとに，医療政策について包括的に解説したものである。「政策論」という分野は，日本では，ジャーナリスト，政治評論家などといった人が語るという先入観があり，そういうイメージのために断片的な記述のものが多く，一つの分野を体系的に整理して議論したものは必ずしも多くない。もちろん，特定の時代の，特定のトピックのみを取り上げて，その背景などを議論するものは，それはそれで「物語」としては面白い。しかし体系的に学ぼうとすると，手当たり次第に読まなければ全体像がつかめない。

　公共政策という分野は，立派な学問分野であり，たとえば本書のように，日本を中心とする医療政策が，どのように形成され，発展してきたかを一冊の本で手に取るように俯瞰できるという著作は貴重である。

　また，次のような意味でも本書は貴重である。各種の政策を実現するためには，これに法的基盤を与える必要があるが，いうまでもなくこの過程でさまざまな政治過程が介在する。たとえば行政機関における政策の原案の立案，与党内での検討，与野党間の折衝，さらには、時には法案の実施に伴う国と地方公共団体の責任の分担のあり方をめぐる調整，などである。

　これらは各種の政策ごとにおもむきが異なり，この過程全般を理解することは当事者であっても容易なことではない。そしてかつては，こういった過程や「立法の趣旨」などを解説する書物などが多数出版されていた時期があった。ところが、立法と行政との役割分担のあり方についての微妙な見解のズレがあり，政治的な争点となった。「官僚主導」の政治に対する批判などである。このために、この種の出版物の刊行が少なくなってしまった。

　本書の第2章は，こういった政策形成過程について，その手順が詳しく説明され，さらに政策ごとに，必要とされる情報の入手方法も解説している。特にこの章は，類書においてもほとんど目にすることができない貴重なものである。

　第3章，第4章は，日本の医療政策の概説であり，医療保険制度から医療提供体制に至るまで，医療にかかわるあらゆる政策案件が詳しく説明されている。説明は簡潔にして要領をえており，全般を読めば医療政策のかなりの専門家になれるはずである。医療という分野は，数多くの専門用語が用いられる分野であるが，この平易な解説も，本書の特徴である。

　第5章は，主要国の医療制度の解説にあてられているが，この章も，単なる制度の解説だけにとどまっていない。著者の海外勤務の経験にも基づく簡潔なコメントも読み応えがある。第6章から第8章は，「社会保障と税の一体改革」から，「医療介護総合確保推進法」と国民健康保険法改正に至る，最新の医療政策をまとめている。

　これに加え特筆したいのは，合計18項目にわたって挿入されている「コラム」欄である。

ここでは,しばしばメディアで話題になる項目を中心に,時には学問的好奇心をそそられるテーマが選択されている。ここで取り上げられているテーマは,専門家でさえあまり知らなかった話題もあり,著者の関心の幅広さの一端を垣間見ることができる。

　本書をひもとく読者が,一般読者だけでなく,幅広くの専門家にわたることを期待するが,私は特に次の方々に本書の一読をお勧めしたい。まず医師,看護師,薬剤師,介護福祉士などの医療・介護・福祉関連の専門職従事者である。このような人々は,この分野の行政の法的基礎を知っておくことが必須であるが,とかく無味乾燥な法律を本書では,生きたものとして学ぶことができる。

　さらに地方公共団体の職員に,本書を一読されるようお勧めしたい。かつては本書の類書が数多く出回っていたので,多くの職員が本書の内容に関わる知識を持っていた。しかしながら近年は,この種の類書は,各種の試験対策として読まれることはあっても,一般教養として読まれることが少なくなっている。本来ならば,地方公共団体職員が,本書で書かれていることのような教養を持ち,政策立案に関わることが求められるのである。

2015年6月

　　　　　　　　　　　　　　　一般財団法人　医療経済研究・社会保険福祉協会
　　　　　　　　　　　　　　　医療経済研究機構所長

　　　　　　　　　　　　　　　　　　　　　　　　　　西村 周三

はしがき

　医療は、国民だれもが世代を問わず利用する、最も身近な社会保障サービスである。
　また、日本の医療の大きな特徴である国民皆保険制度を守り、国民によりよい医療を提供することは、党派を問わず一致して支持される重要な政策目標である。
　医療は、GDPのほぼ1割に相当する規模となっているが、医師の免許や医療機関の監督などの公的な規制を伴い、また、医療費の大部分が公的医療保険制度の診療報酬によって支払われるなど、法制度に依拠し、政策動向に大きな影響を受ける側面をもつ。人口構造の変化をはじめとする日本の大きな社会経済変動の過程で、適切な医療政策を講じ、将来にわたって国民の医療をいかに確保していくかは、これからの日本にとって大きな課題である。
　本書は、日本の医療の現状と課題、医療保険や医療提供体制の諸制度など、日本の医療政策全般にわたる解説書である。制度の現在の姿だけでなく、現実の課題に対しさまざまな要因・制約の下で政策が形成され制度が変化していく過程が理解できるよう、本書には医療政策形成過程について章を設けるとともに、最近の医療制度改革の動向に関し、社会保障・税一体改革、2014年医療介護総合確保推進法及び2015年医療保険制度改革についてそれぞれ章を設けて解説した。また、諸外国の医療制度との比較や医療政策に関する情報の入手方法を示すとともに、医療政策分野の重要事項についてコラムを多く設けて解説するなど、読者の理解を深めるための工夫をした。医学・看護・介護などの医療福祉分野の学生だけでなく、法学・経済学・社会学などの専攻で医療政策に関心をもつ学生、国・地方自治体職員や医療福祉の実務に携わる社会人の読者も念頭におき、1冊で医療政策全般の成り立ちと仕組み、そして新たな展開が理解できるよう構成したつもりである。
　本書を執筆するきっかけとなったのは、筆者が3年間担当した、京都大学大学院法学研究科・公共政策大学院での「日本の医療政策」の講義である。講義には法学の院生のほか、医学をはじめとする医療専攻の院生、アジアの留学生、自治体職員、経営者等の社会人の院生といった多彩な顔ぶれが参加してくれ、多角的な議論は筆者にとって得難い貴重な経験となった。講義の教材については、国立社会保障・人口問題研究所所長の西村周三先生（現：名誉所長）のご指導を仰ぎつつ試行錯誤で作成したものであったが、先生がそれをもとに本を執筆し出版することを勧めてくださり、また、本書の巻頭に「刊行に寄せて」をご執筆いただいた。行政出身の筆者が何とか本書を書きあげることができたのは、ひとえに西村先生の温かいご指導のおかげであり、改めて深く感謝申し上げる。また、埼玉県立大学保健医療福祉学部教授の伊藤善典さん、一橋大学大学院社会学研究科准教授の白瀬由美香さん、内閣官房社会保障改革担当室企画官の植松利夫さん、内閣府政策統括官（経済社会システム担当）付参事官補佐の荻田洋介さんには、原稿作成段階で貴重なご助言をいただいた。本書の編集

を担当された中央法規出版の相原文夫さんは，企画段階から執筆，校正まで，丁寧にかつ細やかな心遣いで不慣れな筆者を支えてくださった。ここにお名前をあげることができなかった方々を含めて，本書の出版にご支援賜った皆様に，心より御礼を申し上げたい。

　本書を通じ，少しでも多くの次世代の方々が医療政策に関心を深め，これからの日本の医療を支える人材として活躍していただくことを期待したい。

　（なお，本書は，2013年に出版した『日本の医療政策─成り立ちと仕組みを学ぶ』をもとに，その後の政策動向を踏まえて構成・内容を見直し，大幅に加筆修正したものである。本書における見解は筆者個人のものであり，所属する機関のものではない）

2015年6月

筆者

日本の医療
その仕組みと新たな展開

目次

刊行に寄せて　1

はしがき　3

第1章　医療政策の基本的な課題を理解する
　① 日本の医療の概況 …………………………………………………… 8
　② 医療制度の体系 ……………………………………………………… 21
　③ 医療政策の基本的課題 ……………………………………………… 25

第2章　医療政策の形成過程を知る
　① 医療政策の形成過程とそこに関与する主体 …………………… 34
　② 医療政策の情報をどこで入手するか …………………………… 42

第3章　医療保険制度──健康保険，国民健康保険，高齢者医療と診療報酬
　① 医療保険制度の基本的構成と形成過程 ………………………… 46
　　［1］医療保険制度の基本的構成　46
　　［2］医療保険制度の形成過程　50
　② 健康保険法 …………………………………………………………… 54
　③ 国民健康保険法 ……………………………………………………… 78
　④ 高齢者医療制度 ……………………………………………………… 85
　⑤ 診療報酬 ……………………………………………………………… 90
　⑥ 社会保障協定 ………………………………………………………… 99

第4章　医療提供体制──医療法と医療を支える人材の資格制度
　① 医療提供体制の基本的構成 ……………………………………… 104
　② 医療法 ………………………………………………………………… 106
　③ 医療を支える人材に関する法律 ………………………………… 129

第5章　諸外国の医療制度──日本の医療政策の特徴を理解するために

1. アメリカ ･･ 147
2. ドイツ ･･･ 150
3. フランス ･･･ 152
4. イギリス ･･･ 154
5. 韓国 ･･･ 156

第6章　社会保障と税の一体改革の進展

1. 2006（平成18）年医療制度改革 ･････････････････････････････････ 160
2. 社会保障・税一体改革 ･･･ 162
3. 社会保障改革プログラム法と社会保障制度改革推進会議 ･･･････････ 169

第7章　医療介護総合確保推進法による改正──2014年医療制度改革

1. 医療介護総合確保推進法の成立 ･････････････････････････････････ 176
2. 医療法の改正（第6次医療法改正） ･･････････････････････････････ 180
3. 地域における公的介護施設等の計画的な整備の促進に関する法律関係の改正（医療介護総合確保法関係） ･･････････････････････ 190
4. 医療従事者に関する諸法の改正 ･････････････････････････････････ 193
5. 検討規定等 ･･･ 197

第8章　持続可能な医療保険制度を構築するための国民健康保険法等の一部を改正する法律──2015年医療保険制度改革

1. 2015年医療保険制度改革法の成立 ･･･････････････････････････････ 200
2. 2015年医療保険制度改革法による改正 ･･･････････････････････････ 203

参考文献　218

第1章

医療政策の基本的な課題を理解する

　本章では，医療政策を学ぶ出発点として，まず日本の医療の概況を知ることとする。医療機関や医師など，医療サービスの提供はどのような状況にあるか。医療の費用負担や医療費の動向はどうか。そして，医療の受け手である患者は，医療に関してどのように考えているのか。

　次に，日本の医療を支える制度の体系を知ることが必要である。医療制度は，医療の費用を保障するための医療保険制度と，医療サービスを供給する施設・人材等に関する医療提供体制の二つで構成されている。その詳細は第3章で述べることとするが，本章では日本の医療制度の全体像を頭に入れてほしい。

　そのうえで，日本の医療政策が取り組むべき基本的な三つの課題を示し，医療政策を学ぶにあたっての視角を提供することとする。

日本の医療の概況

1 医療サービスの供給

　OECDによる医療の国際比較「OECDヘルスデータ2014」によると，日本では1人あたり年間に平均13.0回医療機関に受診し医師の診察を受けている。日本の受診回数は1996年の14.8をピークに若干減少傾向にはあるのだが，その水準は，依然としてOECD加盟国中で2位の多さであり，OECD平均6.7回の約2倍となっている[1]（図表1-1）。この数字を見る限り，日本人は，大変「医者好き」な国民なのかもしれない。このように頻繁な医療の受診にはどのような背景があり，どのような仕組みで支えられているのだろうか。

　サービス提供面から見よう。医療サービス提供を主に担うのは病院と診療所である。病院は，医師または歯科医師が医業を行うための施設であって入院のための20床以上の病床を有するもの，診療所は外来のみで入院施設をもたないもの（無床診療所），または入院のための19床以下の病床を有するもの（有床診療所）をいう。

　厚生労働省の医療施設調査によると，2013年の日本の病院数は8540施設，病院病床総数は157万3772床（うち一般病床89万7380床），診療所は，医科の一般診療所が10万528施設（うち有床9249施設），歯科診療所が6万8701施設（うち有床37施設）となっている（図表1-2及び図表1-3）。病院数は，過去20年間減少傾向にある一方，診療所数は増加傾向が続いている。ただし，そのなかで有床診療所は減少している。また，病院病床数も減少傾向にあり，内訳としては，後述するように，一般病床が減少し，それに代わって療養病床が増加した後，最近は減少傾向にある。

　病院の規模について見ると，病院総数の約7割にあたる5884施設は，200床未満の中小病院が占めている。病床数600床以上の大規模な病院は250施設で病院総数の3％程度である。

　病院数に占める開設者別の構成割合を見ると，8割以上は医療法人，個人等の民間が開設したものである。国や地方自治体等の公的機関立は2割弱である。また，診療所については，97％が医療法人，個人等の民間立となっており，国や地方自治体等の公的機関立は3％にすぎない。

　日本では，医師・歯科医師は都道府県知事への届出により診療所を開設することができる（自由開業医制）。戦後，医師・歯科医師数が増加するとともに，診療所数は一貫して増加を続け，また，病院へと発展させてきた。日本の医療はこのように民間中心でサービス提供が行われているが，外国に目を向けると，イギリスの国民保健サービス（NHS）のように医

---

1) OECDヘルスデータ2014は，OECD加盟34か国を対象とし，2012年のデータを基本としつつ，当該データがない国については入手可能な最新のデータを用いて国際比較を行うものである。

■ 図表1-1　年間医師受診回数の国際比較（2012年）

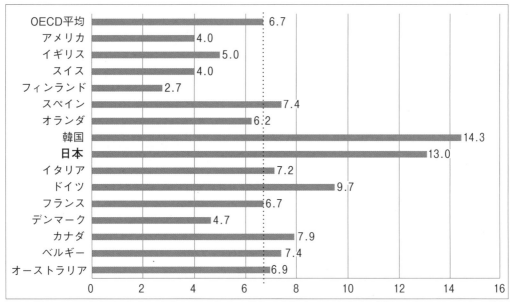

資料：OECD Health Data 2014

■ 図表1-2　医療施設数の年次推移

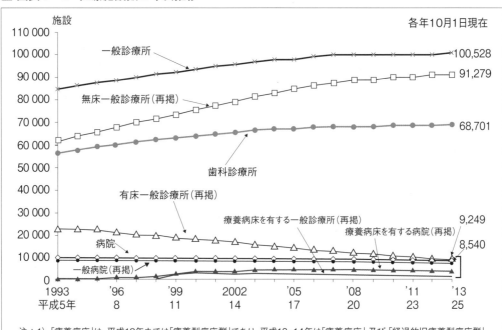

注：1）「療養病床」は，平成12年までは「療養型病床群」であり，平成13・14年は「療養病床」及び「経過的旧療養型病床群」である。
　　2）療養病床を有する病院については平成5年から，療養病床を有する一般診療所については平成10年から，それぞれ把握している。
　　3）平成20年までの「一般診療所」には「沖縄県における介輔診療所」を含む。

資料：「平成25年（2013）医療施設調査」

1　日本の医療の概況　9

■ 図表1-3　病床の種類別にみた病院病床数の年次推移

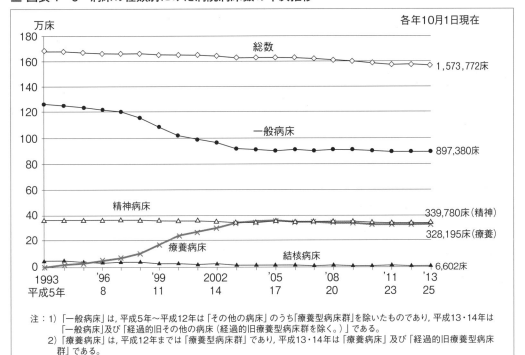

注：1)「一般病床」は，平成5年～平成12年は「その他の病床」のうち「療養型病床群」を除いたものであり，平成13・14年は「一般病床」及び「経過的旧その他の病床（経過的旧療養型病床群を除く。）」である。
　　2)「療養病床」は，平成12年までは「療養型病床群」であり，平成13・14年は「療養病床」及び「経過的旧療養型病床群」である。

資料：「平成25年（2013）医療施設調査」

療供給のほとんどを公的主体が担う国も少なくない。なお，国や地方自治体等の公的機関立の病院は比較的規模が大きいものが多いため，病院病床数を開設者別に見ると，民間が7割強，国や地方自治体等の公的機関立が3割弱となっている。

病院病床が実際に入院患者に使用されている割合（病床利用率）は81.0％，患者が病院に入院した際の平均在院日数は，一般病床で17.2日，精神病床，療養病床等を含めた全病床では30.6日である（2013〈平成25〉年病院報告）。

病院病床について国際比較を見てみよう。日本の人口千人あたりの急性期病床数は7.9でOECD加盟国中最も多く，OECD平均の急性期病床数3.3を大きく上回っている。また，急性期病床の平均在院日数17.5日は加盟国中最も長く，OECD平均の7.4日の倍以上となっている[2]（図表1-4及び図表1-5）。なお，人口千人あたりの急性期病床数，急性期病床平均在院日数は，OECDの多くの国で減少傾向にあり，日本も同様の傾向にある。少しずつではあるが，早く治療して退院できるようになっているということである。

医療機関への受診方法については，日本では，患者が，病院，診療所のなかから自由に医療機関を選択し受診することができるフリー・アクセス方式をとっている。これに対し，イ

2)　日本には医療法上「急性期病床」という名称の病床区分はないため，これに対応するものとして感染症病床と一般病床の合計が計上されている。OECD編著，鎌ヶ江葉子訳（2010）『図表でみる世界の保健医療OECDインディケータ（2009年度版）』明石書店，264頁

■ 図表1-4 人口千人あたり急性期病床数（2012年）

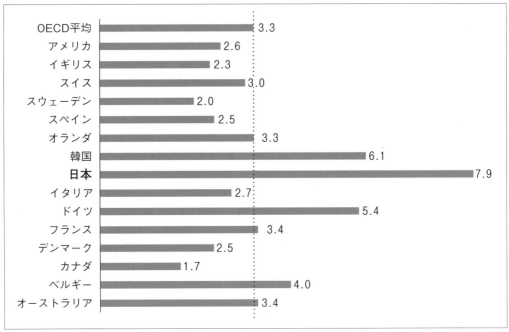

資料：図表1-1に同じ

■ 図表1-5 急性期病床平均在院日数の国際比較（2012年）

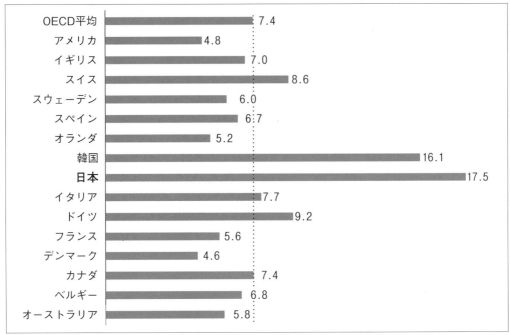

資料：図表1-1に同じ

■ 図表1-6　人口千人あたり臨床医数の国際比較（2012年）

国	人口千人あたり臨床医数
OECD平均	3.2
アメリカ	2.5
イギリス	2.8
スイス	3.9
スウェーデン	3.9
スペイン	3.8
オランダ	3.1
韓国	2.1
日本	2.3
イタリア	3.9
ドイツ	4.0
フランス	3.3
デンマーク	3.5
カナダ	2.5
ベルギー	2.9
オーストラリア	3.3

資料：図表1-1に同じ

ギリスやデンマークなどの北欧諸国においては，救急の場合を除き，患者ごとに決まった総合医と呼ばれる医師にまず受診し，当該医師の指示により初めて専門的な病院等を受診する仕組みをとっている。図表1-1にある通り，これらの国は年間医師受診回数は少ない。

　日本のフリー・アクセス方式は，患者自身による医療機関の選択と決定，医療機関の受診のしやすさが特徴であり，受診回数が多い要因の一つと考えられる。一方で，フリー・アクセス方式には，患者による適切な医療機関選択の難しさや，大病院・専門医への患者集中，同一の傷病で複数の医療機関での重複受診・検査・投薬など，患者のニーズに対する医療資源の適切な配分の面でのデメリットもある[3]。必要なときに必要な医療にアクセスできるという観点に立って，緩やかなゲートキーパー機能を持つかかりつけ医の普及が課題となっている[4]。

　次に，医療の担い手である主な医療従事者数について見てみよう。2012（平成24）年の医師数は30万3268人，歯科医師数は10万2551人，薬剤師数は28万52人である。最も人数が多いのは，計150万人を超える看護職員であり，その内訳は，保健師5万7112人，助産師3万5185人，看護師106万7760人，准看護師37万7756人となっている[5]。この

---

3) フリー・アクセスに伴う問題については，今井澄（2002）『理想の医療を語れますか』東洋経済新報社，47～78頁を参照。
4) 社会保障制度改革国民会議（2013）「社会保障制度改革国民会議報告書～確かな社会保障を将来世代に伝えるための道筋」24頁
5) 厚生労働省「平成24年（2012年）医師・歯科医師・薬剤師調査」及び厚生労働省医政局調べ（2012）

他に，理学療法士（PT），作業療法士（OT），視能訓練士，言語聴覚士，義肢装具士，歯科衛生士，歯科技工士，診療放射線技師，臨床検査技師，臨床工学技士，救急救命士などのさまざまな医療関係の資格をもつ職種が医療の分野で働いている。事務職員等も含めると，病院及び診療所で働く人の総数は約295万人（常勤換算）[6]で，日本の全産業就業者数の5％弱に相当する。

医療従事者数の水準をOECDの国際比較で見ると，人口千人あたりの臨床医師数2.3人はOECD平均3.2人より少ない（図表1-6）。看護職員数については，日本は人口千人あたり10.5人で，OECD平均8.9人より若干高い水準である。なお，日本では，2007（平成19）年以降医師養成数を拡大しており，人口あたり医師数は上昇傾向にある。

以上のように，日本は民間中心の提供体制をとっており，人口あたり病院病床数は国際的に見て非常に多いが，それを支える医師数は少なく，看護師数は中程度である。また，患者はフリー・アクセス方式により医療機関を受診し，受診頻度は国際的に見て非常に高く，いったん入院すると平均在院日数は長い，というのが医療サービス提供面での大まかな特徴である。

② 医療の費用

次に，医療の費用の側面から見てみよう。2012（平成24）年度の国民医療費[7]は39兆2117億円，人口1人あたりでは30万7500円である。国民医療費は2007（平成19）年度以降，対前年度伸び率が3.9％～1.6％の間で推移しており，この間の経済成長が低調であった中で増加が続いている（図表1-7）。

国民医療費の内訳を診療の種類別に見ると，医科の入院医療費が37.6％，医科の入院外（外来等）医療費が34.6％，歯科診療医療費が6.9％，薬局調剤医療費が17.1％となっている。外来診療を受診する際，かつては医療機関の窓口で処方された医薬品を受け取るのが一般的であったが，現在，医師が処方せんを発行し，患者は薬局で医薬品を入手する医薬分業が進展し，薬局調剤医療費の比重が大きくなる傾向が続いており，歯科診療医療費の倍以上を占めるまでになった。なお医薬分業には，薬局による処方せんや服薬履歴のチェックによる安全確保や，医業経営と医薬品の分離による過剰処方の防止などの意義がある。

国民医療費の年齢階級別内訳を見ると，65歳未満が43.7％，65歳以上が56.3％（うち75歳以上34.6％）となっており，半分以上が高齢者の医療費で，特に75歳以上の医療費が全体の3分の1を超えている。75歳以上の1人あたり医療費は90.4万円で，75歳未満の20.1

---

6) 厚生労働省「平成24年（2012）医療施設調査」
7) 厚生労働省統計情報部が毎年度公表する「国民医療費」は，医療機関等における保険診療の対象となり得る傷病の治療に要した費用を推計したものである。国民医療費には，医科診療や歯科診療にかかる診療費，薬局調剤医療費，入院時食事・生活医療費，訪問看護医療費等が含まれる一方，保険診療の対象とならない評価療養，選定療養，正常な妊娠・分娩に要する費用，健康診断・予防接種等に要する費用等は含まれていない。

■ 図表1-7　国民医療費の推移

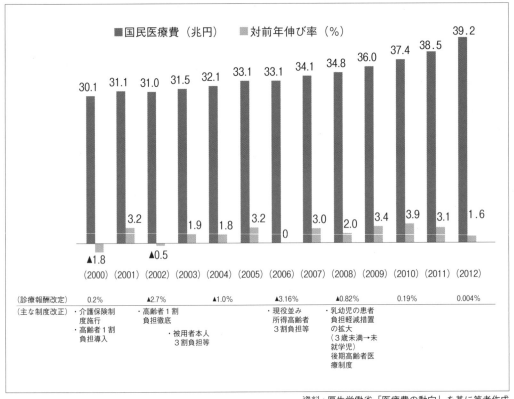

資料：厚生労働省「医療費の動向」を基に筆者作成

万円の4.5倍になっている。この差は，入院及び外来の受診頻度の相違によるところが大きい[8]。

　国民医療費（医科）の傷病分類別の内訳を見ると，循環器系疾患が20.5％で最も多く，次いで新生物13.5％，筋骨格系及び結合組織疾患7.6％，呼吸器系疾患7.6％，腎尿路生殖器系疾患7.1％となっている。生活習慣病が多くを占めている[9]。

　それでは医療費は誰がどのように負担しているだろうか。国民医療費の財源別内訳を見ると，まず保険料が48.8％と半分近くを占めており，内訳では事業主が20.3％，被保険者が28.5％を負担している[10]。次に大きいのが，国及び地方を合わせた公費で38.6％を占める。受診の際に医療機関の窓口で支払う患者負担は11.9％である（図表1-8）。患者負担割合は，2003年の14.8％から2012年の11.9％と，徐々に小さくなる傾向にある[11]。この間，保険

---

8) 1年間の受診頻度を示す1人あたり日数で比較すると，75歳以上は75歳未満と比べ，入院8.8倍，外来3.1倍。厚生労働省保険局調査課「医療保険に関する基礎資料——平成24年度の医療費等の状況」
9) 生活習慣病とは，食習慣，運動習慣，休養，喫煙，飲酒等の生活習慣が，その発症・進行に関与する疾患群をいう。糖尿病，脳卒中，心臓病，脂質異常症，高血圧，肥満など。
10) 被用者保険では事業主と被保険者の折半が原則であるが，国民健康保険には事業主負担がないため，両者をあわせると被保険者の割合が高くなる。
11) 相対的に患者負担割合が低い高齢者の増加や，高額療養費の自己負担限度額が2013（平成25）年まで据え置かれていたこと，公費負担医療の割合が高まっていることなどが影響していると考えられる。

■ 図表1-8 診療種類別，年齢階級別，財源別にみた国民医療費（2012年度）

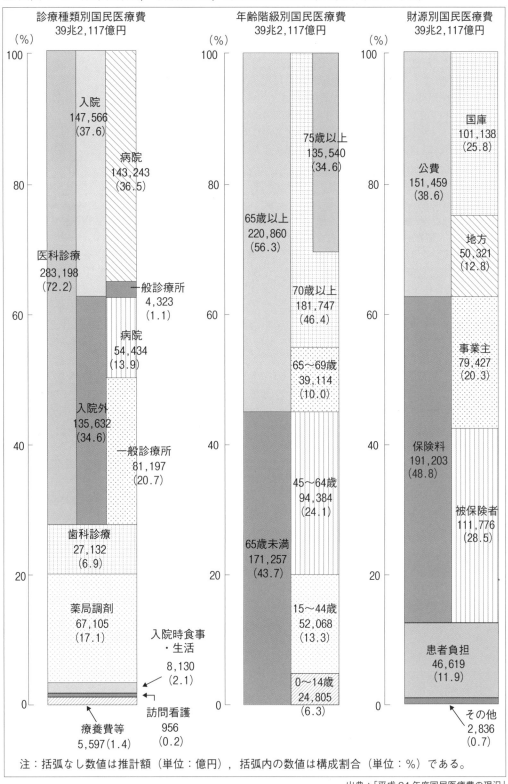

注：括弧なし数値は推計額（単位：億円），括弧内の数値は構成割合（単位：％）である。

出典：「平成24年度国民医療費の現況」

1 日本の医療の概況

Column 1　医療費はどれだけ増えるのか

　2012（平成24）年度の国民医療費は39兆2117億円，人口1人あたりでは30万7500円になっている。国民医療費は，毎年どれだけ増えるのだろうか。

　国民医療費は，制度改正等がなければ，毎年約1兆円，伸び率にして3％強程度増える，といわれてきた。この「1兆円増加説」は本当だろうか。

　図表1-7「国民医療費の推移」を見て確かめてみよう。一見した限りでは，3％以上伸びている年もあるが，1％台の年や，マイナス（減少）の年もあって，必ずしもそうでもないように見える。

　しかし，1兆円増加説のポイントは，「制度改正等がなければ」という前提部分である。診療報酬改定が2年に一度行われ，年によっては3％以上の引下げが行われていることもあるため，診療報酬改定年の変動はその影響を考慮しなければならない。診療報酬改定以外にも，健康保険法改正等の制度改正が行われれば，その影響もある。

　そこで，2000（平成12）年度以降で診療報酬改定（偶数年に行われている）も制度改正もなかった年を抜き出して見てみると，2001（平成13）年度が9600億円（3.2％）増，2005（平成17）年度が1兆円（3.2％）増，2007（平成19）年度が1兆円（3.0％）増，2009（平成21）年度が1兆2000億円（3.4％）増，2011（平成23）年度が1兆1648億円（3.1％）増となっている。また，診療報酬改定率が▲3.16％だった2006（平成18）年度の国民医療費が0.0％増というのも参考になる。こうして見てみると，経験的には，「1兆円増加説」は概ねあたっていたことになる。

　次に，医療費はなぜ増加するのだろうか。日本では診療報酬改定等の制度的要因の影響が大きいが，これを除けば，人口高齢化の影響，医療技術の進歩，看護体制の充実などの要因が考えられる。厚生労働省では，毎年の医療費の伸び率を①診療報酬改定，②人口増の影響，③高齢化の影響と④その他（医療の高度化，患者負担の見直し等）に要因分解して公表している。

　直近の動向では，2012（平成24）年度については，診療報酬改定率が0.004％で大きな制度改正はなかったのに，6267億円（1.6％）増と，比較的低い数値になっており，「1兆円増加説」からは外れているのだが，この年の伸び率はどのように要因分解されるだろうか。厚生労働省保険局調査課によれば，診療報酬改定0.004％，人口増の影響▲0.2％，高齢化の影響1.4％，その他0.4％となっており，その前年である2011（平成23）年度の医療費の伸び率3.1％が，診療報酬改定0％，人口増の影響▲0.2％，高齢化の影響1.2％，その他2.1％であると要因分解されているのと比較すると，「その他」要因の減が大きい。その背景については，診療報酬改定の内容の影響等さらに分析が必要であるが，2012年度の年齢階級別の人口1人あたり医療費の対前年度伸び率を見ると，総数で1.9％増のところ，15〜44歳が3.1％増，65〜69歳▲1.05％，70〜74歳▲1.12％，75歳以上▲0.0％となっており，前期高齢者の人口1人あたり医療費が減少していることがわかる。

　なお，医療経済学のアメリカ等における実証研究では，人口高齢化は医療費上昇の要因としては小さく，医療費上昇要因の最も大きいものは技術進歩であるとされているが[*]，日本においては診療報酬による価格設定があるなど，制度的な相違も考慮する必要がある。

[*] 西村周三・京極髙宣（2010）「医療における技術革新と産業としての医療」宮島洋・西村周三・京極髙宣編『社会保障と経済3　社会サービスと地域』東京大学出版会，105〜109頁及び122頁

料の割合も 2003 年の 50.0％から 2012 年の 48.8％と若干低下する一方で，公費負担の割合は 2003 年の 35.1％から 2012 年の 38.6％と上昇傾向にある。なお，医療費に占める公費負担割合の上昇は，日本と同様に社会保険方式をとるドイツ，フランスにおいても見られる傾向である[12]。

OECD の国際比較で見ると，日本の保健医療支出[13]の対 GDP 比は，OECD 平均より低い状態が 2010 年頃まで続いていたが，医療費の増加と GDP の停滞などにより，OECD 平均の 9.3％を超え，直近の 2012 年には 10.3％になっている（図表 1－9）。また，自己負担額が保健医療支出に占める割合は 14.0％[14]で，OECD 平均 19.1％より低い（図表 1－10）。

日本の自己負担割合が比較的低いのは，日本が後に述べる国民皆保険制度をとっていること，医療保険制度の自己負担割合が 3 割を原則としつつも，70 歳以上の高齢者や乳幼児について低く設定されているほか，第 3 章で説明する高額療養費制度や生活保護の医療扶助，その他の各種公費負担医療等，さまざまな医療費負担緩和策が講じられているためである。

③ 医療に関する患者の意識

視点を変えて，患者の意識面から医療を見てみよう。厚生労働省「平成 23 年度受療行動調査」によると，患者の医療機関に対する満足度は，外来患者では 50.4％が満足，4.3％が不満，入院患者では 64.7％が満足，4.2％が不満である。これは，個々の患者のおかれている状況によってさまざまな要因があるためと考えられる。読者の実感にはあっているだろうか。

同調査で不満の内容を見ると，外来患者で最も不満が多いのは診察までの待ち時間 25.5％，入院患者では食事の内容 13.8％である。なお，同調査では，外来患者が診察を受けるまでの待ち時間は 15 分未満が 21.7％，15 分以上 30 分未満が 22.7％，30 分以上 1 時間未満が 21.1％，3 時間以上待ったのが 1.2％となっている[15]。6 割以上が 1 時間以内に診察を受けたという結果である。公的な供給が中心であるイギリスやスウェーデンなどでは，医療を受けるまでの待機日数の長さが問題とされてきたが，こうした日本の調査結果は，地域的にみた医療機関の不足や，診療科の偏在，救急医療などの課題を有しつつも，一般的なアクセスのよさを示すものである。

---

12) ドイツでは，2001 年の一般政府負担 32.4％が 2008 年には 35.0％に，フランスでは 1995 年の公費負担 21.5％が 2009 年は 31.9％に上昇している。松本勝明（2012）「ドイツにおける社会保障財源の見直し」海外社会保障研究 No.179，5 頁，柴田洋二郎「フランス社会保障財源の「租税化」（fiscalisation）－議論・帰結・展開－」海外社会保障研究 No.179，18 頁
13) OECD 保健医療支出は，介護費用の一部（介護保険適用分），民間の医療保険からの給付，妊娠分娩費用，予防に係る費用等を含み国民医療費よりも広い範囲の費用である。
14) OECD 保健医療支出では，注 10 のとおり，国民医療費の対象とならない費用（保険給付の対象とならない自費負担の医療）が含まれているため，国民医療費における自己負担割合との間に相違がある。
15) 無回答が 14.2％ある。

■ 図表1-9 保健医療支出の対GDP比率の国際比較（2012年）

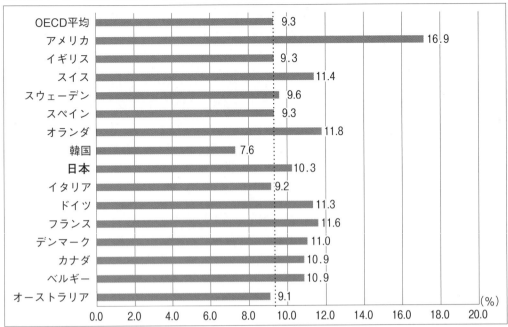

資料：図表1-1に同じ

■ 図表1-10 自己負担額が保健医療支出に占める割合の国際比較（2012年）

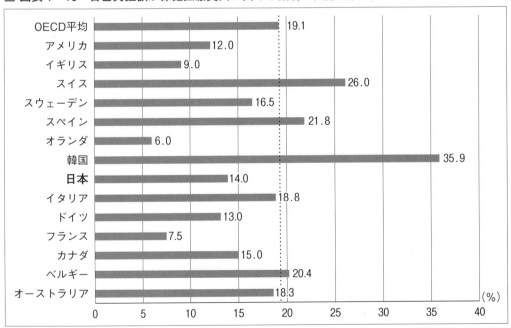

資料：図表1-1に同じ

Column 2　特定健診・特定保健指導に効果はあるのか

　日本人の生活習慣が変化して糖尿病等の生活習慣病の患者が増加し，生活習慣病を原因とする死亡は，全体の約3分の1にのぼると推計されている。2006（平成18）年医療制度改革における健康保険法等の一部を改正する法律（平成18年法律第83号）は，医療費適正化対策の一環として，生活習慣病予防のための特定健康診査・特定保健指導を制度化し，2008年から各保険者が取り組んできた。

　特定健康診査は，メタボリックシンドローム（内臓脂肪症候群）に着目した健診で，腹囲を含む身体計測や血圧測定，血液検査などが行われる。いわゆるメタボ健診である。医療保険の保険者が40歳から74歳の加入者を対象として毎年度実施する。次に特定保健指導は，特定健康診査の結果，生活習慣病の発症リスクが高く，生活習慣の改善による生活習慣病の予防効果が多く期待できる者に対して行われる。医師，保健師，管理栄養士などが面接してその人に合わせた実践的なアドバイスをして生活習慣改善を促す（動機づけ支援）。特定健康診査の結果，生活習慣病になるリスクが高いと判断される者[*1]には，最初の面接の後，継続して3か月以上にわたり面接・電話・メール・ファックス等で生活習慣の改善を応援する（積極的支援）。そして6か月後に改善状況を確認・評価する。制度発足後，各保険者が熱心に取り組んできた特定健診・特定保健指導の効果はどうだろうか。

　厚生労働省の特定健診・保健指導の医療費適正化効果等の検証のためのワーキンググループ（伊藤由希子東京学芸大学准教授・北村明彦大阪大学大学院准教授・多田羅浩三（一財）日本公衆衛生協会会長・津下一代あいち健康の森健康科学総合センター・福田敬国立保健医療科学院統括研究官・三浦克之滋賀医科大学教授）が2014（平成26）年11月に公表した第二次中間取りまとめを見てみよう。

　同ワーキンググループは，レセプト情報・特定健診等情報データベース（NDB）を活用し，2008（平成20）年度から2011（平成23）年度の365保険者（国保321，健保組合2，共済組合42）の各年約20〜23万人の特定健診・特定保健指導データとレセプト・データを突合して分析を行った。特定健診の対象となった者を，特定保健指導を受けて評価を終了した者と，特定保健指導を受けていない者に分け，各年度の高血圧症・脂質異常症・糖尿病の3疾患の入院外の1人あたり医療費の比較を行っている。

　結果は，まず，積極的支援を受けた者と，特定保健指導を受けていない者を比較すると，翌年度の年間1人あたり入院外医療費は，男性で7030〜5020円，女性で7550〜2590円低いという概ね有意な差異が見られた。2008年度のデータでは，特定健診を受けていない者に比べ，男性が34.8％，女性が34.0％低い。次に，動機づけ支援を受けた者と特定保健指導を受けていない者を比較すると，翌年度の年間1人あたり入院外医療費は，40〜64歳では男性で3860〜810円，女性では2640〜−1140円の差異が見られた。2008年度のデータでは，男性34.1％，女性20.0％低い。同様の比較を65〜74歳についてすると，男性で6340〜3630円，女性で7680〜5930円の差異が見られた。2008年度のデータでは，男性が23.7％，女性が23.1％低い。

　これらの分析結果に基づき，同ワーキンググループは，①40〜64歳の者に対する積極的支援，②65歳以上の者に対する動機づけ支援について，メタボリックシンドローム関連疾患の医療費への一定の効果が示唆されたと報告している[*2]。

　このほか，同ワーキンググループは，2014（平成26）年4月の中間報告では，検査結果について分析し①積極的支援の終了者の方が不参加者よりも，腹囲，体重をはじめ血圧，脂質，血糖等の検査指標に有意に改善を認めた，②動機づけ支援では積極的支援より検査

値の改善幅が小さかったが，動機づけ支援終了者と不参加者とを比較して有意な改善を認めることが多かったと公表しており，生活習慣病の予防による健康の保持という本来の観点からも，メタボ健診等の効果はある，ということである。

＊1 特定保健指導対象者のうち，腹囲が一定数値以上で追加リスク（血糖・血圧・脂質）が2つ以上該当か，1つ該当かつ喫煙歴がある40歳～64歳の者が対象。
＊2 ただし，特定保健指導を実施した当該年度で既に医療費の差が見られていることから，もともとの健康意識の違いが特定保健指導への参加の有無に現れ，医療費にも影響を及ぼしている可能性に留意が必要であると同ワーキンググループは指摘している。

2 医療制度の体系

1 医療保険制度

　次に，日本の医療を支える制度の全体像を把握することとしよう（図表1-11）。日本の医療制度の体系は，医療の費用を保障するための医療保険制度と，医療サービスを供給する施設・人材等に関する医療提供体制の二つで構成されている。

　医療保険制度に関しては，日本は1961（昭和36）年に国民皆保険を達成した。国民皆保険とは，原則としてすべての国民がいずれかの公的医療保険制度に加入する仕組みのことをいう[16]。日本の公的医療保険制度は，被用者保険と地域保険の二本立てで構成していることが大きな特徴である（図表1-12）。

　被用者（75歳未満の場合）を対象とするのは，健康保険法（大正11年法律第70号）に基づく健康保険組合や全国健康保険協会（協会けんぽ）が運営する健康保険制度と，国家公務員共済組合法（昭和33年法律第128号）等に基づく共済組合制度，船員保険法（昭和14年法律第73号）に基づく船員保険制度である。健康保険組合等の保険の運営主体を保険者といい，被用者保険の場合，保険料は保険者がそれぞれ定める率で報酬に賦課され，労使折半が原則である。適用は世帯単位であり，被扶養者には保険料は賦課されない。

　被用者保険の対象にならない自営業者等（75歳未満の場合）は，居住する地域で，国民健康保険法（昭和33年法律第192号）に基づき市区町村が運営する国民健康保険に加入する。国民健康保険も世帯単位で適用され，保険料は，世帯ごとに応益分（均等割，平等割）及び応能分（所得割，資産割）で賦課される。なお，医師，歯科医師など事業業種によっては，市区町村の国民健康保険ではなく，国民健康保険組合に加入することができる。

　75歳以上の者については，2008（平成20）年に，高齢者の医療の確保に関する法律（昭和57年法律第80号）に基づく後期高齢者医療制度が創設された。後期高齢者医療制度により，75歳に達した者は被用者保険や国民健康保険の加入者ではなくなり，居住する地域で，都道府県域単位で設立された広域連合が運営する後期高齢者医療制度の被保険者となる。後期高齢者医療制度の適用は世帯単位ではなく，個人単位であり，保険料は，被保険者均等割と所得割で賦課される。

　日本の公的医療保険制度の下では，加入する制度と被保険者の所得等によって，被保険者の負担する保険料の水準にはかなりの差異がある。一方，医療機関を受診した際の医療の保険給付の内容や，患者の自己負担割合，医療機関に支払われる対価である診療報酬は，各制度間で統一されており，被保険者がどの制度に属していても，年齢等の条件が同じであれば

---

16) 生活保護受給者は国民健康保険・後期高齢者医療制度に加入しない。なお，国民皆保険制度の下でも，健康保険の適用手続きがとられていない未適用者や，保険料未納等に伴い保険給付の制限を受ける者など事実上医療保険の給付が受けられない者は存在する。

■ 図表1-11 日本の医療制度の全体像

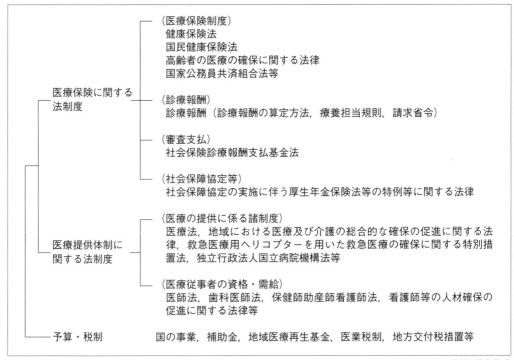

資料：筆者作成

■ 図表1-12 日本の医療保険制度の体系

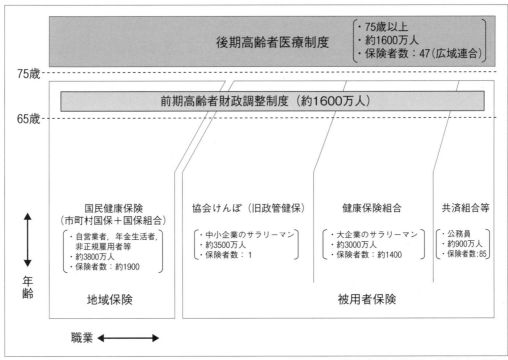

資料：厚生労働省「医療保険制度の体系」を一部改変

変わらない。医療は保険医療機関等において現物サービスで給付され，受診時の自己負担割合は，義務教育就学前2割，義務教育就学後から70歳未満まで3割，70歳から74歳まで原則2割（現役並み所得者3割）[17]，75歳以上原則1割（現役並み所得者3割）と年齢により定まる[18]。また，入院時など高額の医療を受診した際には，所得に応じて設定された自己負担限度額が適用され，限度額を超えた分は各保険者が負担する高額療養費制度が設けられている。

公的医療保険における医療（保険診療という）は，健康保険法に基づき制定された，①保険医療機関及び保険医療養担当規則（昭和32年厚生省令第15号），②保険薬局及び保険薬剤師療養担当規則（昭和32年厚生省令第16号），③療養の給付及び公費負担医療に関する費用の請求に関する省令（昭和51年厚生省令第36号），及び④診療報酬の算定方法（平成20年厚生労働省告示第59号）に従って提供される。これらは，保険診療のルールと保険医療機関に支払われる費用（診療報酬）及びその請求支払などを定めたもので，国民健康保険や共済組合制度など，すべての公的医療保険制度に共通して適用される。なかでも，診療報酬（保険診療の範囲と公的価格が定められている）は，医療の内容や，医療機関の経営に大きな影響をもつもので，原則として2年に一度改定されている。

大企業が多い健康保険組合，中小企業が多い協会けんぽ，年金生活者や非正規労働者が多い国民健康保険など，被保険者の所得や年齢構成の相違等を反映して，公的医療保険の制度間では財政力に格差があるが，こうした格差を補うため，国等による補助金の交付と，制度間の財政調整が行われている。

このほか，保険医療機関からの診療報酬の請求について，保険者との間に立って審査及び支払を行う機関として社会保険診療報酬支払基金法（昭和23年法律第129号）に基づく社会保険診療報酬支払基金が設けられている。社会保険診療報酬支払基金は，被用者保険の保険者の委託に基づく審査支払等を行っており，国民健康保険の審査支払は，国民健康保険法に基づきその委託により都道府県国民健康保険団体連合会が行っている。

2 医療提供体制

次に，医療提供体制の制度に移ろう。医療提供体制は，医療サービスを供給する施設や地域的な体制と，医療サービスを担う人材で構成されている。

医療提供体制の確保については，医療法（昭和23年法律第205号）が基本的な法律であ

---

17) 70歳から74歳までについては，法律上は原則2割負担だが，2008（平成20）年から国が予算措置を講じて1割相当を負担することにより実質的に1割負担に据え置く特例措置が実施されてきた。2014（平成26）年度からこの特例措置が変更され，同年4月1日以降に70歳になる者は原則2割負担とし，同年3月31日までに70歳になった者のみ1割に据え置くこととして5年間かけて段階的に特例措置を廃止する予定になっている。
18) 小児，障害者，一人親世帯等について，都道府県及び市区町村の医療費助成制度による自己負担の軽減が行われている。対象者や軽減の水準は自治体により異なっている。

る。医療法は，医療の理念や，病院，診療所等の医療提供施設，地域の医療提供体制の整備，医療機関選択のための情報提供，医療安全の確保等を定めている。医療法のほかには，地域における医療及び介護の総合的な確保の促進に関する法律（平成元年法律第64号），救急医療用ヘリコプターを用いた救急医療の確保に関する特別措置法（平成19年法律第103号）や国立病院機構など医療分野の独立行政法人・国立研究開発法人についての組織法がある。

　医師をはじめとするさまざまな医療従事者の資格については，医師法（昭和23年法律第201号），歯科医師法（昭和23年法律第202号）等の医療関係資格法により，業務，免許，試験等について定められている。また，看護職員については人材確保のための特別法である看護師等の人材確保の促進に関する法律（平成4年法律第86号）がある。

3　国の予算措置

　以上のほか，予算に基づく財政措置も医療政策の重要な手段である。2015（平成27）年度厚生労働省一般会計予算における社会保障関係費の医療分野予算は，11兆4891億円で，その大部分を占めるのは医療保険制度に対する国庫補助等である。医療保険制度改革に伴う，国民健康保険等の低所得者保険料軽減措置の拡充，国民健康保険への財政支援の拡充，被用者保険の拠出金に対する支援，高額療養費の見直し等が計上されている。医療保険以外では，地域医療介護総合確保基金による医療・介護提供体制改革の推進（病床の機能分化・連携，在宅医療の推進等），救急医療体制の整備，へき地医療対策の推進，チーム医療の推進，専門医に対する新たな仕組みの構築に向けた支援，医療事故調査制度の実施，革新的医薬品・医療機器の実用化，医療保険者による予防健康管理の推進等の予算が計上されている。

　また，年度途中で追加的に予算措置を講ずるのが補正予算であるが，2014（平成26）年度補正予算には，医療施設等の防災対策の推進，小児・周産期医療の充実のための医療機器等の整備，医療データ収集システムの更改，治験・臨床研究推進事業等の実施，電子カルテデータ標準化等のためのIT基盤の構築等が計上されている[19]。

　予算措置のほか，社会保険診療報酬に対する事業税の非課税措置などの医業に関する税制も医療政策の手段を構成している。

19）上記のほか，医療提供体制の整備については，2009（平成21）年度以降，補正予算や予備費等の予算措置により，全国の都道府県が策定する地域医療再生計画に基づく事業及び東日本大震災の被災県の医療の復興計画に基づく事業を支援するため，各都道府県に地域医療再生基金が設置されてきた。2009（平成21）年度2350億円，2010（平成22）年度2100億円，2011（平成23）年度720億円，2012（平成24）年度880億円。

3 医療政策の基本的課題

1 国際的にみた日本の医療の評価

　以上に述べた，日本の医療の概況と，医療制度の全体像を踏まえて，日本の医療政策の基本的な課題は何かを考えてみたい。

　著名な医学誌"THE LANCET"は，2011年に「日本：国民皆保険達成から50年」と題する特集号を刊行し，50年間の保健医療分野での日本の実績を評価するとともに，検証を行った。日本の医療に関し高く評価されているのは，第一に戦後短期間のうちに世界一の長寿国となるなど高い健康水準を実現したこと，第二に早期に国民皆保険を達成し公平でアクセスしやすい医療を実現したこと，第三に保健医療支出の対GDP比で比較して先進国のなかでは低い水準の医療費でこれらを達成したことである。

　その一方で，同誌は，日本の医療制度が，経済社会の変化により持続可能性を失い始めているとしてさまざまな課題を指摘した。本節では，その指摘も踏まえて，日本の医療政策の基本的な課題を3点示すこととする。

2 医療保険制度の持続性の確保

　第一の課題は，急速な少子高齢化の進行や，経済状況，国の財政赤字，非正規労働の増加などの経済社会の変化を背景に，医療保険制度の持続性が脅かされつつあることに，いかに対応していくかである。

　2010（平成22）年の日本の総人口は1億2806万人，うち年少人口（0～14歳）13.1％，生産年齢人口（15～64歳）63.8％，老年人口（65歳以上）23.0％であり，老年人口のうち，65～74歳が11.9％，75歳以上は11.1％となっている（総務省「平成22年国勢調査」）。

　国立社会保障・人口問題研究所の「日本の将来推計人口（平成24年1月推計）」によれば，20年後の2030（平成42）年には，総人口が1144万人減少し1億1662万人になる。年少人口は10.3％，生産年齢人口は58.1％に低下する一方，老年人口は31.6％に上昇し，老年人口のうち，65～74歳が12.1％，75歳以上が19.5％になる。人数で見ると，20年間に生産年齢人口が約1400万人減少する一方で，老年人口は約737万人増加することになる。

　こうした少子高齢化の進行は，医療保険制度の持続性に大きな影響を及ぼす。高齢者は一般に医療のニーズが高く，ライフサイクルで見ると，生涯医療費2500万円のうち，概ね50％は70歳以上の者の医療費にあてられると推計されている（図表1-13）。また，70歳以上の高齢者の自己負担割合は低く設定されているため，医療保険による給付率が高い。高齢者の増加は，医療保険財政の支出を大幅に増加させることになる。

　これに対し，生産年齢人口の減少は，高齢者の医療費に対する支援金等の財政負担を担う

■ 図表1-13 生涯医療費（男女計）（2012年度推計）

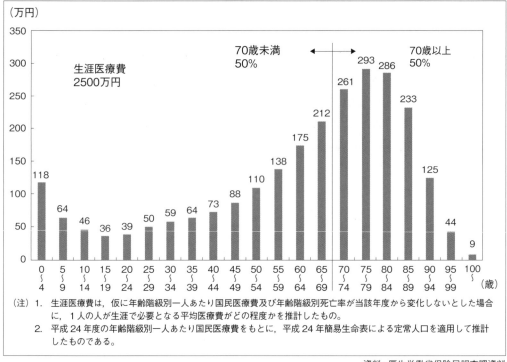

(注) 1. 生涯医療費は，仮に年齢階級別一人あたり国民医療費及び年齢階級別死亡率が当該年度から変化しないとした場合に，1人の人が生涯で必要となる平均医療費がどの程度かを推計したもの。
2. 平成24年度の年齢階級別一人あたり国民医療費をもとに，平成24年簡易生命表による定常人口を適用して推計したものである。

資料：厚生労働省保険局調査課資料

現役世代が減少するということである。さらに，経済の停滞による報酬の低迷や失業は，医療保険の保険料収入を低下させ，必要な収入を確保するために保険料率の引上げが必要となる。国の財政赤字の悪化は，医療保険財政への国庫補助等の確保を難しくする。また，現役世代に比べ所得が低い高齢者や非正規労働者が増加して被用者保険から国民健康保険または後期高齢者医療制度へ被保険者が移動すると，保険制度間の財政力の格差の拡大や，保険料負担の公平性の観点からの問題も生じる。

以上のような社会経済情勢の変化に的確に対応し，将来にわたって国民に必要な医療を公平に提供していくための持続性のある医療保険制度を確立していかなければならない。

3 医療資源の不足・偏在と需要・供給の不整合

第二の課題は，医療提供体制における，医療資源の不足・偏在及び需要と供給の不整合の問題である。

本章1に示したとおり，日本の人口千人あたり臨床医数の水準はOECD平均を下回り，主要国と比較しても少ない。また，厚生労働省が2010（平成22）年に実施した「病院等における必要医師数実態調査」によれば，現員医師数16万7063人[20]に対し，2万4033人の

---

[20] 回答のあった病院等のみの医師数である。

医師がさらに必要であるとされている。医師以外にも，今後の医療・介護需要の増大に対応していくため，看護師，介護職員等の大幅な増員が必要となっている。また，人口あたりの病院病床数が多い結果，病院病床1床あたりに配置される医療従事者数が少なくなり，集中的な医療の提供に困難を生じ，あるいは個々の従事者の過重な負担につながりかねない。少子化に伴う若年層の減少傾向のなかで，今後，需要に見合った医療従事者を確保していくとともに，医療施設の機能などに応じて適切に配置していく必要がある。

次に医療資源の偏在の問題がある。都道府県別に人口10万人あたり医師数を比較すると，西日本が比較的多いのに対し東日本（特に東京を除く首都圏）で少ないなど地域的な偏在がある（図表1-14）。また，救急科，産科，小児科などで医師が不足し，今後は外科での不足が危惧されているなどの診療科偏在がある。また，2011（平成23）年の東日本大震災の被災地域は，もともと人口あたり医師数が少ない地域であったが，震災後，医療施設の被災や避難等による医師，看護師等の人材流出防止や確保が課題となっている[21]。

病院病床の地域的な分布を見ると，医師の地域的偏在と同じように，四国，九州など西日本が多く，首都圏や中部圏で少ないという地域偏在がある（図表1-15）。冬の天気図になぞらえて医療における西高東低と呼ばれる傾向である。このような医療資源の偏在は，地域ごとの医療費水準の相違にもつながっている。

今後の急速な高齢化により日本の医療需要は大きく変化していく。医学の進歩により一層高度で先進的な医療への需要が高まる一方，量的にみれば，若い層を対象とした急性期患者を治す医療に対し，慢性疾患を抱える高齢者を治し生活を支える医療の比重が高まっていく[22]。こうした医療需要の変化に合わせて適切な医療供給ができるよう，病院，診療所だけでなく地域の資源を有効に活用して地域全体で医療提供体制をつくっていくことが必要になる[23]。現在，身近な圏域でニーズに応じてさまざまな医療・介護サービスが適切に提供できる地域包括ケアシステム構築が進められているところであり，医療提供体制の整備においても，高度急性期，急性期，回復期，慢性期などの病院機能の再編や，かかりつけ医との連携，高齢者の住まいでの自立した生活を支える在宅医療の拡充や介護との連携が重要な要素である。

また，既に高齢化が進行し人口減少に直面している地域や，首都圏のように一人暮らしの高齢者の急増が見込まれる地域など，地域の人口構造等によって医療需要は大きく異なっている。医療は現物サービスであり，患者が日常的にアクセスできる地理的な範囲は限られて

---

21) 東日本大震災の被災地域の医療については，地域医療再生基金等による医療施設の復旧支援，医療関係団体の協力を得た医療従事者確保支援，医療保険の一部負担金の免除などが行われた。厚生労働省編『厚生労働白書平成24年版』日経印刷，262頁，274～279頁
22) 例えば，がん患者への治療についても，高齢化に伴い手術などを中心とした医療から薬剤や放射線治療などを中心とする慢性疾患型治療に変化する。西村周三（2013）「医療・介護サービスへの影響」西村周三監・国立社会保障・人口問題研究所編『地域包括ケアシステム――「住み慣れた地域で老いる」社会をめざして』慶應義塾大学出版会，40頁
23) 太田秀樹・秋山正子・坂井孝壱郎・大島伸一（2012）『治す医療から，生活を支える医療へ――超高齢化社会に向けた在宅ケアの理論と実践』図書出版木星舎，164頁以降参照。

■ 図表1-14 都道府県別に見た人口10万人対医師数（2012年）

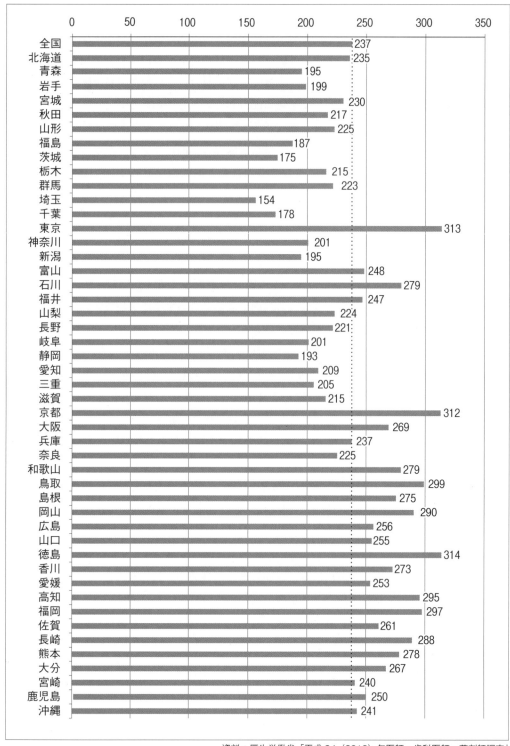

資料：厚生労働省「平成24（2012）年医師・歯科医師・薬剤師調査」

■ 図表1-15 都道府県別に見た人口10万人対病院病床数（2013年）

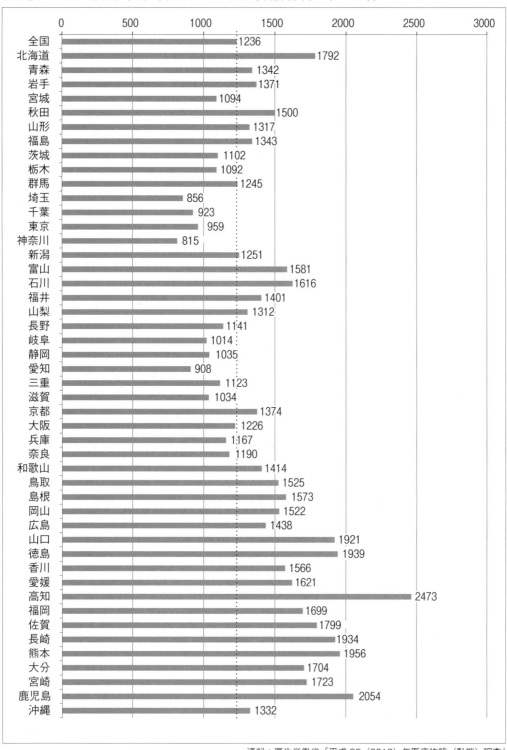

資料：厚生労働省「平成25（2013）年医療施設（動態）調査」

いるうえ，日常的なかかりつけ医の機能から高度専門的な医療までを単独の医療機関が提供することには困難がある。

このため，医療提供体制の整備にあたっては，それぞれの地域の諸条件を踏まえて，救急医療，災害時の医療，へき地医療[24]，周産期医療，小児医療などの分野ごとに，また，がん，脳卒中，急性心筋梗塞，糖尿病，精神疾患などの疾患ごとに，地域を単位として，医療機関や介護サービスも含めた機能分化と連携により，各地域の需要の変化に的確に対応し，急性期から回復期，在宅医療や介護など切れ目なくサービスを提供していく体制を整備していくことが必要となっている[25]。

４ 医療の質の向上

第三の課題は，医療の質の向上である。

医療の質は，どのようにとらえられ，その向上にはどのような取組みが必要となるのだろうか。

米国医療の質委員会／医学研究所（Committee on Quality of Health Care in America, Institute of Medicine）は，「人は誰でも間違える ── TO ERR IS HUMAN」という報告書において，医療安全への取組みの重要性を指摘した。同委員会は，医療の質を，個人と患者層に提供する医療サービスが望ましい医療成果をもたらす可能性が高く，現在の専門知識水準に合致している度合いととらえ[26]，最新の医学知識と医療技術を，安全かつ有効に，患者ニーズを中心に適時，効率的に，また，公正なかたちで提供することを医療の質向上の目標とした[27]。そしてその実現のため，①安全性，②有効性，③患者中心志向，④適時性，⑤効率性，⑥公正性の六つの改善目標を設定して医療の質向上に取り組むべきであるとした。その際には，医療安全，エビデンスに基づくよりよい選択，患者の価値観・意向・ニーズ尊重や情報提供・コミュニケーション，待ち時間，無駄の排除や無保険問題などが課題とされている[28]。

また，OECDは，ヘルス・ケアの質指標（例：乳がんの５年生存率，心筋梗塞後の院内死亡率等）を設定して国際比較を行うことで医療の質の向上を図る取組みを進めている[29]。

---

24) 全国の無医地区（医療機関のない地域で，当該地域の中心的な場所を基点として，概ね半径４kmの区域内に人口50人以上が居住している地区であって，かつ容易に医療機関を利用することができない地区）は，2009（平成21）年調査において705か所，人口14万人。無医地区は減少傾向にある。
25) 桐野は，日本の医療の病院完結型から地域完結型への転換の理由として，①疾病構造の変化と高齢化による医療の有効性の限界，②医療の専門化・分断化，③病院は治療後の問題に対応できない，を指摘している。桐野高明（2014）「医療の選択」岩波新書，141〜143頁
26) L. コーン・J. コリガン・M. ドナルドソン編，米国医療の質委員会／医学研究所，医学ジャーナリスト協会訳（2000）『人は誰でも間違える──より安全な医療システムを目指して』日本評論社，270頁
27) 米国医療の質委員会／医学研究所，医学ジャーナリスト協会訳（2002）『医療の質──谷間を越えて21世紀システムへ』日本評論社，44頁
28) 前掲49〜51頁
29) OECD：Health Care Quality Indicators（http://www.oecd.org/health/healthpoliciesandda-ta/healthcarequalityindicators.htm）

日本でも多くの医療機関が，医療の質を定量的に評価するための尺度として臨床評価指標（例：脳卒中患者に対する静脈血栓塞栓症の予防対策の施行率，高齢患者の入院中の大腿骨骨折発生率等）を設定し，評価を公表することにより医療の質向上に取り組んでいる。今後は指標の内容の充実や標準化を行いながら一層の情報提供を推進していくことが課題となっている[30]。診療報酬を審議する中央社会保険医療協議会においても，患者や住民が個別施設の診療特性を簡単に把握することができ，また，診療内容の透明化や改善の促進が期待できるとの観点から，病院指標の作成と公開を標準化して評価することが検討されている[31]。また，公益財団法人日本医療機能評価機構は，第三者が評価項目に沿って病院の活動状況を評価し改善につなげるための病院機能評価事業や，医療事故や事故につながりかねないヒヤリ・ハット情報を収集し，医療事故防止につなげる医療事故情報収集等事業など，医療の質の向上に向けた取組みを行っている。

　医療の質の評価には，①医療従事者の人数や設備などの構造の評価，②統一的な診療指針による診療がなされたかどうかのプロセスの評価，③手術などによる治癒率などのアウトカムの評価があるが，それぞれに問題を伴う[32]。また，医療の質には，数値で指標化されるものだけでなく，例えば人生の最終段階における医療（終末期医療）のあり方など，さまざまな側面にかかわっており，医療の質の向上には，診療報酬の支払方式や，サービス間の連携，総合診療医や専門医[33]の制度，チーム医療，情報基盤の提供なども含めた医療保険制度及び医療提供体制全般にかかわる多角的な取組みが必要となる。

　以上の三つの課題をさらに要約するとすれば，日本の医療政策の基本的課題は，「人口構造や経済状況の変化に的確に対応し，医療保険制度の持続性を高め，質の高い医療を効率的かつ公平に提供する制度をいかに確立していくか」にあるといえるだろう。

---

30) 不適切な手術の増加や，症例の少ない施設の撤退など，臨床評価指標の公表がかえって質の低下やアクセスの低下をもたらす可能性もあるため，医療における情報の非対称性や個別性への対策が必要である。今中雄一（2006）「医療の質と原価の評価――根拠に基づく医療提供制度の設計・経営・政策に向けて」田中滋・二木立編著『講座医療経済・政策学第3巻保健・医療提供制度』勁草書房，99頁
31) 中央社会保険医療協議会DPC分科会（2012〈平成24〉年12月7日）資料
32) 池上直己（2011）『ベーシック医療問題第4版』日本経済新聞出版社，36～38頁
33) Column 14 参照

Column 3　人生の最終段階における医療（終末期医療）をめぐって

　重い病気等で治る見込みがなく死期が迫っている患者に対する医療を終末期医療という。厚生労働省は，1987（昭和62）年以降，概ね5年ごとに終末期医療に関する調査を行っている。この間に日本人の死亡場所は自宅死亡が減少して医療機関で死亡する割合が8割近くまで高まった。国民の間では，人生の最後の時期をどう過ごすかということについて，どのような医療を受けたいかや，最後まで自分らしく過ごすための準備等に関心が高まっている。直近では，2013（平成25）年3月に，厚生労働省の「終末期医療に関する意識調査等検討会」（座長：町野朔上智大学生命倫理研究所教授）が「人生の最終段階における医療に関する意識調査」を実施している。調査の名称は，社会保障制度改革推進法が「個人の尊厳が重んぜられ，患者の意思がより尊重されるよう必要な見直しを行い，特に人生の最終段階を穏やかに過ごすことができる環境を整備すること」を必要な改革措置の一つにしていることを踏まえ，今回から変更された。

　この調査結果では，人生の最終段階における治療方針の決定方法に関し，自分の死が近い場合に受けたい医療や受けたくない医療についての家族との話し合いについて，一般国民回答者[34]の55.9％が全く話し合ったことがないと回答した。自分で判断できなくなった場合に備えて，どのような治療を受けたいか，あるいは受けたくないかなどを記載した書面をあらかじめ作成しておくことについては，69.7％が賛成であると回答した。男女別では女性の方が賛成する者が多く，年齢階級別では低年齢ほど賛成する者が多かった。しかしながら，賛成と回答した者のうち，実際に書面を作成している者は3.2％に過ぎなかった。また，家族等のなかから自身に代わって判断してもらう人をあらかじめ決めておくことについては，賛成が62.8％，家族等から頼まれた場合に引き受けると回答した者は57.7％であった。

　次に，どこで療養しながら医療を受けたいかについて，さまざまな症状の違いの状況を例示して聞いたところ，居宅を希望する割合は，「末期がんであるが，症状が健康なときと同様に保たれている場合」は71.7％，それ以外は10～37％であった。

　希望する治療方針については，状態像によって差があるが，概ね「肺炎にもかかった場合の抗生剤服用や点滴」「口から水を飲めなくなった場合の水分補給」は希望する割合が高く，「中心静脈栄養」「胃ろう」「人工呼吸器の使用」「心肺蘇生装置」は57～78％が望んでいなかった。

　終末期医療に関する意識調査等検討会報告書は，調査結果についてのまとめにおいて，人生の最終段階における医療に対する国民の関心や希望はさまざまであり，思いを支えることができる相談体制やそれぞれのライフステージに適した情報を提供すること等により国民が主体的に考えることができる機会を確保することが重要であること，今後は，疼痛緩和や食べることの支援をはじめとする生活の質を維持し，尊厳を保つための医療及びケアについての新たなニーズと提供のあり方も検討する必要があること等を指摘している。

34）同調査においては，一般国民については，全国の市区町村に居住する20歳以上の男女から5000人を層化二段無作為抽出法によって抽出し，客体としている。各地点の標本数が22～39程度となるように国勢調査区（平成22年）から150地点を無作為に選び，この150国勢調査区の住民基本台帳から客体を無作為に選んだ。「終末期医療に関する意識調査等検討会報告書」終末期医療に関する意識調査等検討会（平成26年3月）

第 2 章

医療政策の形成過程を知る

　本章では，日本の医療政策がどのような過程を経て形成されるかに焦点をあてる。前章で医療政策の基本的課題を示したが，それだけにとどまらず，現実の医療制度は常に大小のさまざまな課題に直面しており，その解決のため，制度の改正や新たな制度の創設に向けた活動——すなわち医療政策の形成——は不断に行われている。また，政策は一部の行政官だけによって形成されているものではなく，多くの主体がそれぞれに異なる意図をもって多段階で関与し，調整を伴って形成されている。

　具体的な医療保険制度や医療提供体制について学ぶ前に医療政策形成過程を取り上げたのは，実際の医療政策は決して固定的なものでなく，多種多様な問題に対し，現実の制約の下で多くの主体が関与して動的な過程で形成されることを知ることが重要だからである。政策形成過程を知ることにより，医療制度に関する単調な知識の習得に終わることなく，医療政策の背後にある課題，政策の目的や効果を考える姿勢を身につけてほしい。

　以下では，まず実際の医療政策をどのようにとらえるか，次に政策はどのような過程を経て形成されていくか，そこにはどのような主体が関与しているか，そして個々の政策の具体的な形成過程を知るにはどんな手段があるかを述べる。

1 医療政策の形成過程とそこに関与する主体

1 医療政策をとらえる

　医療政策を学び，研究するにあたり，実際の医療政策は，どのような形態で把握できるだろうか。

　あるべき方向を目指して現状の問題点を改善するため，制度の創設や改正を行うことが政策である。医療のさまざまな分野においても，こうした見直しや制度改正が不断に行われており，それらが複合して全体としての医療政策を構成している。具体的にいえば，毎年のように国会に提出される医療に関する法律の改正案（例：健康保険法等の一部を改正する法律案）や，官報に掲載される関係政省令制定・改廃，地方自治体や医療関係団体に宛てた局長通知等の発出，予算措置による補助制度の創設（例：地域医療介護総合確保基金の設置）などが，それぞれ個別の医療政策である。現在では，本章2で述べる方法により，これらの政策の内容や政策形成過程の情報を比較的容易に入手することができる。

　一方，共通の目的をもって幅広い分野にまたがって制度改正が行われる場合や，政策の実施に中長期的な財政措置を伴う場合等には，複数の法案や予算措置など多数の政策手段を組み合わせ，一つのパッケージとしてとりまとめて公表することがある。具体的には，①政府全体にわたる広範な政策を一括して閣議決定や本部決定とするもの（例：社会保障・税一体改革大綱〈平成24年2月17日閣議決定〉），②特定の政策目的のための多数の法律改正等の内容及び法案国会提出時期等の制度改革のプログラムを法律で定めるもの（例：持続可能な社会保障制度の確立を図るための改革の推進に関する法律〈平成25年法律第112号〉），③特定の政策目的のもとに既存の政策を統合実施するため特別の法律や指針を制定するもの（例：看護師等の人材確保の促進に関する法律〈平成4年法律第86号〉の制定及び同法に基づく基本指針〔看護師等の人材確保を促進するための措置に関する基本的な指針〈平成4年文部省・厚生省・労働省告示第1号〉〕），④国会提出予定法案取りまとめに先立ち政府・与党が一体的に政策の方向性をとりまとめるもの（例：政府・与党医療改革協議会「医療制度改革大綱」〈平成17年12月1日〉），⑤政府が財政的裏づけをもって特定分野の目標数値を設定した中期計画を策定するもの（例：「ゴールドプラン〈高齢者保健福祉推進十か年戦略〉」の策定〈平成元年〉）などさまざまな形態をとる。

　また，制度改正に先立ち，審議会等が制度改正案の内容の答申・取りまとめを行うことが一般的であるが，これも政策形成過程の途中段階における一体的な政策の集まりととらえることができる（例：社会保障審議会医療部会「医療法等改正に関する意見」〈平成25年12月27日〉）。パッケージとして示された政策は，目標が明示され把握しやすい一方で，政策手段が多岐にわたり複合的であるため，効果の検証などが複雑になる。

2 政策の形成過程

次に，政策はどのような過程を経て形成されていくか，そこにはどのような主体が関与しているかである。

医療政策の形成過程を理解しておけばその政策が現在どのような段階にあり，今後どのように展開していくのか予測が可能となる。また，医療政策に関与する主要な主体を知ることにより，政策の背景や変更修正の理由などを理解することができる。

政策によって形成過程も多様であるが，ここでは，医療制度に関する法律の改正法案を内閣が提出する場合（内閣提出法案）を例に，法律制定までの標準的な過程を示す（図表2-1及び図表2-2）。

まず，関係行政機関の内部において，現状の問題点の把握が行われる。各種統計や調査，国民の声などで計画的に把握されることもあれば，関係者からの要望・要請，マスコミ報道，国会での質疑などがきっかけになることもある。把握した情報に基づき課題が抽出され，取り組むべき政策課題が定まる（図表2-1の①）。そして，その解決方策について行政機関内部での検討が行われる（②）。この段階では，医療現場の声の把握，有識者ヒアリングなどの情報収集や意見交換が行われることも多い。こうした行政機関内部での検討を経て，検討に必要な情報の収集，論点整理，政策の選択肢案などの準備が整うと，審議会等における検討（③）が開始される。審議会等には，法令に基づき設置される常設の審議会やその下におかれる部会・分科会（例：社会保障審議会医療保険部会）のほか，専門的テーマに対応するためにアドホックに開催される検討会・懇談会等がある（例：救急医療体制等のあり方に関する検討会）。審議会の委員では特定分野の専門性の点で実質的な議論が難しい場合や，より広く利害関係者の意見を取り入れたい場合などには検討会・懇談会方式が活用される。最

■ 図表2-1　法律制定の標準的なプロセス（内閣提出法案の場合）

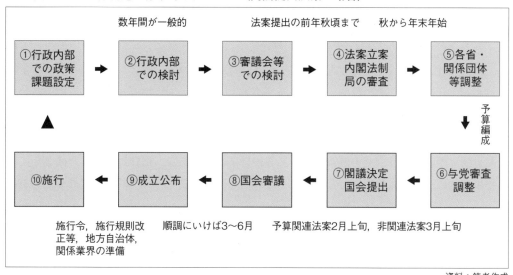

資料：筆者作成

近では，アドホックな検討会・懇談会等において専門的テーマについて一定の方向性をまとめたうえで，あらためて審議会で検討し，政策全体の取りまとめを行うという場合も多い。なお，審議会での審議においては，大臣が法案要綱などを審議会に諮問し答申を得る手続きをとるのではなく，審議会等が主体的に意見・提言などの形で政策案の取りまとめを行う方式が多くなっている。この場合においても，行政担当者は，審議会等の座長の指示のもとでの事務局役として，制度の現状や問題点の把握，審議会等での議論の論点整理，取りまとめ案の作成などを行い，座長を支えて政策案の取りまとめに重要な役割を果たす。審議会等の審議は，特定の者の利害に影響を及ぼす場合などの例外（例：医道審議会における医療関係資格者の行政処分等）を除き，原則，傍聴者やマスコミに公開で行われるようになった。このため，政策形成過程における関係者間の意見対立が外から見えてわかりやすくなったが，一方で，意見等の取りまとめ段階で調整や妥協がしにくい側面もある。

　また，内閣に設置された重要政策会議である経済財政諮問会議[35]（議長：内閣総理大臣）や，社会保障制度改革推進法に基づく社会保障制度改革国民会議（第6章参照），規制改革会議等の分野横断的な審議会における議論によって政策の基本的方向が示され，医療分野の審議会等にはそれを踏まえた具体的な内容の検討が委ねられるという場合も多くなっている。

　審議会等の意見・取りまとめがなされると，行政機関内での検討を経て法律案の草案作成と内閣法制局による審査（④）及び各省間，関係者との間での意見調整（⑤）が進められる。内閣法制局審査では，行政担当者が法制局の担当参事官に草案を説明し，立法の必要性，立法形式，紛れのない正確さ・わかりやすさ，既存法との整合性などから厳しく審査が行われる。並行して各省間，関係者との間での意見調整が行われ，逐次修正を行いながら，内閣提出法律案の原案が作成される。内閣が国会に法律案を提出するためには閣議決定を経なければならないが，閣議では全会一致で決定されるものであるので，各省間での意見調整が閣議前までに入念に行われる。

　国会が法律案を審議するのは，内閣が国会に法律案を提出した後である。しかしながら，与党に関しては，内閣が法案を提出しようとする場合，閣議決定の前に与党に説明し，与党の了承を得なければならない（⑥）。すなわち，与党として異議のある法律案が内閣から国会に提出されることはない仕組みになっている。与党で法律案の審査を行うのは，党により異なるが，政務調査会等の機関であり，政策分野ごとにその下に設置される部会において実質的な審議が行われる。部会メンバーは固定されておらず，場合によっては法案に反対の議員も参加して活発な議論が行われる。当該法案に利害，関心をもつ団体などが，関係議員に対し説明，要望し，部会での議論をはたらきかけることもある。部会長は議論を踏まえて必要な場合には法律案に修正を行うなどして与党内の意見調整を行い，部会の取りまとめを行

---

[35] 内閣府設置法第18条に基づき設置された機関であり，議長である内閣総理大臣と，内閣官房長官，経済財政政策担当大臣，各省大臣のうちから内閣総理大臣が指定する者及び内閣総理大臣が任命する民間有識者で構成される。経済財政政策に関する重要事項について，有識者等の優れた識見や知識を活用して，内閣総理大臣のリーダーシップを発揮することがねらいである（内閣府ホームページ：www.cao.go.jp）。

う。その後党の上位機関の了承手続きなどをとり，法案の与党審査が終わる。与党の了承が得られれば，内閣は閣議決定を経て法律案を国会に提出することとなるが（⑦），与党との調整が難航した場合や，内閣が政府全体の見地から見て必要性や優先度に乏しいと判断する場合には，法律案提出を見送ることもある。内閣が一会期の国会に提出できる法案の本数は審議時間等の関係から限られており，最近では複数の法律の改正を共通の政策目的のもとで束ねて一括改正法案の形式をとることも多くなっている。

通常国会への法律案の提出期限は，施行に予算措置を伴う法律案（予算関連法案）の場合には，新年度予算に審議を間に合わせるため2月上旬，それ以外の法律案（予算非関連法案）の場合にも審議時間確保のため3月上旬が原則である。法律案の国会審議（⑧）は，予算関連法案については予算案審議との関係で3月頃，予算非関連法案は4月頃からとなるが，法律案の可決成立のためには，本会議での趣旨説明質疑の要否や，審議入りの順番など，審議日程の確保をめぐる与野党間の駆け引きが重要となる。審議日程について調整がつかないため審議に入ることができず，そのまま会期末を迎えることとなると，次の国会への継続審査扱いが認められるか，あるいは廃案となってしまう。

一般的には，衆参とも，本会議での趣旨説明・質疑（図表2-2の❶，与野党合意すれば省略できる），委員会での提案理由説明・質疑（❷），必要な場合には参考人質疑（❸），必要な場合には修正（❹），委員会採決（❺），必要な場合には附帯決議（❻），本会議での委員会審査結果の報告，可決（❼）といった順に審議が行われる。法案の審議時間は，短かければ数時間程度（議員立法の場合には審議なしということもある）から，与野党が対決する法案の場合，数十時間に及んでも与野党間で質疑終結の合意ができないまま審議を打ち切って採決が行われることもある。これがいわゆる強行採決である。委員会の審議時間をどの程度にするか，採決をいつ行うかなど，審議日程の調整は委員会前に開催される理事会の場で行われるため，法案成立には各党の理事（特に与野党それぞれの立場をまとめて折衝する筆頭理事）が重要な役割を果たす。このため，関係分野に影響力が強くなり，いわゆる族議員と呼ばれる立場になることも多い。衆・参の審議を経て法律が可決成立すると，公布閣議を経て通常は数日後に制定された法律が官報に掲載され，公布（図表2-1の⑨）される。当該法の施行に向け，行政担当者は，国民への周知や，関係政省令改正（具体的な施行日の決定は一定の範囲内で政令に委ねられる場合もある）や施行通知の発出，地方自治体や関係団体への説明・協議など準備を行う。こうした過程を経て改正法等が施行（⑩）される。

以上は，内閣提出法案を例にとった政策形成過程であるが，議員提出法案の場合には，閣議決定に至るまでの政府内の手続きはなく，議員により国会に法案が提出されるため，比較的短期間で政策形成が進められることが多い（図表2-3）。ただし，議員提出法案の場合にも，与野党内の政務調査会等の了承手続きは必要であり，成立を期す場合には提出前に超党派の議員連盟の場などを通じて各党間の非公式な調整も行われる。法案の成立について与野党間で合意が成立していない場合には，通常の議員発議による法案（国会法第56条）になり審議が必要である（例：保健婦助産婦看護婦法等の一部を改正する法律〈平成13年法律

■ 図表2-2　国会審議から成立公布

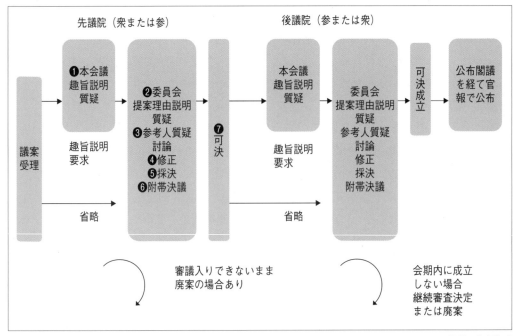

資料：筆者作成

■ 図表2-3　法律制定の標準的なプロセス（議員提出法案の場合）

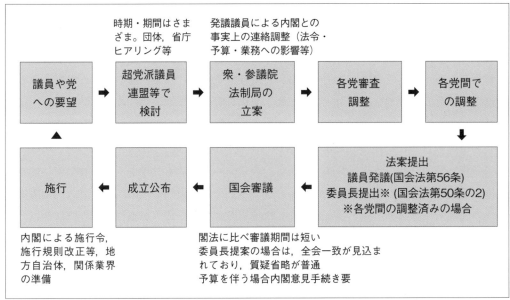

資料：筆者作成

第153号〉)。一方で，事前調整により与野党間で調整が進み理事会が合意すれば，全会一致を前提にして委員会の場で委員長が法案を提出し（国会法第50条の2），提案理由説明のみで質疑を行わず採決することがある（例：救急医療用ヘリコプターを用いた救急医療の確保に関する特別措置法〈平成19年法律第103号〉）。この際，後議院においては，提案した先議院の委員長等が提案理由を説明し，審議が行われることが一般的だが，なかには衆参を通じて質疑が行われない事例もある（例：アルコール健康障害対策基本法〈平成25年法律第109号〉)。この場合には極めて短時間で法律案が処理され成立するが，国会議事録上では，当該法案にどのような論点があったのかわからないことになる。厳しい審議日程のなかで法律案を可決成立させるためには，このような調整が必要となることもある。

3 政策形成過程に関与する主体

医療政策を形成する過程にはどのような主体が関与しているのだろうか。個々の課題によって多種多様ではあるが，行政担当者以外にも，主要な医療政策の形成過程に恒常的に関与する主体がある。それが医療分野の審議会等の委員である。審議会等の委員は，法令に基づく審議会であれば大臣が任命し，それ以外の検討会等であれば関係行政部局の長が委嘱するのが一般的である。当該審議会の審議事項に則した知識経験を有する者（学識経験者）を選ぶことになるが，具体的な人選にあたっては，法案成立に向けた調整や法律成立後の施行を円滑に進める必要があることから，審議会等の委員に審議事項にかかわりをもつ団体の意見を反映できる者が選ばれる傾向がある。医療分野の審議会には，社会保障審議会医療保険部会，同医療部会，同医療分科会，中央社会保険医療協議会などがあるが，その委員構成は，共通して概ね次の三つのグループに分けられる（図表2-4）。

第一は，医療保険の保険者など，医療を受けて医療費を支払う立場にある者である。「支払側」「1号側」と呼ばれる[36]。被用者保険の保険者である健康保険組合連合会[37]（健康保険組合加入者約3000万人），全国健康保険協会[38]（加入者約3500万人）及び保険料を負担する事業主・被保険者の立場に立つ日本経済団体連合会，日本労働組合総連合会などの被用者保険グループと，全国市長会など国民健康保険・広域連合グループ（国保加入者約3800万人，後期高齢者医療制度加入者約1600万人）の関係団体役員等により構成されている。支払側委員は，保険者相互の間で必ずしも意見が一致しない側面も有しつつ，全体としては，診療報酬引上げなどによる医療費の増加に慎重な立場をとる。経営者団体と労働組合は，賃

---

36) 中央社会保険医療協議会は，ほかの審議会と異なり，一般的な学識経験者ではなく，関係者の意見を代表する者等で構成することが社会保険医療協議会法第3条第1項において明示されている。同条第1号は「健康保険，船員保険及び国民健康保険の保険者並びに被保険者，事業主及び船舶所有者を代表する委員」であるため「1号側」と呼ばれている。詳細は，第3章参照。
37) 健康保険法第184条に基づき設立された健康保険組合の連合体。母体となる事業所は大企業が多い。
38) 健康保険法第7条の2に基づき設立された全国健康保険協会管掌健康保険の保険者。適用事業所は中小企業が多い。

■ 図表2-4　中央社会保険医療協議会委員名簿（2015〈平成27〉年6月24日現在）

1. 健康保険，船員保険及び国民健康保険の保険者並びに被保険者，事業主及び船舶所有者を代表する委員
    - 吉森　俊和　　全国健康保険協会理事
    - 白川　修二　　健康保険組合連合会副会長・専務理事
    - 花井　圭子　　日本労働組合総連合会総合政策局長
    - 花井　十伍　　日本労働組合総連合会「患者本位の医療を確立する連絡会」委員
    - 石山　惠司　　日本経済団体連合会社会保障委員会医療改革部会部会長代理
    - 田中　伸一　　全日本海員組合副組合長
    - 榊原　純夫　　愛知県半田市長

2. 医師，歯科医師及び薬剤師を代表する委員
    - 鈴木　邦彦　　日本医師会常任理事
    - 中川　俊男　　日本医師会副会長
    - 松本　純一　　日本医師会常任理事
    - 万代　恭嗣　　日本病院会常任理事
    - 長瀬　輝誼　　日本精神科病院協会副会長
    - 遠藤　秀樹　　日本歯科医師会常務理事
    - 安部　好弘　　日本薬剤師会常務理事

3. 公益を代表する委員
    - 荒井　耕　　　一橋大学大学院商学研究科教授
    - 印南　一路　　慶應義塾大学総合政策学部教授
    - ◎田辺　国昭　東京大学大学院法学政治学研究科教授
    - 西村　万里子　明治学院大学法学部教授
    - 野口　晴子　　早稲田大学政治経済学術院教授
    - 松原　由美　　明治安田生活福祉研究所主席研究員

◎印：会長

資料：厚生労働省ホームページ

金交渉等で利害が対立するのが通常であるが，医療の世界では，保険料を負担する立場で利害が一致し，共同歩調をとる傾向がある。

　第二は，病院，診療所などの医療機関や，医療従事者など医療の提供に携わる立場にある者である。「診療側」「2号側」などとも呼ばれる。公益社団法人日本医師会（会員約16万6121人[39]），公益社団法人日本歯科医師会（会員約6万5182人[40]），公益社団法人日本薬剤師会（会員約10万人[41]），公益社団法人日本看護協会（会員約67万人[42]）等の医療従事

---

[39] 2012（平成26）年12月1日現在。都道府県医師会の会員で構成され，内訳は開業医約8万4000人，勤務医約8万2000人である（公益社団法人日本医師会ホームページ）。
[40] 2014（平成26）年11月末日現在（公益社団法人日本歯科医師会ホームページ）
[41] 公益社団法人日本薬剤師会ホームページ
[42] 公益社団法人日本看護協会ホームページ

者の団体と，一般社団法人日本病院会（会員病院2395[43]），公益社団法人全日本病院協会（会員病院約2430[44]）などの病院団体の役員等である。なお，日本病院会には国公立病院も含め規模の大きな病院が多く参加しているのに対し，全日本病院協会は，民間病院が会員のほとんどを占め，比較的規模の小さな病院が中心である。診療側の委員は，例えば診療所と病院の間，大病院と中小病院の間での財源配分など，相互に意見が一致しない側面も有しつつ，基本的には保険財源の拡充や診療報酬の引上げを求める立場をとる。

　第三は，学者・患者・マスコミ等の中立的な学識経験者である。「公益側」などと呼ばれる。公益側の学識経験者には，例えば法学，経済学，医学等の専門で，医療政策に識見を有する有力な学者や，患者団体の代表，医療に関する地域活動の実践者，ジャーナリスト等から選ばれる。また，審議会等の座長には，支払側・診療側のどちらにも偏らない公益側の委員が委員の互選で選ばれることが多い。座長は，答申や意見の取りまとめ等にあたっては，各委員や行政の間に立って意見調整を行う重要な役割を果たすため，専門的識見のみならず調整力が求められる。検討会等で実績をあげ，さらに主要な審議会等の委員や座長に委嘱されると，政策への影響力も強まっていくことになる。

　審議会等の座長や主要委員は，審議会における審議のみならず，法案立案段階での与野党の政策決定の場（政務調査会の部会等）でのヒアリングや，さらには国会での法案審議の際の参考人意見聴取に招かれ，意見開陳を求められることも少なくない。すなわち，実際は，審議会委員等の政策形成への関与は審議会の場だけには限られず，立案から決定までのさまざまな段階に関与し影響力をもち得るものである。したがって，医療政策に関心，利害関係を有する諸団体は，その意見を医療政策に反映させるため，当該団体の意見を反映できる役員等を審議会の委員にして政策形成の初期の段階から政治的な決定の場面まで政策決定に影響力を行使し得るよう，委員の人事には強い関心を払う。このため審議会等の委員の人事が大きな政治的関心事項となることもある。法令に基づく審議会等には委員の任期があるため任命権者による改選期の人事となるが，検討会等はその設置や活動休止・廃止が機動的に行われ，会議の構成員の任期もないのが普通であるため，運営や構成員の人事にその時々の動向が反映されやすい。

　以上のように，現在の医療政策の形成過程においては，多段階にわたってさまざまな主体の意見を調整し合意形成を図ることが重視されているが，このことは，大きな利害対立を含む政策の形成に時間を要し，あるいは困難を伴う側面も有する。また，このような調整と合意形成の結果として，とりまとめた政策に，さまざまな例外規定や影響緩和のための経過措置などきめ細かな措置が追加され，結果的に，制度が複雑でわかりにくくなることもある。

---

43) 2014（平成26）年6月現在（一般社団法人日本病院会ホームページ）
44) 公益社団法人全日本病院会ホームページ

2 医療政策の情報をどこで入手するか

　次に，医療政策を学ぶための情報をどこで入手するか，である。
　まず，医療政策に関する基本書や先行研究を学ぶとともに（巻末の参考文献参照），医療の現場に足を運び，問題を実感することが重要であり，自分自身や家族に身近な医療機関を訪れ，目や耳で医療を体験することから始めたい。
　以下では，基本書等の文献や現場体験以外の，主として政策形成過程にかかわる情報の入手方法に重点をおいて説明したい。
　第一に，問題の把握や，統計，政策の動向把握の端緒としては，報道が有効な情報源となる。医療に関する記事は，一般紙，テレビ等に毎日のように報道されている。これらに意識して継続して触れ理解することにより，政策の課題と大きな動向をつかむことができる。一般紙やテレビは広い読者（視聴者）層を前提に大きな視点に立って報道するため，記事が短く，専門性に乏しく，あるいは継続性に欠ける断片的なものとなることがある。これに対し，医療分野を専門的に取り扱う雑誌，新聞，ネットニュースなどは，医療関係者を読者にもつため，専門的・継続的な報道が得られる。医療政策に関係する専門誌としては，『社会保険旬報』『週刊社会保障』『健保ニュース』『国保新聞』など，また，日々配信されるニュースとしては，『メディファクス』『医療介護CBニュース』などがある。医療政策の専門誌といっても，対象とする読者層にはそれぞれ相違があり，それを反映して関心事項の比重が違う点には留意する必要がある。審議会の議事や厚生労働省の発表など，同一の事象について，各専門誌の報道を比較してみるとよい。また，報道された内容については，行政担当部局や団体の公表した原資料にあたって確認することが重要である。ただし，政党の政務調査会等での議論や，関係団体内部の議論などは公表されないのが一般的なので，その場合には報道機関の取材に基づく記事に頼らざるを得ない。
　第二に，政策課題に関する統計情報を把握することが重要である。新たな統計が発表されると，一般紙でも報道されることが多いが，見出しになるようなポイントに偏りがちである。この場合にも，発表された原資料にあたり，統計の全体を確かめてみるとよい。厚生労働省ホームページ（http://www.mhlw.go.jp）から，「各種統計調査」→「厚生労働統計一覧（または最近公表の統計資料）」を選択し進んでいくと，各種統計の一覧と，最近公表された統計の記者発表に使用した概要資料や，統計表そのものが容易に入手できる。例えば，「国民医療費」「患者調査」「病院報告」「医師・歯科医師・薬剤師調査」などである。主要な統計表はxls形式でダウンロードすることができるので，グラフに加工することもできる。また，政府統計の総合窓口（〈e-Stat〉http://www.e-stat.go.jp）からは，政府全体の統計資料を入手することができる。
　第三に，政策形成過程を分析するうえで審議会等の配布資料と議事録は貴重な情報源であ

る。厚生労働省ホームページでは,「政策について」→「審議会・研究会等」と進んでいくと,さまざまな分野の多数の審議会・研究会の一覧が表示され,その配布資料と議事録が時系列で整理されている。

定例的に開催されるものとして,例えば,社会保障審議会(会長:西村周三国立社会保障・人口問題研究所名誉所長)総会の会議資料を見てみよう。通常国会の開催前の時期であれば,社会保障分野全般にわたって,主要な政策の動向,統計,国会提出予定法案の概要,翌年度の厚生労働省の予算案など基本的な資料が揃って入手できる。個別の政策については,関係する審議会・検討会等の審議の時期を報道等により確かめたうえで,各回の配布資料と議事録を時系列で入手し,議事録での委員の発言と照らして分析することが重要である。例えば,社会保障審議会医療保険部会では,2010(平成22)年7月から2011(平成23)年11月にかけて高額療養費制度の見直しの議論を行ったが,2010(平成22)年7月14日の配布資料を見ると,高額療養費制度の概要,過去の改正経緯,制度の改善の要望等の基本的な資料が網羅されている。以後,回を重ねるごとに,委員の指摘や要求に応え,さらに詳しい資料が提出されており,そのなかには,既存の公表資料だけでなく,行政が特別に作成した新たなデータや分析も含まれている。また,その政策の形成過程に関与する主体の意見や議論の過程での変化も議事録を注意深く読むことにより把握することができる。政策形成の過程を分析するうえで,大変貴重な資料となるはずである。

第四に,政策形成の場がさらに進んで国会に移った後については,衆議院と参議院のホームページに提供されている審議経過や国会議事録が重要である。国会に提出された法律案の条文や,法案のねらい,国会審議における論争点,修正や附帯決議などの内容が把握できる。衆議院と参議院でホームページの構成は異なるが,概ね次の順に見るのが適当である。

まず,提出法案の審議経過一覧により提出から成立までの日程を把握し,提出時の法律案を入手する。法律案のねらいを理解するためには,本会議における法案の趣旨説明または委員会における提案理由説明を読むことが有効である。大臣による簡潔な説明となっているため,内閣がどのような政策目的で法案を提出したのかを理解するには最適である。次に質疑における議論を追う。重要法案については本会議で趣旨説明質疑が行われるので,まず法案が提出された衆議院または参議院本会議議事録から読むことである。本会議の質疑は,各党の持ち時間が短いため,質問は重要な事項に絞られる。また,本会議では,質問と答弁を一往復で行うのが慣例であり,質問事項への答えを欠く「答弁もれ」は許されない。このため,政府側の答弁は慎重に行われる。このような点で,本会議議事録は,法案をめぐる重要な論点の把握に有効である。なお,予算関連法案は予算と同様に必ず衆議院に提出するのがルールである(衆議院先議)が,予算非関連法案については,衆議院・参議院のいずれかに提出することができる。法案が所管の委員会(医療関係であれば,衆議院・参議院の厚生労働委員会)に付託されると,提案理由説明を経て,審議が行われる。委員会での審議は時間をかけることができるので,個別の論点について議論を深めることができる。そのため,議事録が膨大になり,なかには法案との関連が理解しがたい質疑が続く場合もあって,読み通すの

には骨が折れることもあるが，委員会議事録を通読することにより，法案について理解を格段に深められることだろう。

　法案の質疑が一通り終わると，参考人を招致した意見聴取が行われることがある。参考人は与野党それぞれの意向を反映した人選が行われるため，与野党対決法案であれば，法案への賛否両論の意見が開陳される。前述のように，審議会等の委員が参考人として登場する例も多い。委員会審議終局・採決に際しては，議員から修正案が提出され修正がなされる場合や法案採決後に附帯決議が採択されることがある。修正には，成立時期のずれに伴う施行期日の変更など事情変更に伴うものもあるが，実質的な変更を加える修正は，審議において対立した論点に関する，与野党間の調整による妥協点を表すものである。また，附帯決議には，成立後施行にむけ懸念される事柄や政府の対応すべき事項が列挙されている。附帯決議は反対なく採決されるのが通例であるため，各党の主張が幅広く盛り込まれている。

　第五に，法律の公布後，施行までの準備段階には，関係する政省令制定や，通知の発出などが行われる。通知のなかでも，法律の施行通知と呼ばれるものには，基本的な情報が整理されている。法律の施行前には，地方自治体や関係団体に対し，その内容や施行にあたっての留意事項などの説明・意見交換を行う会議が開催される。こうした会議の配布資料は実務的にわかりやすく作成されており，貴重な情報となる。例えば，地方自治体の担当課長会議配布資料や，医療関係者向けの説明会資料などであり，いずれも厚生労働省のホームページから入手可能である。

　以上のほか，政策形成過程において，関係団体のホームページには，政策に関する賛否などの意見表明や談話，政府への要望書，独自の調査結果などが掲載されており，これらを通じ，各団体の立場・主張を理解することができる。

　（第8章末に，持続可能な医療保険制度を構築するための国民健康保険法等の一部を改正する法律〈平成27年法律第31号〉の衆・参厚生労働委員会附帯決議，法律案の提案理由説明及び修正案趣旨説明を掲載）

第 3 章

医療保険制度
健康保険, 国民健康保険, 高齢者医療と診療報酬

　本章では, 日本の医療保険制度を解説する。日本の医療保険制度は, 制度と保険者が分立する複雑な構成になっていることから, はじめにそれぞれの制度の適用関係と制度形成の経緯を示した。医療保険各法に共通した基本的な枠組みを提供している健康保険法（大正 11 年法律第 70 号）に重点をおき, 被保険者・保険者, 保険料, 保険給付, 患者一部負担, 高額療養費などを解説した。健康保険法とともに国民皆保険に重要な役割を担う国民健康保険法（昭和 33 年法律第 192 号）及び高齢者の医療の確保に関する法律（昭和 57 年法律第 80 号）については, 健康保険法と対照しつつ概説し, さらに医療政策の重要な手段である診療報酬制度, 国際化に対応する社会保障協定等を取り上げている。

　なお, 持続可能な医療保険制度を構築するための国民健康保険法等の一部を改正する法律（平成 27 年法律第 31 号）による改正（2015 年改正）については, 施行状況を踏まえて, 関係部分に反映させて記述した。2015 年改正の全体像については, 第 8 章にまとめて解説した。

医療保険制度の基本的構成と形成過程

［1］ 医療保険制度の基本的構成

　日本の医療保険制度の特徴は，被用者保険と地域保険の二本立ての社会保険方式による国民皆保険であることである。

　アメリカを例外として，先進諸国のほとんどは，国民に公的に医療を保障する制度を有しているが，その費用の負担方式によって大きく二つのグループに分けることができる。第1のグループは，税を財源として医療を保障する諸国である。イギリスやスウェーデンがこのグループに属し，医療サービスの提供も主として公的主体による。第2のグループは，国民に社会保険への加入を義務づけ，これにより医療を保障する諸国である。日本やフランスがこのグループに属する。

　日本の医療保険制度の全体像をみよう。被用者保険と地域保険の二本立てといっても，実際には図表3-1に示すとおり，10の保険制度，約3500の保険者から構成されている。韓国や台湾では，保険者の統合により，現在では単一の保険者の運営する単一の医療保険制度（韓国の国民健康保険・台湾の全民健康保険）となっているのと比較すると，日本の医療保険は，制度と多数の保険者が分立する複雑な構成となっている。また，保険制度間，及び個々の保険者間で，加入者の平均年齢や所得，被扶養者の割合，平均医療費等や公費負担などが異なっており，保険料水準にも差異がある。組合健保，協会けんぽ，市町村国保の三つを比較すると，加入者平均年齢は，組合健保が34.3歳で若く，次いで協会けんぽ36.4歳，市町村国保は50.4歳で大きな開きがある（2012〈平成24〉年度）。加入者1人あたり平均所得は，組合健保が200万円，協会けんぽが137万円（2012〈平成24〉年度），市町村国保が83万円である（2011〈平成23〉年度）。一方，加入者1人あたり医療費は，組合健保が14.4万円，協会けんぽが16.1万円，市町村国保が31.6万円（2012〈平成24〉年度）である。市町村国保は，年齢構成の相違等を反映して1人あたりの医療費が高く，保険料を支払う加入者1人あたりの所得が低いことから，組合健保に比べ財政状況が非常に厳しい。協会けんぽはその中間である。こうした財政力の差を補うため，公費負担が導入されている（図表3-2）。

■ 図表3-1　日本の医療保険制度の保険者と保険給付

制度名			保険者 (平成23年3月末)	保険給付			
				一部負担	入院時食事療養費 (食事療養標準負担額)	入院時生活療養費 (生活療養標準負担額)	現金給付
健康保険	一般被用者	協会けんぽ	全国健康保険協会	義務教育就学後から 70歳未満　3割 義務教育就学前　2割 70歳以上75歳未満 2割(*) (現役並み所得者3割) (*)平成26年4月以降に新たに70歳になる者　2割 同年3月末までに既に70歳に達している者　1割 ※高額療養費制度および高額医療・介護合算制度により自己負担限度額がある	・(一般) 1食につき 260円 ・低所得者 90日目まで 1食につき 210円 91日目から 1食につき 160円 ・特に所得の低い低所得者 1食につき 100円	・一般 (Ⅰ) 1食につき 460円 +1日につき 320円 ・一般 (Ⅱ) 1食につき 420円 +1日につき 320円 ・低所得者 1食につき 210円 +1日につき 320円 ・特に所得の低い低所得者 1食につき 130円 +1日につき 320円 ・老齢福祉年金受給者 1食につき 100円 ※療養病床に入院する65歳以上が対象 ※難病患者等の入院医療の必要性の高い患者の負担は食事療養標準負担額と同額 ※平成28年度から1食につき360円、平成30年度から1食につき460円(予定)。難病等患者については据え置き	・傷病手当金 ・出産育児一時金等 (附加給付あり)
		健康保険法 第3条第2項 被保険者	全国健康保険協会				同上 (附加給付あり)
		組合	健康保険組合 1431				
	船員保険		全国健康保険協会				
	各種共済	国家公務員	20共済組合				同上
		地方公務員等	64共済組合				
		私学教職員	1事業団				
国民健康保険	農業者 自営業者等		市町村 1717 国保組合 164		同上	同上	・出産育児一時金 ・葬祭費
	被用者保険の退職者		市町村 1717				
後期高齢者医療制度			[運営主体] 後期高齢者医療広域連合 47	1割 (現役並み所得者3割)	同上 ただし、老齢福祉年金受給者 1食につき 100円	同上 *上記と同様に自己負担限度額がある	葬祭費等

資料：厚生労働編『厚生労働白書　平成26年版』資料編27頁に基づき筆者作成

■ 図表3-2 組合健保・協会けんぽ・市町村国保の加入者比較

	組合健保	協会けんぽ	市町村国保
加入者平均年齢 （2012年度）	34.3歳	36.4歳	50.4歳
加入者1人あたり平均所得　（2012年度）	200万円（一世帯あたり376万円）	137万円（一世帯あたり242万円）	83万円（一世帯あたり142万円）(2011年度)
加入者1人あたり平均保険料 ＊事業主負担込	10.6万円 ＊23.4万円 被保険者1人あたり 19.9万円 ＊43.9万円 健康保険料率 8.6% （2013年度健康保険組合の決算見込みにおける平均）	10.5万円 ＊20.9万円 被保険者1人あたり 18.4万円 ＊36.8万円 健康保険料率10.0% （2014年度全国平均）	8.3万円（一世帯あたり14.2万円） （2012年度）
加入者1人あたり医療費（2012年度）	14.4万円	16.1万円	31.6万円
公費負担	後期高齢者支援金等の負担が重い保険者等へ補助	給付費等の16.4%	給付費等の50%

資料：厚生労働省「各保険者の比較」に基づき筆者作成。所得や保険料の比較は当該資料において設定されている一定の条件に基づくものである。

1 医療保険制度の適用関係

　すべての国民（被用者保険も国民健康保険も国籍要件はないので，すべての被用者及び居住者の意）が加入を義務づけられているといっても，制度や保険者が分立するなかで，個々人が加入する制度及び保険者は，どのように決まるのだろうか。

　日本の医療保険制度では，法令の定めに従い，年齢と職業と扶養関係を要件にして，どの医療保険制度が適用され，どの保険者に属するかが決定される。本人の意思で医療保険制度や保険者を選択することはできないのが原則である[45]。年齢と職業，扶養関係を要件として保険制度及び保険者を決定する際のルールは，次のとおりである。

　第一に，75歳未満の被用者及びその被扶養者は，その使用される事業所に適用される被用者保険に加入する。

　被用者保険のなかでは，大企業など健康保険組合がある適用事業所に使用される者の場合

---

45) 例外として，被用者保険における任意継続被保険者制度及び国民健康保険組合への加入がある。

には当該健康保険組合に加入し，公務員，私立学校教職員，船員はそれぞれに適用される共済組合または船員保険に加入し，それ以外の被用者は協会けんぽに加入する[46]。

第二に，75歳以上の者は居住している都道府県広域連合の後期高齢者医療制度に加入する。

第三に，生活保護世帯に属する者には生活保護の医療扶助が適用される（被用者保険と生活保護は併せて適用されうる）。

第四に，以上の各制度の対象にならない者は居住している市区町村の国民健康保険または国民健康保険組合の国民健康保険に加入する。

2 社会保険方式の意義

医療保険制度は，社会保険である。社会保険は，生命保険などの民間保険と比較すると，一般に①任意加入ではなく強制適用であること，②保険者は危険選択できないこと（例えば現に入院中であっても保険加入を拒否することはない），③保険者間の競争がないこと[47]，④加入者のリスクにかかわりのない平均保険料，⑤給付内容は画一的な法定給付[48]という特徴がある[49]。ただし，例えばドイツの医療保険において被保険者による保険者の選択の仕組みがあるなどこれらの原則がかならずしもあてはまらない場合もある。

次に，社会保険方式を採用することには，①逆選択を防止することによりハイリスクの者も含めた保険集団を強制的に形成すること，②保険給付であることによる恥辱感からの解放，③法的権利性の確立，④所得の再分配，⑤国に対する独立性という意義がある[50]。社会保険である医療保険制度では，保険関係は保険者・被保険者等の意思とはかかわりなく，法が定める保険者・被保険者間で客観的事実が発生することによって保険関係が成立する[51]。保険者と被保険者との間では，強制適用事業所に使用されることにより成立し，保険者と事業主の間では，被用者保険の強制適用事業所となることにより成立する。保険関係の効力発生は保険者による確認によるが，確認があると，効力の発生の時点は，保険関係成立事由の発生日に遡る[52]。これらにより，転職や退職した場合等にあっても，要件の変化に応じ，いずれかの医療保険が制度上適用される法的な関係を構成している。

---

46) 労働時間等の要件に該当しない短時間労働者には適用されない。
47) 後期高齢者支援金の加算・減算制度の導入により，保険者間で特定健診・特定保健指導の実施率の競争関係がある。
48) 健康保険組合や国民健康保険組合では付加給付がある。
49) 中浜隆（2006）『アメリカの民間医療保険』日本経済評論社，3頁
50) 岩村正彦（2001）『社会保障法Ⅰ』弘文堂，43～46頁
51) この点で，自動車の自賠責のように民間保険加入を義務づける制度とは違いがある。
52) 従業員の被保険者資格取得届が使用されるに至った日より遅れた場合の被保険者資格取得の日の遡及の是非が争われた山本工務店事件（最高裁第二小法廷判決昭40.6.18）において，判決は，確認は事業主の届出の日または確認の日を基準とすることなく，資格取得の日を基準として行うべきであり，確認が行われると，当事者は，資格取得の日に遡ってその効力を主張し得ることになると解するのが相当とした。

［2］ 医療保険制度の形成過程

　日本の医療保険制度が複雑な構成となっているのは，歴史的経緯によるところが大きい。また，日本がいかに国民皆保険を達成したかについては，国際的にも関心が高い。ここでは主に国民皆保険達成までに重点をおいて，日本の医療保険制度の形成過程を簡単にたどってみたい。

1 健康保険法と被用者保険

　日本の医療保険制度のモデルは，ドイツの疾病保険法（1883年）である。ドイツ留学から帰った内務省衛生局長後藤新平が，富国強兵のための労力の確保や社会運動対策の見地から，総理大臣伊藤博文に疾病保険法制定を進言，1898（明治31）年には内務省草案が起草されたが制定には至らなかった。他方，民間・官営工場においては，相互扶助組織である共済組合が1905（明治38）年頃から設立され，事業主と労働者が一定の資金を出し合う疾病給付が導入された。第一次世界大戦後の恐慌による労働運動の高まりを背景に，政府は1922（大正11）年に健康保険法案を国会に提出，可決成立した[53]。

　健康保険法の当初の適用対象は，工場法，鉱業法の適用事業所で常時10人以上の労働者を雇う事業所であった。健康保険の保険者については，常時300人以上の被保険者を使用する事業主は健康保険組合を設立することができることとし，組合によりがたい場合には，政府管掌健康保険を適用することとした。政府管掌の制度はドイツにはない日本独自のもので，当時の政府はいずれ自治的な健康保険組合がすべてをカバーすることを期待していたが，結果的には，政府管掌健康保険は健康保険制度に大きな比重をもって存続し，現在の協会けんぽに至っている。制定当時は，労使折半の保険料を財源とし，被保険者本人の業務上及び業務外の両方の傷病を対象としていた。その後適用業種拡大や，家族への適用，労災保険制度の創設に伴う業務上の災害の労災保険への移管などの制度改正を重ね，今日の健康保険制度が徐々に形成されていく。また，公務員等については，健康保険制度とは別に，国家公務員共済，地方公務員等共済，私立学校職員共済が形成された。

2 国民健康保険法と国民皆保険の達成

　国民健康保険法（旧法）は，農村の疲弊，医療費負担の困難等を背景に1938（昭和13）年に制定された。当時の保険者は国民健康保険組合であり，普通組合は市町村に居住する世

---

53) 健康保険法制定後の，官業・民間企業の共済組合と健康保険制度との関係については，笠木映里（2012）『社会保障と私保険——フランスの補足的医療保険』有斐閣，219～221頁を参照。

帯主の任意加入，特別組合は同一の事業または同種の業種に従事する者の任意加入の制度であったため，医療保険に加入していない国民が多く残った。戦後の経済成長が始まる1955（昭和30）年頃になると，国民の約3分の1が健康保険にも国民健康保険にも加入せず，医療保険制度から取り残されていることが社会的な問題となった。当時医療保険が適用されていなかったのは，主として被用者5人未満の事業所の被用者及び家族と，国民健康保険を実施していない市町村（実施は任意であった）に居住していて被用者保険の対象となっていない者であった。

1958（昭和33）年に制定された新しい国民健康保険法は，すべての市区町村に国民健康保険事業の実施を義務づけ，健康保険などの被保険者とその被扶養者を除き，市区町村の区域内に住所を有する者はすべて（5人未満事業所の被用者等を含め）国民健康保険の被保険者となった。この結果，1961（昭和36）年までに全市区町村において国民健康保険が実施され，国民皆保険が達成された。すなわち，①民間・官営工場共済組合の設立（1905〈明治38〉年頃），②健康保険法制定による健康保険組合及び政府管掌健康保険制度の創設（1922〈大正11〉年），③旧国民健康保険組合制度の創設（1938〈昭和13〉年），④新国民健康保険法制定と実施市区町村の拡大（1958〈昭和33〉年）といった段階を経て，⑤1961〈昭和36〉年に国民皆保険が達成されたのである。

発展過程を振り返ると，相互扶助的な共済組合を源流としつつも，第一に第一次世界大戦後の社会不安を背景に政府主導で健康保険法を制定したこと，第二に健康保険組合を設立できない中小事業所の労働者を，政府管掌健康保険によりカバーしたこと，第三にもともと農村を基礎とした国民健康保険を，全市区町村をカバーする地域保険とし，被用者保険が適用されない被用者や自営業者，無職の者にも国民健康保険を適用したことが，日本の皆保険達成の特徴といえる。ただし，報酬水準の低い中小事業所等の被用者を対象とした政府管掌健康保険制度の創設や，5人未満事業所の被用者などの医療保険未適用者を市町村の国民健康保険の対象とすることにより皆保険を達成したことは，その後の農業の衰退，高齢者・年金生活者の増加，非正規労働者の増加等の社会経済の変化を経て，今日においては国民皆保険制度の持続性を脅かす要因になっている。

③ 国民皆保険達成後の制度の変革

国民皆保険達成後も医療保険制度の改正は度々行われ，給付面では，制度間及び本人・被扶養者間で異なっていた患者一部負担割合を高齢者等を除き3割で統一したこと（図表3-3）や，高額療養費制度の創設と拡充などが行われた。

なかでも，人口の高齢化が進行するなかで高齢者の医療費をどのように確保するかは，医療保険制度改正の大きな課題であった。高齢者医療に係る制度改正に焦点を絞れば，1973（昭和48）年の老人医療費無料化（老人医療費支給制度。過剰受診等による老人医療費の急増を招いた），1982（昭和57）年の老人保健法の制定（市区町村が老人保健事業の運営主体

図表3-3 医療保険制度における患者一部負担の推移

			～昭和47年12月	昭和48年1月～	昭和58年2月～	平成9年9月～	平成13年1月～	平成14年10月～	平成15年4月～	平成18年10月～	平成20年4月～
老人			老人医療費支給制度前	老人医療費支給制度（老人福祉法）	老人保健制度						後期高齢者医療制度
				なし	入院300円/日 外来400円/月	→1,000円/日 (月額上限付き) →500円/月 (月4回まで) +薬剤一部負担	定率1割負担 (月額上限付き) *診療所は定額制を選択可 薬剤一部負担の廃止	定率1割負担 (現役並み所得者2割)	定率1割負担 (現役並み所得者3割)	定率1割負担 (現役並み所得者3割)	75歳以上 1割負担 (現役並み所得者3割)
											70～74歳 2割負担(*) (現役並み所得者3割) *平成26年4月以降に新たに70歳になる者2割。同年3月までに既に70歳に達している者1割。
若人	国保		3割	3割 高額療養費創設(S48～)	→1割(S59～) 高額療養費創設	3割 外来3割+薬剤一部負担	入院3割 外来3割+薬剤一部負担	3割 薬剤一部負担の廃止	3割	70歳未満 3割 (義務教育就学前2割)
	被用者	本人	定額	定額	入院2割 外来2割+薬剤一部負担					
		家族	5割	3割(S48～)→入院2割(S56～) 外来3割(S48～) 高額療養費創設	外来3割+薬剤一部負担					

(注) ・1994 (平成6) 年10月から入院時食事療養制度創設、2006 (平成18) 年10月から入院時生活療養制度創設。
・2002 (平成14) 年10月から3歳未満の乳幼児は2割負担に軽減、2008 (平成20) 年4月から義務教育就学前へ範囲を拡大。

資料：厚生労働省「第5回高齢者医療制度改革会議 (2010〈平成22〉年4月14日)」資料を一部改変

となり，健康保険，国民健康保険からの拠出金と公費により財源を賄う老人保健制度の創設），1984（昭和 59）年の退職者医療制度の創設[54]，2008（平成 20）年の後期高齢者医療制度及び前期高齢者の財政調整制度の創設が，高齢者医療に関する大きな制度改革といえる。なお，政府管掌健康保険は，2008（平成 20）年に，新たに公法人として設立された全国健康保険協会が運営する全国健康保険協会管掌健康保険（協会けんぽ）に移行した。また，同様に政府が保険者となっていた船員保険制度も，2010（平成 22）年に全国健康保険協会に移管されている。

---

[54] 退職者医療制度は，国民健康保険の被保険者のうち，被用者年金各法に基づく老齢年金を受けることができ被保険者期間が 20 年以上の者（退職被保険者）及びその被扶養者の保険給付等の費用については，退職被保険者の保険料と，被用者保険の保険者からの拠出金で賄う仕組みである。1984（昭和 59）年の健康保険法等改正で創設された当時は本人の給付率が 8 割とされ退職後も国保より高い給付水準を維持する意義があったが，2002（平成 14）年法改正で制度間の給付率が統一された後はその意義を失い，国保に対する被用者保険からの財政支援の仕組みとして機能してきた。2006（平成 18）年法改正により，退職者医療制度は 2014（平成 26）年度に廃止され経過措置に移行した。そのほか，健康保険組合が厚生労働大臣の認可を受けた場合には，当該組合を退職した退職被保険者の資格を有する者に対して組合が給付を行う特定健康保険組合の制度がある。

2 健康保険法

　健康保険法（大正11年法律第70号）は，日本で最初に制定された医療保険に関する法律であり，健康保険法に基づく保険給付の類型や，保険医療機関，療養担当規則，診療報酬などの保険診療の仕組みは，医療保険に関する他の法律においても共通している。その意味で，健康保険法は，医療保険制度の基本となる法律である[55]。

1 目的

　健康保険法の目的は，労働者またはその被扶養者の業務災害以外の疾病，負傷，死亡または出産に関する保険給付を行うことにより，国民生活の安定と福祉の向上に寄与することにある（健康保険法第1条）。業務上の事由による傷病等は，制定当初健康保険法の給付対象であったが，1947（昭和22）年の労働者災害補償保険法の制定に伴い労災保険に移管され，健康保険法第1条に「労働者の業務外の事由による」ことが明記された。その後，副業として行う請負業務の業務上の負傷など，健康保険と労災保険のいずれの給付対象とならない事例を救済する必要が生じたため，内閣が2013（平成25）年の第183回通常国会に提出し成立した「健康保険法等の一部を改正する法律」（平成25年法律第26号）によって，第1条中の「業務外の事由による疾病」が「業務災害（労働者災害補償保険法〈昭和22年法律第50号〉第7条第1項第1号に規定する業務災害をいう）以外の疾病」に改められた（2013〈平成25〉年10月1日施行）。この結果，現在では，労災保険の対象外の業務災害上の傷病は，原則として健康保険法の対象となっている。

　健康保険制度は医療保険制度の基本であることから，高齢化の進展，疾病構造の変化，社会経済情勢の変化等に対応し，その他の医療保険制度，後期高齢者医療制度，これらに密接に関連する制度と併せてそのあり方に関して常に検討が加えられ，その結果に基づき，医療保険の運営の効率化，給付の内容及び費用負担の適正化，医療の質の向上を総合的に図りつつ実施しなければならないことが基本的理念として明示されている（第2条）。

2 被保険者及び適用事業所

　健康保険の被保険者は，適用事業所に使用される者及び任意継続被保険者である。適用

---

[55] 健康保険制度については，主に社会保障審議会医療保険部会等における厚生労働省資料，『健康保険法の解釈と運用第11版』（2003）法研，吉原健二・和田勝（2008）『日本医療保険制度史増補改訂版』東洋経済新報社，島崎謙治（2011）『日本の医療——制度と政策』東京大学出版会，岩村（2001）前掲，西村健一郎（2003）『社会保障法』有斐閣を参考とした。

■ 図表3-4　健康保険法の強制適用事業（健康保険法第3条第3項第1号）

イ	物の製造，加工，選別，包装，修理又は解体の事業
ロ	土木，建築その他工作物の建設，改造，保存，修理，変更，破壊，解体又はその準備の事業
ハ	鉱物の採掘又は採取の事業
ニ	電気又は動力の発生，伝導又は供給の事業
ホ	貨物又は旅客の運送の事業
ヘ	貨物積卸しの事業
ト	焼却，清掃又はとさつの事業
チ	物の販売又は配給の事業
リ	金融又は保険の事業
ヌ	物の保管又は賃貸の事業
ル	媒介周旋の事業
ヲ	集金，案内又は広告の事業
ワ	教育，研究又は調査の事業
カ	疾病の治療，助産その他医療の事業
ヨ	通信又は報道の事業
タ	社会福祉法（昭和26年法律第45号）に定める社会福祉事業及び更生保護事業法（平成7年法律第86号）に定める更生保護事業

　事業所とは，①国，地方公共団体または法人の事業所であって，常時従業員を使用するもの，②国，地方公共団体または法人立でない事業所で，強制適用事業（図表3-4）を行っている常時5人以上の従業員を使用するものをいう。強制適用事業の範囲は，制定当初の工鉱業から逐次拡大されてきた。現在でも適用対象とならない事業として，農林業，水産業，畜産業，料理飲食業，自由業等がある。また，後期高齢者医療の被保険者（75歳以上の者），船員保険の被保険者，臨時に使用される者（日々雇い入れられる者や二月以内の期間を定めて使用される者），季節的業務に使用される者，臨時的事業の事業所に使用される者等は「使用される者」から除かれている（第3条）。日雇労働者については，日雇特例被保険者として，全国健康保険協会を保険者とし保険料の納付方法や保険給付が異なる特例制度が設けられている（第123条から第149条）。

　次に，被保険者としての資格の得喪の時期については，被保険者は，①適用事業所に使用されるに至った日，②使用される事業所が適用事業所になった日，③船員保険の被保険者等でなくなった日から被保険者資格を取得し，❶死亡したとき，❷その事業所に使用されなくなったとき，❸船員保険の被保険者等に該当するに至った日の翌日から資格を喪失する。資格の得喪は，保険者等の確認によって効力を生じる（第39条）。ただし，資格の得喪の時期は，確認の日ではなく，原因となる事実が発生した日に遡る。

　近年雇用形態が変化して短時間労働者が増加している。健康保険法の「使用される者」は「常用的使用関係にある者」と解され，通常の労働者の4分の3以上，概ね週30時間程度以上働く者が対象となっている。このため，被用者であっても短時間労働者のかなりの部分

が健康保険法の被保険者に該当せず，国民健康保険に加入することになる。短時間労働者が，被用者でありながら被用者保険の対象とならないという問題を是正するため，2012（平成24）年法改正により，2016（平成28）年10月から，1週間の労働時間が同一の事業所に使用される通常の労働者の1週間の所定労働時間の4分の3未満であるものまたは1月間の所定労働日数が同一の事業所に使用される通常の労働者の1月間の所定労働日数の4分の3未満であるもののうち，①1週間の所定労働時間が20時間以上であること，②当該事業所に継続して1年以上使用されることが見込まれること，③標準報酬月額が8万8000円以上であること，④学生等でないこと，を満たす場合には，健康保険の被保険者とすることとなった[56]。

　健康保険には，一般の被保険者と別に，任意継続被保険者の制度がある。任意継続被保険者は，二月以上被保険者であって適用事業所に使用されなくなって資格を喪失した者のうち，保険者への申出により継続して被保険者となった者をいう（第3条第4項）。任意継続被保険者は，被保険者の資格を喪失した日から20日以内に保険者に申し出て資格を取得するもので，2年を限度とする。2年を経過したとき，死亡したとき，保険料を納付期日までに納付しなかったとき，被保険者となったとき等には資格を喪失する（第38条）。任意継続被保険者制度は，かつては退職に伴い被用者保険から国民健康保険の被保険者に変わると給付率が低くなることから設けられた制度であるが，現在では医療保険制度の給付率は統一されているので，被保険者にとって給付面でのメリットは乏しい。ただし，国民健康保険の保険料が，退職前の所得に基づき算定され被用者保険と比較して高くなる場合があり，保険料負担を抑えるために任意継続被保険者制度が利用されている。

　健康保険の被扶養者は，被保険者の①直系尊属，配偶者（事実婚含む），子，孫及び弟妹（2016〈平成28〉年10月から「兄弟姉妹」に改正[57]）であって，主としてその被保険者により生計を維持するもの，②三親等以内の親族で同一の世帯に属し主としてその被保険者によって生計を維持するもの，③被保険者の事実婚の配偶者の父母または子であって，同一の世帯に属し主としてその被保険者により生計を維持するもの（当該配偶者の死亡後引き続く場合も含む），のいずれかに該当する者である。ただし，75歳に達した者は後期高齢者医療制度の被保険者となるため，健康保険法の被扶養者にならない（第3条第7項）。

3　全国健康保険協会

　健康保険法に定める保険者には，全国健康保険協会と健康保険組合がある。健康保険組合が設立されている適用事業所に使用される被保険者は当該健康保険組合の組合員となる。健

---

56)「公的年金制度の財政基盤及び最低保障機能の強化等のための国民年金法等の一部を改正する法律（平成24年法律第62号）」による改正。当分の間，常時500人未満の労働者を雇用する事業所には適用しない経過措置が設けられた。
57) 平成24年法律第62号による改正。兄姉について同居要件を撤廃して生計維持要件のみとしたもの。

康保険組合は，その組合員である被保険者の保険を管掌する（組合管掌健康保険）。健康保険の被保険者であって健康保険組合の組合員とはならない者は，全国健康保険協会の管掌する健康保険（全国健康保険協会管掌健康保険）の被保険者となる（第4条から第7条及び第17条）。

健康保険法の被保険者に該当する者であっても，国家公務員共済組合，地方公務員共済組合，私立学校教職員共済制度の加入者に対しては，健康保険法による保険料徴収・保険給付は行わない（第200条及び附則第6条）。したがって，公務員や私立学校教職員は，実効上健康保険法の適用から除外されている。

全国健康保険協会は，旧政府管掌健康保険を承継した全国健康保険協会管掌健康保険を運営するため2008（平成20）年に設立された。政府が出資した公法人であり，加入者数約3500万人（2013〈平成25〉年度末），収入約9兆6513億円（2013〈平成25〉年度決算）の日本で最大の健康保険の保険者である。適用事業所数約168万（2013〈平成25〉年度末）のうち10人未満の中小事業所が7割近くを占めている。全国健康保険協会には役員として理事長1人，理事6人以内及び監事2人がおかれる。理事長，監事及び運営委員会の委員（事業主・被保険者・学識経験者の三者で構成）は，厚生労働大臣が任命する。理事長は協会を代表して業務を執行する（第7条の9から第7条の11及び第7条の18）。

全国健康保険協会は，事業主・加入者の意見に基づく自主自立の運営を目指しており，協会の運営に適用事業所の事業主及び被保険者の意見を反映させ，業務の適正を図る観点から，理事長は，定款・運営規則の変更（保険料率の変更を含む）及び毎事業年度の事業計画・予算・決算等については運営委員会の議を経なければならない（第7条の19）。全国健康保険協会の組織は，東京におかれる本部と各都道府県におかれる47支部で構成される。支部には，支部長と，事業主・被保険者・学識経験者の三者で構成される評議会が設置され，支部における業務の実施について評議会の意見を聴く（第7条の4及び第7条の21）。

旧政府管掌健康保険の保険料率は全国一律であったが，協会けんぽの保険料率には，各都道府県ごとに異なる都道府県別保険料率が導入された。都道府県ごとの医療費水準には差異があり，全国一律の保険料のもとでは，医療費が低い都道府県の被保険者が医療費の高い都道府県の医療費を負担する結果になることを是正するものである。ただし，一般に医療費は加入者の年齢構成が高いほど高くなり，また，被保険者の所得が低いほど保険料率を高くしなければならないことから，都道府県別保険料率の算出にあたっては，都道府県ごとの年齢構成及び所得の差異によって生じる不均衡については調整を行ったうえで決定する仕組みとした[58]。都道府県別保険料率の決定は，支部長による評議会の意見聴取，支部長から理

---

58) 全国一律の保険料率から都道府県別保険料率に移行することにより，都道府県によっては急激に保険料が上昇するため，都道府県別保険料率への移行に際して激変緩和措置がとられている（2015年改正により措置の期限を2024〈平成36〉年度まで延長〔健康保険法等の一部を改正する法律〈平成18年法律第83号〉〕附則第13条）。措置の内容は政令等で定める。2015（平成27）年度には，全国平均保険料率とのかい離幅を10分の3に調整する措置が講じられている。この結果，2015（平成27）年度の全国平均保険料率は10.0％に対し，都道府県別保険料率が最も高いのは佐賀県の10.21％，最も低いのは新潟県の9.86％となっている。

事長への意見の申出，運営委員会における審議，理事長による決定，厚生労働大臣による認可・告示という手続きを経る（第160条）。

　旧政府管掌健康保険においては，国により運営されていたため，保険者としての自立性に乏しかった。旧政府管掌健康保険の保険料率は法令と国の予算により決定され，適用事業所の事業主や被保険者は決定の主体ではなかった。また，旧政府管掌健康保険においては，例えば国の審議会に支払側の委員として代表者が出席しても，政府の一員であるため発言を控える慣行もあった。これらを改め，新たに設立した協会けんぽにおいては保険者としての自立性を発揮することが期待された。

　全国健康保険協会は，設立直後から，景気落ち込みによる被保険者の報酬の急激な低下とそれに伴う保険料収入の減少，医療費の増加や高齢者医療の支援金等の増加などにより厳しい財政状況におかれるなかにあって，都道府県別保険料率への移行や，保険料率の大幅な引上げを行った。その運営については，加入者サービスの向上やジェネリック医薬品の使用促進[59]等の医療費適正化の取組みなどが評価されている[60]。また，旧政府管掌健康保険とは異なり，医療保険制度の改革について要請活動を行うなど，保険者としての発言も積極的に行うようになった。

4　健康保険組合

　健康保険組合は，適用事業所の事業主とその適用事業所に使用される被保険者及び任意継続被保険者で組織される（第8条）。1または2以上の適用事業所であって常時政令で定める数（700人）以上の被保険者を使用する事業主は，健康保険組合を設立することができる。この場合には単一の企業に雇用されている被保険者で構成されるため，単一健康保険組合という。また，適用事業所の事業主が共同して，健康保険組合を設立することもできる。事業主が，地域的・業種的なつながりで集まって設立するもので，総合健康保険組合という。設立には，常時政令で定める数（3000人）以上の被保険者がいなければならない（第11条）。

　健康保険組合を設立するかどうかは，適用事業所の事業主等の意思にかかっている。健康保険法には，厚生労働大臣は，1または2以上の適用事業所について事業主に対し健康保険組合の設立を命ずることができるとの規定も設けられているが，実例はない（第14条）。健康保険組合を設立しようとするときには，事業主は適用事業所に使用される被保険者の2分の1以上の同意を得て，規約をつくり，厚生労働大臣の認可を受けなければならない（第12条）。健康保険組合には，組合会がおかれ，規約の変更，収支予算，事業報告，決算などを議決する。組合会議員の半数は事業主が選定し，ほかの半数は被保険者である組合員が互選する。健康保険組合には理事及び監事がおかれる。理事及び監事は，半数は事業主の選定

---

59) Column 8参照
60) 厚生労働省「全国健康保険協会の平成23年度における健康保険事業及び船員保険事業の業績に関する評価結果」

Column 4　ジェネリック医薬品の使用促進

　ジェネリック医薬品は，新薬（先発医薬品）の特許が切れた後に，同等の品質で製造販売される同じ有効成分の薬で，「後発医薬品」ともいう。先発医薬品と有効成分，効能・効果，用法用量等は同じでも，先発品のような研究開発コストがかからない分価格が安いため，先発医薬品をジェネリック医薬品に換えることで医療費が安くなる。これにより医療保険や患者の負担軽減につながるため，国は2013（平成25）年に「後発医薬品のさらなる使用促進のためのロードマップ」を策定し，2018（平成30）年3月までにジェネリック医薬品の数量シェアを60％以上にするという目標を掲げてジェネリック医薬品の使用促進のための施策に取り組んできた。ジェネリック医薬品の数量シェアは39.9％（2011〈平成23〉年9月の薬価調査に基づく集計値）から46.9％（2013〈平成25〉年薬価調査に基づく集計値）と上昇しつつあり，国は80％以上という新たな目標を設定して，さらなる使用促進に取り組むことを検討している。

　ジェネリック医薬品の普及が進みにくい要因としては，品質面の不安への情報提供等の不足や，薬局における在庫切れ等の供給面の課題，より安価な医薬品を販売するための薬局への誘因不足などが指摘されてきた。

　医師による医薬品の処方に関しては，①処方せん様式を，「後発医薬品への変更可」にチェックする方式から，処方医が後発医薬品に変更することに差し支えがあると判断した場合に「後発医薬品への変更不可」欄に署名等する方式に変更（2008〈平成20〉年），②療養担当規則に後発医薬品の使用考慮や患者が後発医薬品を選択しやすくするための対応等を規定（2010〈平成22〉年），③処方医が先発品等の商品名ではなく一般名による処方をすることを診療報酬の加算により促進（2012〈平成24〉年），④診療報酬のDPC／PDPSの機能評価係数に後発医薬品指数を新設し後発医薬品を使用した場合を評価することとする（2014〈平成26〉年）など，段階的に後発品の使用促進に向けた制度の整備が進められている。

　最終的に薬局で後発医薬品を選択するかどうかは患者の判断にかかっていることから，最近では，保険者が，加入者に対し後発医薬品選択のための働きかけを行う取組みが増えている。全国健康保険協会では，2009（平成21）年から，レセプトを分析して自己負担軽減が見込まれる加入者に対し，ジェネリック医薬品に切り替えた場合の自己負担の軽減可能額や先発医薬品の処方の内容を通知している。2013（平成25）年に約134万人の加入者に通知したところ，24％にあたる約32万人がジェネリック医薬品に切り替えた。これによる医療費の軽減効果は年間約52.8億円程度であったという[61]。

61）全国健康保険協会平成25年度事業報告書

した組合会議員において，ほかの半数は被保険者である組合員の互選した組合会議員において互選される。理事長は健康保険組合を代表し，業務を執行する。理事長は，事業主選定組合会議員である理事のうちから理事が選挙で決定する（第18条から第22条）。

　健康保険組合は，企業単位または地域的・業種的なつながりを単位として保険者を構成し，自主的運営をすることにより，保険者としての効率的な運営やきめ細かな健康管理などを目指すものである[62]。2008（平成20）年から実施されている保険者による特定健康診査において，健康保険組合の特定健康診査実施率（2012〈平成24〉年度70.1％）が，協会けんぽ（39.9％）や市町村国保（32.7％）より高い実績となっているが，これは職場での密接なつながりを基礎とする健康保険組合の特徴が反映されたものである。

　事業主及び被保険者にとって健康保険組合を設立することの経済的なメリットは，保険料の水準にある。健康保険組合の適用事業所の被保険者の平均報酬水準が高い場合や，平均医療費が低い場合には，当該健康保険組合は，協会けんぽよりも低い保険料を設定することが可能となり得る。ただし，協会けんぽに対しては，財政力の弱さを補うため給付費について国庫補助が（2008〈平成20〉年度から2009〈平成21〉年度は給付費13.0％，2010〈平成22〉年度以降は16.4％）あるが，健康保険組合には原則としてない[63]。また，健康保険組合は，法定給付に併せて付加給付を行うことができる（第53条）ほか，事業主と被保険者で保険料負担の折半を変更し，事業主の保険料負担割合を大きくし，被保険者の負担する保険料割合を小さくすることが認められている（第162条）。これらは被保険者にとって大きなメリットとなる。これに対し協会けんぽは，付加給付を行うことはできず，保険料も労使折半を変更できない。このような点が健康保険組合を設立する動機となり，健康保険法制定後，大企業の事業所を中心に次々と健康保険組合が設立され，健康保険組合数は1990（平成2）年頃まで増加を続けた。しかしながら，現在では医療費や高齢者医療の支援金等の負担の増加，報酬の伸び悩み等により，多くの健康保険組合が赤字を計上し，保険料率引上げを迫られるなど，健康保険組合を取り巻く状況は厳しくなっている。新たな健康保険組合の設立は続いているが，厳しい経済情勢のもとで，母体企業の再編等に伴い健康保険組合が合併し，あるいは財政窮迫状況に陥り，新設を上回る数の健康保険組合が解散する状況となっており，健康保険組合数は，1992（平成4）年の1827をピークに減少傾向にある（2014〈平成26〉年5月現在1431）。

---

[62] 健康保険組合は，①自主性・責任のある事業運営，②同質職域集団による自然体の共助，③職域実態に則したきめ細かな運営，事業主・労組との連携，④保険者間でのリスク調整・共同事業が可能という特徴をもつ。対馬忠明（2003）「健康保険組合と保険者機能の強化」山崎泰彦・尾形裕也編著『医療制度改革と保険者機能』東洋経済新報社，197頁
[63] 後期高齢者支援金等の負担が重い組合への補助等はある。

Column 5　保険者による「データヘルス」の取り組み

　「データヘルス」という言葉を聞いたことがあるだろうか。医療保険の保険者が保有しているレセプトや，特定健診・特定保健指導などの情報を活用し，加入者の健康づくりや疾病予防，重症化予防につなげる取り組みである。政府が2013（平成25）年6月に策定した日本再興戦略において，2013年度から保険者が計画的に取り組みを推進していくこととされている。健康保険組合や全国健康保険協会等の保険者機能の発揮の一つである。厚生労働省が収集したデータヘルス事例集のなかから先駆的な取り組み事例をいくつか紹介しよう。

　デンソー健康保険組合では，事業主や加入者に対する働きかけ・説得材料としてのデータとエビデンスが重要だと考え，加入者のレセプト及び健診データを分析して，歯科疾患のある集団とない集団の間での歯科医科医療費の比較や，継続的に歯科検診を実施している集団と実施していない集団の間での歯科医科医療費の比較を行い，その結果に基づいて歯周疾患予防健診導入など歯科検診項目の見直しなどを行った。また，過去の健診データをもとに20歳代時のBMIやリスク別に対象者が40歳代になったときの医療費を比較分析し，例えば20歳代にBMI30以上だと40歳代になると標準に対し年間医療費は3倍になるとのデータを示すなどして保健指導や追跡調査を実施した。保健指導を受けた者の51%が体重減少，うち41%が肥満を脱出したという。

　富士通健康保険組合では，配偶者の健診受診率が低いという課題に取り組み，登録住所データから居住地分析を行って健診機関の拡大や巡回健診の実施，健康情報サイトの提供，アンケートや健診の事前予約，トップメッセージ発信などの取り組みを行った。2006（平成18）年度に10%程度であった配偶者健診の受診率が，2012（平成24）年度には55.7%まで向上した。医療費については，健診を受けている人の方が受けていない人に比べて1人あたりの医療費が年間5.5万円低いという。

　全国健康保険協会の福岡支部では，医療費分析の結果，糖尿病の占める割合が高いことがわかり，また，健診データとレセプトデータを突合したところ，健診で糖尿病が強く疑われているにもかかわらず放置している者が多くいることが判明した。このため早期発見・重症化予防のため，治療を受けていない者を抽出して保健師，看護師，管理栄養士が面接し，病態説明や医療機関の情報提供，受診予約の代行，主治医宛依頼書の発行，中断防止のための半年間の電話支援などを行った。2011（平成23）年度に面接した者のうち受診が確認できたのは49%であり，それらの者は2013（平成25）年4月時点ですべて治療を継続していた。仮に重症化をそれぞれ1年間遅らすことができたとすれば年間3632万円の医療費の削減効果が見込まれるという。また，同広島支部においても，糖尿病の重症化（人工透析への移行等）を予防するため，糖尿病の傷病名が付いたレセプトの診療行為・投薬内容を分析し病期を推定して対象者を抽出，看護師・保健師が面談・電話指導を行う「糖尿病重症化予防プログラム」を実施している[*1]。

　このほか，国民健康保険においても，国保データベース（KDB）システムが2013（平成25）年以降稼働し，①その地域の健康状況を他の地域と比較することにより自らの地域の特徴を把握し優先課題の明確化を行う，②適正受診が望まれる者や優先的に保健指導の対象をすべき者を判断し，個人に対する効果的な保険事業を実施する等の取り組みができるよう，必要なデータの提供を開始している[*2]。

*1　厚生労働省「被用者保険におけるデータ分析に基づく保健事業事例集（データヘルス事例集）第一版」（2013〈平成25〉年9月）より
*2　国民健康保険中央会ホームページ：http://www.kokuho.or.jp

5 保険料

保険者は，健康保険事業に要する費用（保険給付に要する費用だけでなく，前期高齢者納付金等，後期高齢者支援金等，介護納付金，日雇特例被保険者を使用する事業主の設立する健康保険組合の場合には日雇拠出金等を含む）にあてるため保険料を徴収する（第155条）。保険料の算定の基礎として，被保険者の標準報酬月額が決定される。原則として毎年7月1日を基準として，直前3月間の平均の報酬月額に応じて決定し9月から1年間適用する（定時決定）。例えば平均月額が27万円以上29万円未満であれば標準報酬月額は第21等級，28万円となる。標準報酬月額には下限第1等級58000円と上限第47等級121万円が設定されている（第40条及び第41条）。賞与については，被保険者が受けた賞与の1000円未満を切り捨てた額が標準賞与となる（上限は540万円。第45条）。なお，任意継続被保険者の標準報酬月額は，①被保険者の資格喪失時の標準報酬月額，②前年の9月30日における当該保険者に属する全被保険者の標準報酬月額の平均による標準報酬月額のいずれか少ない額となる（第47条）。

2015年改正においては，標準報酬月額に3等級追加して50等級までとして，上限額を121万円から139万円に引き上げたほか，標準賞与額も年間上限額は540万円から573万円に引き上げた（2016〈平成28〉年4月1日施行）。

被保険者の保険料額は，標準報酬及び標準賞与に一般保険料率をかけた一般保険料額と介護保険料率をかけた介護保険料額の合計額となる（介護保険第2号被保険者〈40歳以上65歳未満〉の場合。第156条）。一般保険料率は，3％から12％（2015年改正により2016〈平成28〉年4月1日より13％）の範囲内で保険者が決定する（協会けんぽにおいては，都道府県支部単位で設定）。なお，一般保険料率は，保険給付等に対応する基本保険料率と，前期高齢者納付金・後期高齢者支援金等に対応する特定保険料率からなる。保険料は，事業主が被保険者から徴収し，事業主負担分と合わせて翌月末までに保険者に納付する。任意継続被保険者の保険料は，事業主負担がないため，被保険者が自ら全額を保険者に納付する。育児休業中の被保険者が使用される事業所の事業主が保険者に申し出たときには，当該期間中の保険料を徴収しない（第159条）。2012（平成24）年改正により，産前産後休暇期間についても，事業主の申出により徴収しないことになった（2014〈平成26〉年4月1日施行）[64]。

協会けんぽの保険料は，国（日本年金機構）が年金保険料とともに徴収する仕組みをとっており，徴収した保険料から事務相当費用を差し引いた額が国から協会に交付される。ただし，任意継続被保険者の保険料は，協会けんぽが直接徴収する（第5条，第155条，第155条の2及び第205条の2）。

---

64)「公的年金制度の財政基盤及び最低保障機能の強化等のための国民年金法等の一部を改正する法律」（平成24年法律第62号）による改正後の健康保険法第159条の3（平成26年4月1日施行）

⑥ 保険給付

健康保険の保険給付には，①療養の給付，入院時食事療養費，入院時生活療養費，保険外併用療養費，療養費，訪問看護療養費及び移送費の支給，②傷病手当金の支給，③埋葬料の支給，④出産育児一時金の支給，⑤出産手当金の支給，⑥家族療養費，家族訪問看護療養費及び家族移送費の支給，⑦家族埋葬料の支給，⑧家族出産育児一時金の支給，⑨高額療養費及び高額介護合算療養費の支給がある（第52条）。このうち，療養の給付，入院時食事療養費，入院時生活療養費，保険外併用療養費，訪問看護療養費，家族療養費，家族訪問看護療養費及び高額療養費の大部分は，法律上現金給付で構成されるものも含め，実際は医療サービスの現物給付になっている[65]。

⑦ 現物給付

現物給付の中心である療養の給付は，疾病・負傷に関する①診察，②薬剤または治療材料の支給，③処置，手術その他の治療，④居宅における療養上の管理及びその療養に伴う世話その他の看護，⑤入院及びその療養に伴う世話その他の看護である（第63条）。療養の給付は，被保険者等が，都道府県知事の指定を受けた保険医療機関等のなかから医療機関を選択し，保険医等から医療サービスの現物給付を受ける。保険医療機関等は，保険診療の実施のルールを定めた保険医療機関及び保険医療養担当規則（昭和32年厚生省令第15号）等に従って，診療・調剤を行う（第70条）。具体的な診療の範囲とそれに対する報酬は，診療報酬に定められている。

入院時食事療養費は，入院中の食事に要する費用について，自宅で療養する者とのバランスを考慮し，食事療養に要する平均的な費用の額を勘案して算定した費用の額から平均的な家計における食費の状況を勘案して厚生労働大臣が定める食事療養標準負担額（一般は1食につき260円。所得等に応じ額を設定）を控除した額を支給するものである（第85条）。2015年改正において，食事療養費負担について，平均的な家計における食費及び特定介護保険施設等における食事の提供に要する平均的費用の額を勘案して厚生労働大臣が定めるものと規定された（2016〈平成28〉年4月1日施行）。これにより，新たに食材費相当額に加え，調理費相当額の負担をすることになり，一般につき360円，460円と段階的引き上げが予定されている。

入院時生活療養費は，療養病床に入院する65歳以上の者の生活療養（食費と光熱費等）に要した費用について，介護保険とのバランスを考慮し，生活療養に要する平均的な費用の

---

[65] 家族療養費，家族訪問看護療養費は，本来は被保険者に対する現金給付であるが，実際は被扶養者が医療サービスを受けたことをもって被保険者に支給されたものとみなすことにより実質的現物給付化がされている（第110条から第111条）。高額療養費については，一部負担金の償還払い（現金給付）が原則であったが，入院だけでなく外来についても現物給付化が進んでいる。

額を勘案して算定した額から，平均的な家計における食費及び光熱水費を勘案して厚生労働大臣が定める生活療養標準負担額（一般は1食につき460円プラス1日につき320円〈居住費〉。所得等に応じ額を設定）を控除した額を支給するものである（第85条の2）。

保険外併用療養費は，一定のルールのもとに，保険給付の対象として認められている診療と保険給付の対象外の診療を併用する場合に支給されるものである。健康保険法のもとでは，保険医療機関・保険医は療養担当規則に則った診療を行わなければならず，それ以外の療法との併用（混合診療）は原則として認められていない[66]。診療は一連の行為であり安全性・有効性の確立していない診療を混合することによって害が発生するおそれがあること，医療には医師と患者の間で情報の非対称性があり医師に勧められれば保険外診療を断りにくく結果として大きな費用負担を負うおそれがあること等がその理由である[67]。保険外併用療養費制度は，この原則に対する特例であり，評価療養，患者申出療養（2015年改正で新設）及び選定療養の3種類がある（図表3-5）。一般に混合診療が行われた場合には，一連の診療行為はすべて保険外の自由診療となるが，保険外併用療養費制度の対象となる評価療養，患者申出療養及び選定療養については，例外として，一般の治療と共通する基礎的な部分は保険診療，先進医療等の部分のみ自由診療となる。

評価療養は，厚生労働大臣の定める高度の医療技術を用いた療養その他の療養であって，療養の給付の対象とすべきものであるか否かについて，適正な医療の効率的な提供を図る観点から評価を行うことが必要な療養[68]として厚生労働大臣が定めるものである。例えば先進医療，医薬品の治験[69]に係る診療，薬事法承認後で保険収載前の医薬品，適応外の医薬品使用などがこれにあたる。このうち，先進医療については，安全性，有効性を確保するために，先進医療会議において審査し，実施可能な医療機関の施設基準を設定し，あるいは，医療技術ごとに個別に実施の可否を決定するなどの制限がなされている[70]。一方，選定療養は，被保険者の選定に係る特別の病室の提供その他の厚生労働大臣が定める療養であり，例えば差額ベッド，歯科の金合金等，予約診療，大病院の初診などである（第86条）。

2015年改正においては，患者からの申出を基点とする，新たな保険外併用療養の仕組みとして患者申出療養が創設され，2016（平成28）年から実施されることとなった。これは

---

66) 混合診療禁止の法的根拠が争われた事件について，最高裁は，保険外併用療養費の支給要件を満たさない混合診療を全額自己負担とする解釈は健康保険法全体の整合性の観点から相当とした（健康保険受給権確認請求事件。最高裁判所第三小法廷判決平23.10.25）。
67) 衆議院厚生労働委員会における塩崎恭久厚生労働大臣発言（2015年4月17日）においては，混合診療の全面解禁は①安全性，有効性が確認されない医療が行われるおそれ②先進的な医療が保険収載につながらないので保険外にとどまり続けてしまうというおそれがあると指摘している。このほか，混合診療に伴う論点については，島崎謙治（2011）前掲238～254頁及び池上直己（2011）前掲第1章注26，143～146頁参照。
68) 患者申出療養に該当するものを除く。
69) 治験とは，未承認の医薬品について国の承認を受けるための成績を集めるための臨床試験をいう。治験は医療設備が十分に整っていること，責任をもって治験を実施する医師，看護師，薬剤師等がそろっていること，治験の内容を審査する委員会を利用できること，緊急の場合には直ちに必要な治療，処置が行えることなどの要件を満たす病院でのみ認められる。
70) 先進医療については，安全性，有効性とともに費用対効果をどう評価するかが課題となる。Column 6 参照。

■ 図表3-5 保険外併用療養費について

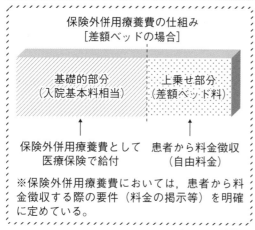

保険診療・患者申出療養との併用が認められている療養
評価療養・患者申出療養…保険導入のための評価を行うもの
選定療養…保険導入を前提としないもの

○評価療養（7種類）
・先進医療（高度医療を含む）
・医薬品の治験に係る診療
・医療機器の治験に係る診療
・薬事法承認後で保険収載前の医薬品の使用
・薬事法承認後で保険収載前の医療機器の使用
・適応外の医薬品の使用
・適応外の医療機器の使用
○患者申出療養
○選定療養（10種類）
・特別の療養環境（差額ベッド）
・歯科の金合金等
・金属床総義歯
・予約診療
・時間外診療
・大病院の初診
・小児う触の指導管理
・大病院の再診
・180日以上の入院
・制限回数を超える医療行為

資料：厚生労働省「保険診療と保険外診療の併用について」を一部改変

国内未承認薬等を迅速に身近な医療機関で使用したいという患者の希望に対応したものである。高度の医療技術を用いた療養であって，当該療養を受けようとする者の申出に基づき，療養の給付の対象とすべきものであるか否かについて，適正な医療の効率的な提供を図る観点から評価を行うことが必要な療養として厚生労働大臣が定めるもの（患者申出療養）を保険外併用療養費の支給対象とする[71]。患者申出療養は，厚生労働大臣に対し，当該申出に係る療養を行う臨床研究中核病院の開設者の意見書その他必要な書類を添えて行う（2016〈平成28〉年4月1日施行。第63条及び第86条）。

このほか，2015年改正では，紹介状なしで特定機能病院または500床以上の病院を受診する場合等には，選定療養として，初診時または再診時に，原則的に定額負担を患者に求めることとした（2016〈平成28〉年4月1日施行）。フリー・アクセスの基本は守りつつ，外来の機能分化を進めるための措置である。この措置のため，保険医療機関のうち特定機能病院その他の病院であって厚生労働省令で定めるものは，患者の病状その他の患者の事情に応じた適切なほかの保険医療機関を当該患者に紹介することその他の保険医療機関相互間の機能の分担及び業務の連携のための措置として厚生労働省令で定める措置を講ずるものとするとの責務規定が設けられた（第70条）。

訪問看護療養費は，訪問看護事業者から，居宅において継続して療養を受ける状態にある

---

[71] 保険収載との関係について，厚生労働省は，保険収載に向けた実施計画の策定を医療機関に求め，保険収載に必要なデータやエビデンスを集積して，安全性，有効性の確認を得た上で保険適用につなげていきたいとしている（衆議院厚生労働委員会〔2015年〈平成27〉年4月17日〕）。

者（主治医の認定が必要）に対する訪問看護に要した費用について平均的な費用を勘案して定める費用から一部負担額を控除した額を支給するものである（第88条）。

8 現金給付

　健康保険法に基づく現金給付には，療養費，移送費，傷病手当金，出産手当金，埋葬料，家族埋葬料，出産育児一時金，家族出産育児一時金，高額療養費（現物給付化されていない部分）及び高額介護合算療養費がある。

　療養費は，被保険者証がないために病院等の窓口で医療費を全額支払ったとき等に支給するものである（第87条）。

　移送費は，被保険者等が療養の給付を受けるため，病院等に移送されたときに支給するものである（第97条）。ただし，その金額は最も経済的な通常の経路及び方法により移送された場合の費用により算定し，①移送により法に基づく適切な療養を受けたこと，②移送の原因である疾病または負傷により移動をすることが著しく困難であったこと，③緊急その他やむを得なかったことに該当すると保険者が認めた場合に限って支給される。

　傷病手当金は，被保険者が，業務外の傷病により，療養のため労務に服することができなくなった日から起算して3日を経過した日から労務不能の期間（同一疾病等につき1年6月限度）支給するものである（第99条）。出産手当金は，被保険者が出産したとき，出産の日（実際の出産が予定日後のときは出産の予定日）以前42日目（多胎妊娠の場合は98日目）から，出産の日後56日目までの間で労務に服さなかった期間について支給するものである（第102条）。傷病手当金及び出産手当金の金額は，標準報酬日額の3分の2相当額を基準とし，事業主から報酬を受けている場合には差額が支給される。

　2015年改正において，傷病手当金の算定基礎となる標準報酬額を見直し，1日につき傷病手当金の支給を始める日の属する月以前の直近の継続した12月間の各月の標準報酬額を平均した額の30分の1に相当する額とすることとされた（第99条，102条）[72]。埋葬料及び家族埋葬料は，被保険者または被扶養者が死亡し埋葬を行った場合（生計維持要件あり）に政令で定める額（5万円）を支給するものである（第100条及び第113条）。

　出産育児一時金及び家族出産育児一時金は，被保険者または被扶養者が出産をしたとき，政令で定める額（1児につき原則42万円）[73]を支給するものである（第101条及び第114条）。なお，出産育児一時金等について，支給を受けるまでの間の被保険者等の負担を軽減するため，保険者が医療機関に対し出産費用相当の出産一時金の支払を行う，直接支払制度や受取代理制度が設けられている。

---

72) 休業直前の標準報酬月額がそれ以前に比べて高い場合があることから適正化したものである。
73) 産科医療補償制度の対象となる出産の場合の額。それ以外は39万円。

Column 6　医療技術の費用対効果の評価——NICE

　医療分野のイノベーションによってより高い治療効果が期待される医療技術が次々と生まれているが、そのなかには費用が大きく、医療保険財政への影響が懸念されるものもある。日本で新しい医療技術への医療保険の適用の是非を検討する場合、現在は安全性・有効性を中心とした総合的評価が行われており、費用対効果の評価については明確な基準は設定されていない。このため、従来の医療技術よりも非常に高額な費用を要する医療技術について、費用対効果の評価の導入の検討が日本でも議論されるようになった。

　費用対効果評価における効果の指標については、治癒した患者数、臨床検査値等があるが、生存年数の延長に関しては単なる延命だけではなくその間の健康状態を反映した指標が用いられることが多い。

　具体的な評価の仕方は、例えば現在ある治療法Aと新たな治療法Bを比較して費用対効果を評価する場合、BがAと比較して費用が少なく、かつ効果が高ければBが優位であり、その逆であればBは劣位であり選ばれるべき治療法ではなくなる。これに対し、新たな医療技術として導入されているものの多くは、BがAと比較して費用が高くかつ効果も高い場合であるが、このような場合には、AをBに置き換えることにより追加的にかかる費用を追加的に得られる効果で除した指標（増分費用効果比）が用いられる[*1]。

　費用対効果評価の先例として、イギリスの国民保健サービス（NHS）では、NICE（National Institute for Health and Care Exellence）という機関が、政府が指定した医療技術について費用対効果評価を行い、当該技術について、①使用を推奨する、②使用を推奨しない、③一部の患者集団に限定して使用を推奨する、3パターンの勧告を行っている。NICEが推奨したものは3か月以内に当該技術を提供しなければならず、NICEが推奨しなかったものは、事実上使用が困難となっている。効果指標としては、質調整生存年（Quality Adjusted Life Year：QALY）と呼ばれる、生存年数を健康状態で重みづけした指標が使用されている。健康状態評価は、QOL（生活の質）によって、0（死亡）から1（完全な健康）の間の値となる[*2]。

　NICEは1999年以来の医療技術評価の実績を有するが、NICEが推奨しない医療技術へのアクセスが著しく制限されることについて患者やメディアからの批判が強まり例外措置が講じられる動きもある[*3]。

　このほか、フランスでは、HASという組織が公的医療保険での医薬品の給付価格について科学的な追加的有用性の評価を行っており、ドイツではIQWiGという組織が医薬品の追加的有用性評価を行っている[*2]。スウェーデンでは社会保健省の下にあるTLVという組織が医療保健サービスにおける医薬品の償還可否の決定にQALYを用いた費用対効果分析を用いており、また、SBUという組織が医療技術に対する費用対効果分析を行い、例えば術前の定期検査や脳震とうの治療方法に対する評価などで実績を挙げている[*4]。

　日本では、中央社会保険医療協議会が、2012（平成24）年4月に「費用対効果評価専門部会」（部会長：関原健夫公益財団法人日本対がん協会常務理事。2014〈平成26〉年4月より田辺国昭東京大学大学院法学政治学研究科教授）を設置し、医療保険制度における費用対効果評価導入に関する検討を開始した。2014（平成26）年1月には同部会から中央社会保険医療協議会総会に対し「議論の中間的な整理」が報告され、これを受けて平成26年度診療報酬改定答申書の附帯意見では、「医薬品や医療機器等の保険適用の評価に際して費用対効果の観点を導入することについて、イノベーションの評価との整合性も踏まえつつ、データ・分析結果の収集、評価対象の範囲、評価の実施体制等を含め、平成28年

度診療報酬改定における試行的導入も視野に入れながら，引き続き検討すること」とした。今後，費用対効果評価専門部会において，2016（平成28）年度からの試行的導入に向け，企業の協力を得て具体例を用いてデータ・分析結果の検討などをさらに進めていくこととされている。

*1 費用対効果評価の手法については，福田敬（2013）「医療経済評価手法の概要」『保健医療科学』62（6）584頁から589頁参照。
*2 中央社会保険医療協議会費用対効果評価専門部会（2012〈平成24〉年5月23日・6月27日，平成26年9月10日）における厚生労働省資料及び福田敬参考人（国立保健医療科学院上席主任研究官）作成資料を参考とした。
*3 葛西美恵・小林慎・池田俊也他（2011）「医療技術評価（HTA）の政策立案への活用可能性（後編）——海外の動向とわが国における課題」『医療と社会』No.21（3），235頁
*4 伊藤暁子（2013）「イギリス及びスウェーデンの医療制度と医療技術評価」『レファレンス』2013.10，120頁から123頁

⑨ 費用負担

次に費用負担である。被保険者または被扶養者が保険医療機関で保険給付を受けたときは，保険医療機関に対し所定の一部負担金等を支払い，保険医療機関は，療養の給付に要する費用から一部負担金等を差し引いた金額を保険者に請求し，支払を受ける。療養の給付に要する費用の算定方法を定めるのが診療報酬である。保険医療機関と保険者との間の請求及び支払いは，審査支払機関を通じて行われる。

被保険者等の一部負担金は，義務教育就学後[74]から70歳未満の場合及び70歳以上の現役並み所得者（報酬額が政令で定める額以上の者）には療養の給付に要する費用の3割，義務教育就学前及び70歳以上75歳未満は2割[75]となっている（第74条及び第110条）。

しかしながら，入院医療は一般に高額であり，また，傷病によっては，入院に限らず外来診療でも，高額な医療が継続して必要な場合や，極めて高額な医療が必要になる場合がある。このような高額医療の受診に際しても，被保険者等が医療費の定率を負担することとすると，家計の負担能力によっては負担が困難となり，それが原因となって必要な医療を受けられないという事態も生じかねない。このため，一部負担金額に限度額を設定し，それを超える部分は保険者が負担することとして，被保険者等の負担軽減を図るのが，高額療養費制度である（第115条）。高額療養費制度は，定率一部負担を原則としつつも，高額医療の負担に際し公的医療保険が高い保障性を発揮するよう工夫された日本の医療保険独自の制度である。

---

74) 被扶養者が6歳に達する日以後の最初の3月31日の翌日以後。
75) 第1章注17参照

高額療養費制度では、自己負担限度額（月額）は、70歳未満の場合、当該被保険者の所得により5段階の所得区分に応じ設定されている[76]。①被保険者が住民税非課税の場合には3万5400円、②標準報酬月額26万円以下の場合は5万7600円、③標準報酬月額28万円から50万円の場合は8万100円に医療費から26万7000円を控除した額の1％を加えた額、④標準報酬月額53万円から79万円の場合は16万7400円に医療費から55万8000円を控除した額の1％を加えた額、⑤標準報酬月額83万円以上の場合には25万2600円に医療費から84万2000円を控除した額の1％を加えた額になる（図表3-6）。

　高額療養費制度による被保険者等の一部負担金の軽減効果を見てみよう。③の標準報酬月額28万円から50万円の被保険者の医療費が月100万円であった場合には、その3割の30万円が定率一部負担金となるが、高額療養費の支給により実際の自己負担額は、

　　［80100円＋（1000000円－267000円）×1％＝87430円］

8万7430円になる。図表3-7は、高額療養費制度による医療費に応じた所得区分別の自己負担限度額を示したものである。所得の低い2つの区分（上記の①及び②）については、それぞれ医療費が11万8000円、19万2000円に達するまでは3割を負担するが、それ以上は医療費がいくらかかっても、それぞれの自己負担額は月3万5400円、5万7600円の定額になる。標準報酬月額28万円以上の3つの区分（上記の③、④及び⑤）については、それぞれ医療費が26万7000円、55万8000円、84万2000円に達するまでは3割を負担するが、それ以上になった場合には、それぞれの自己負担額は月8万100円、16万7400円、25万2600円に医療費の増加分の1％を加えた額となる。医療費の増加に応じて若干増えるものの、グラフの傾きを見てわかるように緩やかな増加である。医療費が高額になる場合の一部負担金額は、高額療養費制度の効果により、実質的には5段階の所得区分に応じて負担額が定まる応能負担になっているといえる。

　次に、図表3-8は、高額療養費制度を利用した場合の医療費に応じた実質的な一部負担の割合を所得区分ごとに示したものである。自己負担率は3割が原則ではあるが、実質負担率は、所得区分ごとにカーブと程度は異なるものの、医療費が高額になるにつれて低下し、医療費100万円の場合は所得区分に応じて3.5％から25.4％、医療費200万円の場合は1.8％から13.2％となっている。

　自己負担の限度額は、70歳以上の場合には、所得区分が低所得者から現役並み所得者まで4段階に分かれており、それぞれの区分に応じ、1か月の負担の上限額が①1万5000円、②2万4600円、③4万4400円、④8万100円と医療費から26万7000円を控除した額の1％の合計額となるほか、外来（個人ごと）について限度額が設定されている。

　このほか、患者1人だけでは高額療養費の支給対象とはならなくても、同一世帯の者の自己負担額を1か月単位で合算し、上限額を超えたときは高額療養費を支給する世帯合算制度

---

[76] 2015（平成27）年1月から、従来の3区分が5区分に細分化された。この結果、標準報酬月額28万円以下の者（住民税非課税を除く）の自己負担限度額が引き下げられる一方、標準報酬月額53万円以上の者の自己負担限度額が引き上げられた。

■ 図表 3-6　自己負担割合及び高額療養費自己負担限度額
（平成 27 年 1 月〜）

区分		負担割合		月単位の上限額（円）
70歳未満	年収約1160万円〜 健保:標報83万円以上 国保:旧ただし書き所得901万円超	3割		252600＋ （医療費－842000）×1％ 〈多数回該当:140100〉
	年収約770〜約1160万円 健保:標報53万〜79万円 国保:旧ただし書き所得600万〜901万円			167400＋ （医療費－558000）×1％ 〈多数回該当:93000〉
	年収約370〜約770万円 健保:標報28万〜50万円 国保:旧ただし書き所得210万〜600万円			80100＋ （医療費－267000）×1％ 〈多数回該当:44400〉
	〜年収約370万円 健保:標報26万円以下 国保:旧ただし書き所得210万円以下			57600 〈多数回該当:44400〉
	住民税非課税			35400 〈多数回該当:24600〉
70〜74歳未満		負担割合	外来（個人ごと）	
	現役並み所得者 （年収約370万円〜） 健保:標報28万円以上 国保:課税所得145万以上	3割	44400	80100＋（医療費－267000）×1％ 〈多数回該当:44400〉
	一般（〜年収約370万円） 健保:標報26万円以下（*1） 国保:課税所得145万円未満（*1）（*2）	2割 （*3）	12000 （*4）	44400 （*4）
	住民税非課税		8000	24600
	住民税非課税 （所得が一定以下）			15000
75歳		負担割合	外来（個人ごと）	
	現役並み所得者 （年収約370万円〜） 課税所得145万円以上	3割	44400	80100＋（医療費－267000）×1％ 〈多数回該当:44400〉
	一般（〜年収約370万円） 課税所得145万円未満（*1）	1割	12000	44400
	住民税非課税		8000	24600
	住民税非課税 （所得が一定以下）			15000

*1　収入の合計額が520万円未満（1人世帯の場合は383万円未満）の場合も含む。
*2　旧ただし書所得の合計額が210万円以下の場合も含む。
*3　平成26年4月1日までに70歳に達している者は1割。
*4　2割負担の場合は62100円（外来24600円）とされていたが，平成26年4月より1割負担だった際の限度額に据え置き。

資料：厚生労働省資料

（70歳未満の受診については，2万1000円以上の負担のみ合算）があり，世帯単位での負担軽減も行われる。さらに，長期にわたる高額医療の負担軽減については，①直近の12か月間に，既に3回以上高額療養費に該当している場合に，4回目の月の負担限度額がさらに引き下がる多数該当制度，②血友病，人工透析を行う慢性腎不全などの著しく高額な治療を長期にわたって必要とする特定の疾病の患者について月額1万円（慢性腎不全のうち70歳未満の上位所得者は2万円）の上限額とする高額長期疾病制度[77]がある。

■ 図表3-7　高額療養費制度による医療費に応じた所得区分別の自己負担限度額

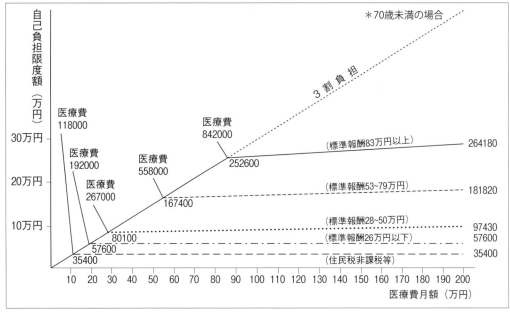

資料：著者作成

■ 図表3-8　高額療養費制度による医療費に応じた所得区分別の実質自己負担率

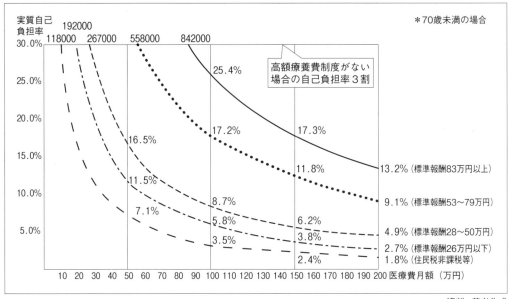

資料：著者作成

77）現在指定されているのは，①人工腎臓を実施する慢性腎不全，②血漿分画製剤を投与している先天性血液凝固第Ⅷ因子障害及び先天性血液凝固第Ⅸ因子障害，③抗ウイルス剤を投与している後天性免疫不全症候群（血液製剤の投与に起因するHIV感染者，2次・3次感染者等に限る）である。

高額療養費制度は，被保険者の事後申請に基づき保険者が限度額を超えた負担額を償還する方式（現金給付）が原則であったが，現在までに，入院時等にあらかじめ医療機関の窓口に保険者の発行する限度額適用認定証を提示して手続きをすることなどにより，窓口での支払を自己負担限度額までにとどめ，超過分は保険者が医療機関に直接支払う現物給付方式が普及した[78]。患者にとっては，受診から高額療養費の償還があるまでの間，高額療養費相当分の立替え負担をする必要がなくなる。入院に加え，2012（平成24）年4月からは，外来での高額療養費の現物給付化が始まり，外来診療においても，認定証を提示することにより自己負担限度額を超える分を窓口で支払わなくても済む仕組みが導入された。

　この他，高額療養費制度をさらに発展させ，1年間（毎年8月から翌年7月）の医療保険と介護保険における自己負担の合算額が著しく高額になる場合に，限度額を設定して負担を軽減する高額介護合算療養費を支給する仕組みも設けられている（第115条の2，図表3-9）。

10　健康保険の財政

　健康保険の保険者にとっての現在の第一の問題は，厳しい財政状況である。経済の停滞により標準報酬が伸び悩み，あるいは低下し，一方で医療費は着実に上昇し，高齢者医療の支援金等の負担は増加してきた。このため，保険者としては，必要な支出を賄うため，保険料の引上げを繰り返す状況が続いてきた。図表3-10に示したとおり，健康保険組合については2008（平成20）年度から毎年平均保険料率が上昇している。2013（平成25）年度は，健康保険組合の約3分の2の927組合が赤字で，経常収支差引額は1162億円の赤字である[79]。また，高齢者医療の支援金・納付金の保険料収入に対する割合は44.1%となっている。前述のとおり，財政窮迫から解散に追い込まれる健保組合も少なくない。一方協会けんぽについても，財政が悪化した2010（平成22）年から毎年連続して大幅な保険料の引上げを行うことを余儀なくされ，2012（平成24）年度には全国平均保険料率が10.0%になっている。このような景気低迷下での急速な保険料率引上げ，負担増は，保険者，事業主及び被保険者が直面している厳しい問題である。

　第二に，保険者間の構造的格差の問題がある。健康保険組合の平均保険料率は2013（平成25）年度で8.6%であるが，個々の健康保険組合の保険料率の分布を見ると，2013（平成25）年度において保険料率7.0%未満が組合数で全体の8.1%，その時点での協会けんぽの平均保険料率10.0%を上回る保険料率の組合は全体の13.8%であった。また，健康保険組合の平均保険料率と旧政府管掌健康保険及び協会けんぽの平均保険料率を比較すると，2000（平成12）年度頃までは8.5%程度でほぼ同水準であったが，賞与を算定基礎に加える総報酬制を導入した後，保険料率の差が拡大[80]し，2014（平成26）年度では協会けんぽが

---

78) 2012（平成24）年度には高額療養費支給額のうち83.1%が現物給付により支給された。
79) 健康保険組合連合会「平成25年度健保組合決算見込みの概要」

■ 図表3-9　高額介護合算療養費の算定基準額

	後期高齢 ＋ 介護保険	被用者又は国保 ＋ 介護保険 （70歳〜74歳がいる世帯）	被用者又は国保 ＋ 介護保険 （70歳未満がいる世帯）
健保：標準報酬 83万円〜 国保：旧ただし書所得 901万円超	67万円	67万円	212万円
健保：標準報酬 53万〜79万円 国保：旧ただし書所得 600万円超901万円以下			141万円
健保：標準報酬 28万〜50万円 国保：旧ただし書所得 210万円超600万円以下			67万円
健保：標準報酬 26万円以下 国保：旧ただし書所得 210万円以下	56万円	56万円	60万円
低所得者2 住民税非課税 年金収入80万〜100万円以下	31万円	31万円	34万円
低所得者1 住民税非課税 年金収入80万円以下	19万円	19万円	

（平成27年8月以降）

資料：厚生労働省保険局長通知（保発1119第1号平成26年11月19日）に基づき著者作成

組合健保の平均よりも1.1％高い（図表3-10及び図表3-11）。健康保険組合を設立する事業所の報酬水準は協会けんぽに比べて高く、健康保険組合を解散して協会けんぽに異動する事業所の報酬は低い傾向があり[81]、差が生じる構造は変わっていない。ただし、2012（平成24）年度以降協会けんぽの保険料率は財政対策を受けて10.0％に据え置かれてきたが、健康保険組合の平均保険料率は毎年上昇しているため、直近では両者の差が縮まっている。

日本の医療保険制度において、多数の保険者が分立しているのは、健康保険法のもとで健康保険組合の自主的運営や効率性を尊重してきた歴史的経緯によるが、結果として大企業と

---

[80] 総報酬制の導入（賞与からの保険料徴収）後、健康保険組合の保険料率は一時低下したが、賞与の少ない中小企業の加入者が中心の協会けんぽの保険料は下がらなかっただけでなく、その後報酬低下等による保険料上昇傾向を続けた結果、保険料率の格差が拡大した。

[81] 2011（平成23）年度に協会けんぽから健康保険組合に異動した1409事業所の平均標準報酬月額は33万4000円、健康保険組合から協会けんぽに異動した886事業所の平均標準報酬月額は28万3000円。

■ 図表3−10　協会けんぽと健保組合の保険料率の推移

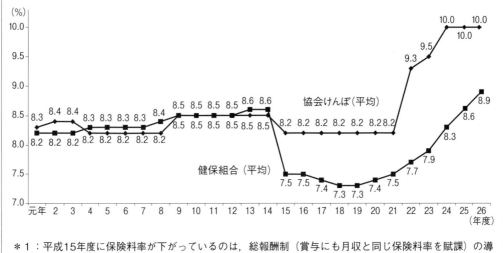

＊1：平成15年度に保険料率が下がっているのは，総報酬制（賞与にも月収と同じ保険料率を賦課）の導入によるもの（政管健保では，実質的に0.7％の保険料率の引上げ）。
＊2：健康保険組合の保険料率（調整保険料率含む）は，平成23年度までは実績24年度は実績見込。25年度は予算ベース。26年度は予算早期集計ベースによる。

資料：第75回社会保障審議会医療保険部会（2014〈平成26〉年5月19日）資料

■ 図表3−11　協会けんぽと健保組合の報酬水準の推移

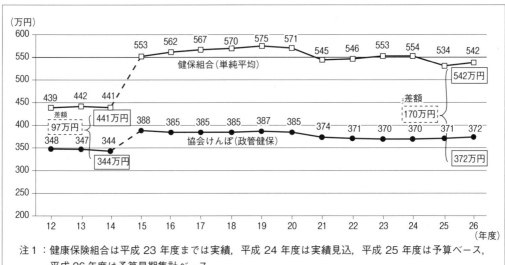

注1：健康保険組合は平成23年度までは実績，平成24年度は実績見込，平成25年度は予算ベース，平成26年度は予算早期集計ベース。
　2：平成12〜14年度は，被保険者1人当たり標準報酬月額を単純に12倍。15年度以降は，賞与を含む被保険者1人当たり標準報酬総額。
　3：協会けんぽは平成24年度までは実績，平成25年度以降は平成26年度予算ベース。

資料：第75回社会保障審議会医療保険部会（2014〈平成26〉年5月19日）資料を一部改変

中小企業間，あるいは事業所間で，報酬の低い被保険者のほうが報酬の高い被保険者よりも保険料率あるいは保険料額が高いという事象が生じており，公的医療保険制度における公平性の観点から，それがどこまで受容されるべきかが，日本の医療保険制度の課題として指摘されている[82]。現行制度では，協会けんぽに対する給付費の国庫補助や，健康保険組合連合会が実施する健康保険組合間の財政共同事業（高額医療交付金交付事業及び組合財政支援交付金交付事業）など，保険者間の財政格差の一定の調整を行う仕組みが設けられている。最近の協会けんぽの財政の急速な悪化に際しては，2010年改正[83]により，2010（平成22）年度から2012（平成24）年度まで協会けんぽの給付費の国庫補助率を16.4％に引き上げる特例措置や後期高齢者支援金に一部総報酬割を導入し実質的に協会けんぽの負担を減らす特例措置を講じ，さらに2013年改正[84]により当該措置が2年間延長されるなど，臨時・特例的な措置による財政対策が継続してきた。2015年改正では，同年度以降の協会けんぽへの国庫補助率は「当分の間16.4％」と定められた。2014年度までの時限措置と異なり，「当分の間」は，具体的な期限を定めていないので事実上の恒久的措置といえる。ただし，同改正により，準備金残高が法定準備金（給付費・拠出金等の支払に必要な額の1月分）を超える場合に補助を減額する仕組みが設けられた（Column 8参照）。

11 不服申立て

健康保険法を含む社会保険については，社会保険審査官及び社会保険審査会法（昭和28年法律第206号）に基づき，特別の行政不服申立て制度が設けられている。第一審機関である社会保険審査官は各地方厚生局及び支局におかれており，第二審機関である社会保険審査会は厚生労働大臣のもとにおかれている。社会保険審査官は厚生労働省の職員のうちから厚生労働大臣が任命し，社会保険審査会は，法律または社会保険に関する学識経験者のうちから衆・参両議院の同意を得て厚生労働大臣が任命した委員長及び委員5人で構成されている。被保険者の資格，標準報酬，保険給付に関する保険者の処分に不服がある場合には社会保険審査官に審査請求をすることができ，また，その決定に不服がある場合には，社会保険審査会に対して再審査請求をすることができる。保険料等の賦課・徴収の処分，督促・滞納の処分に不服がある場合には，社会保険審査会に対して審査請求をすることができる。これらに関する処分の取り消しの訴訟は，社会保険審査会による再審査請求または審査請求の裁決を経た後でなければ提起することができない（健康保険法第189条から第192条）。

---

82) 池上直己ほか（2011）「日本の皆保険制度の変遷，成果と課題」『ランセット日本特集号国民皆保険達成から50年』44～54頁
83) 医療保険制度の安定的運営を図るための国民健康保険法等の一部を改正する法律（平成22年法律第35号）
84) 健康保険法等の一部を改正する法律（平成25年法律第26号）

Column 7　高額療養費制度をめぐる議論から

　医学の進歩により従来であればあきらめなければならなかったような疾病の治療が次々と可能になっているが，その場合には，医療費が非常に高額になることも少なくない。健康保険組合連合会によると，2013（平成25）年度の1か月の最高額レセプトは約6221万円であり，1か月1000万円以上のレセプト数は336件にものぼる。その3割を自己負担することは普通の人には困難だが，日本には高額療養費制度があり，このような場合にも所得区分に応じて設定された月あたりの自己負担上限額で医療が受けられる。

　この高額療養費制度の見直しについて，社会保障審議会医療保険部会において，2011（平成23）年から2012（平成24）年にかけ，一般所得者区分を細分化したきめ細かい自己負担上限額の設定や，新たに年単位で上限額を設定すること，長期高額疾病の対象拡大などに関する議論が行われた。このうち，きめ細かな自己負担上限額の設定については，2015（平成27）年1月に，70歳未満の者に適用される所得区分を3段階から5段階に細分化して自己負担上限額を設定する制度改正が実施された。この改正の結果，従来の一般所得者区分に属していた標準報酬26万円以下（国保：旧ただし書所得210万円以下）の者について自己負担限度額が引き下げられた（対象者約4060万人）。一方で，上位所得者区分に属していた標準報酬53万円以上（国保：旧ただし書所得600万円以上）の2区分の者については，自己負担上限額の引上げとなった（対象者約1330万人）。この高額療養費制度の見直しによって，医療保険への国の財政負担は217億円増加する[85]と見込まれており，地方負担増分も含め，その財源には消費税率引上げ増収があてられる。

　高額療養費制度については，このほかにも，前述した新たに年単位で上限額を設定することや，長期高額疾病の範囲など，さまざまな議論があるが，さらなる制度の見直しには大きく二つの課題がある。

　第一の課題は，高額療養費制度の見直しに伴い必要となる財源の確保である。保険者は財政中立の制度改正を求めるが，上記のような見直しには財政負担増が避けられない。また，高額療養費制度は，低所得者について医療保険の実効給付率（自己負担軽減分等も考慮した，医療費に占める実質的な保険給付の割合）を高める効果をもつため，低所得者の多い，より財政力の弱い国民健康保険や協会けんぽの財政に大きく影響することも考慮しなければならない。2012（平成24）年度において医療費に占める高額療養費の割合は，健康保険組合5.1％，協会けんぽ6.0％，市町村国保8.8％，医療保険全体では5.9％となっている。

　第二の課題は，年額の上限額設定等に伴う制度の一層の複雑化と，それを処理するコンピュータ・システムの改修費用である。現在，社会保障・税番号制度等に関する議論があるなかでシステム改修の時期，方法などについて関係者には慎重な意見がある。高齢者医療制度の見直しの議論においても，制度改正に伴う保険者のシステム開発投資の費用と時間の問題が指摘されており，今後の医療保険制度の改正は，システム開発と事務処理体制の整備等に要する費用や時間も考慮し，先見性，計画性のある制度改正の視点が重要となっている。

---

[85] 2015（平成27）年度予算案ベース

Column 8　協会けんぽの財政問題

　協会けんぽ（全国健康保険協会管掌健康保険）は，その前身となる旧政府管掌健康保険の時代から，健康保険組合をもたない中小企業の適用事業所を中心として構成されてきた。中小企業は一般に大企業に比べ報酬水準が低いため，保険料率が同じでも保険料収入が少なくなり，その財政基盤は健康保険組合に比べて弱い。これを補うため，国が予算の範囲内で給付費の一部を補助するようになり，1973（昭和48）年度には，保険料率を0.1％引き上げるごとに国庫補助率を0.8％引き上げる国庫補助率と保険料率の連動制を導入した。1981（昭和56）年度には連動制を廃止して国庫補助率については法律本則で「16.4％から20％の範囲で政令で定める」としつつ，改正法附則で「当分の間16.4％」に固定する措置がとられた。その後は好況を反映して黒字基調が続いたため1992（平成4）年度に国庫補助率は「当分の間13％」に引き下げられたが，バブル崩壊後は再び財政状況が悪化し，保険料率の引上げ，総報酬制導入（賞与にも保険料を賦課）などを行うものの，2007（平成19）年度からは，▲1390億円，▲2290億円，▲4893億円と3年連続で大幅な赤字を計上した。

　このため，健康保険法を改正し2010（平成22）年度からの3年間に限って補助率を16.4％とするとともに，後期高齢者支援金の3分の1を総報酬に応じた負担とする特例措置（結果として協会けんぽの負担が抑えられ，健康保険組合等の負担が増加）が講じられた。併せて協会けんぽの保険料率を平均8.2％から10.0％に急激に引き上げるなどの措置を講じた結果，2010（平成22）年度には協会けんぽは2500億円程度の黒字に転じた。この特例措置は再度の法改正により2014（平成26）年度まで延長され，この間協会けんぽの保険料率は平均10.0％が維持された。

　こうした時限措置が切れる2015年度以降の協会けんぽへの国庫補助をどうするかについて，2014年の社会保障審議会医療保険部会において議論が行われた。協会けんぽ側は中小企業にとってこれ以上の保険料率の引上げは困難として，国庫補助率を20％に引き上げ恒久化するとともに後期高齢者支援金の全面総報酬割導入を求めた。これに対し健康保険組合側は，全面総報酬割導入が，それにより生じた財源を国保に投入することと併せて議論されているということについては，被用者保険が国保の財政基盤強化にかかわる負担を肩代わりすることになると主張した[86]。

　このような議論を経て成立した2015年改正においては，2015（平成27）年度以降の協会けんぽへの国庫補助率は「当分の間16.4％」と定められた（具体的な期限は設けられていない）。ただし，経済情勢，財政状況等を踏まえ，準備金残高が法定準備金を超えて積み上がっていく場合に，新たな超過分の国庫補助相当額を翌年度減額する特例措置が講じられた。また，被用者保険者の後期高齢者支援金については，総報酬割部分（2014年度までは3分の1）を2015（平成27）年度に2分の1，2016（平成28）年度に3分の2に引き上げ，2017（平成29）年度から全面総報酬割を実施することとなった。被用者保険の負担増に対しては，拠出金負担の重い被用者保険者への支援を実施することとなった（2015年度は約110億円，全面総報酬割が実施される2017年度は約700億円の見込み）。

---

[86]「第75回社会保障審議会医療保険部会議事録」（2014〈平成26〉年5月19日）及び「社会保障審議会医療保険部会での主な意見」（2014年8月8日）

3 国民健康保険法

　国民健康保険については，国民健康保険法（昭和33年法律第192号）に定められている。国民健康保険は，強制適用の地域保険であり，国民皆保険の中核を構成する重要な制度である。国民健康保険法に基づく保険者には，市町村及び特別区（以下「市区町村」）の国民健康保険事業と，国民健康保険組合がある。1961（昭和36）年から，すべての市区町村に，当該市区町村の区域内に住所を有する者を対象として，国民健康保険事業を行うことが義務づけられている。一方の国民健康保険組合は，同種の事業または業務に従事する者で当該組合の地区内に住所を有するものを組合員として組織し，都道府県知事の認可により成立するものである。医師・歯科医師・薬剤師の組合，建設関係の組合，その他の業種の組合などがある[87]。新たな国民健康保険組合の設立は認められていない。以下ではもっぱら市区町村の国民健康保険事業（市町村国保）を取り上げることとする[88]。

1　被保険者

　市区町村の区域内に住所を有する者は，①被用者保険の被保険者及び被扶養者，②後期高齢者医療制度の被保険者，③生活保護法の保護世帯に属する者，④国民健康保険組合の被保険者，⑤その他特別の理由がある場合などの適用除外事由に該当する場合を除き，住所を有するに至った日から当該市区町村が行う国民健康保険の被保険者となる（第5条及び第6条）。生活保護法の保護世帯を適用除外としたのは，保険料負担能力がないため，及び必要な場合には医療扶助が受けられるために被保険者とする実益に乏しいためとされている。また，その他特別な理由がある場合などの適用除外事由の例としては，医療費・生活費を全額国費で負担される療養所に入所している患者及び家族などがある。住所とは，各人の生活の本拠である。国民健康保険における住所の具体的な判断については，住民基本台帳が市区町村住民の居住関係を公証するものであることを踏まえ，住民基本台帳に記載された住所をその者の住所であると推定しつつ，必要に応じて居住事実の調査等も行い認定することとされている。なお，家族と別居して就学している学生については世帯に属するものとみなして当該市区町村の国民健康保険を適用する特例や，特別養護老人ホーム等の施設入所者や長期入院者について従前住所地の国民健康保険を適用する特例が設けられている。
　国民健康保険の被保険者に国籍要件はないが，外国人に対する適用にあたっては，2012

---

87) 2012（平成24）年度末の国民健康保険組合数は164組合，被保険者数約302万人。
88) 国民健康保険制度については，主に国民健康保険主管課長会議等での厚生労働省資料，厚生省保険局国民健康保険課監修（1983）『逐条詳解国民健康保険法』中央法規出版，国民健康保険中央会監（2011）『国保担当者ハンドブック2011改訂15版』社会保険出版社を参考とした。

(平成 24）年の外国人登録制度廃止以降，①住民基本台帳法の適用を受ける外国人（3月を超える在留期間を有する中長期滞在者，特別永住者，仮滞在許可者，一時庇護許可者，経過滞在者）であるか，②3月以下の在留期間であるため住民基本台帳法の適用を受けない者のうち，客観的な資料等により3月を超えて滞在すると認められるものを対象とする。なお，外交官及び出入国管理及び難民認定法（昭和26年法律第319号）に基づき医療を受けることを目的として日本に在留している者は，国民健康保険の被保険者とはならない。

　国民健康保険の被保険者の資格は，①当該市区町村の区域内に住所を有するに至った日，または，②被用者保険の被保険者等の適用除外事由に該当しなくなった日から取得する（第7条）。また，当該市区町村の区域内に住所を有しなくなった日の翌日または被用者保険の被保険者等の適用除外事由に該当するに至った日の翌日[89]から，国民健康保険の被保険者の資格を喪失する（第8条）。国民皆保険とするため，健康保険法と同様に，当事者の意思にかかわらず，要件に該当したことによって資格を取得し，あるいは喪失することとなっている。

2　保険給付等

　国民健康保険の保険給付のうち，療養の給付，入院時食事療養費，入院時生活療養費，保険外併用療養費，療養費，訪問看護療養費，移送費の支給，高額療養費及び高額介護合算療養費の支給については，健康保険の保険給付と変わりがない[90]。現金給付のうち，出産育児一時金と葬祭費の支給については，国民健康保険においては，条例または規約の定めるところにより行うこととされているが，実際には健康保険とほぼ同じである。傷病手当金の支給その他の保険給付については任意給付とされているが，傷病手当金及び出産手当金を支給する市町村国保はみられない。

3　費用負担

　国民健康保険の費用負担については，健康保険と同様，被保険者等が保険医療機関で保険給付を受けたときは，保険医療機関に対し所定の一部負担金等を支払い，保険医療機関は，療養の給付に要する費用から一部負担金等を差し引いた金額を国民健康保険に請求し，支払を受ける。被保険者等の一部負担金は，高額療養費制度も含め，健康保険と同じである。健康保険法による指定を受けた保険医療機関・保険薬局・保険医・保険薬剤師はすべて国民健康保険法の指定保険医療機関等になる。診療報酬及び療養担当規則も健康保険法のそれが準用される（第36条，第40条，第42条及び第46条）。

---

[89] 生活保護世帯及び国民健康保険組合の被保険者については該当するに至った日から資格を喪失する。
[90] かつては被保険者の給付率が被用者保険に比べて低く，療養の給付の対象範囲が狭いなどの差異があった。

4 保険料

　国民健康保険の保険料は，世帯ごとに算定し，世帯主に賦課される。世帯主が被用者保険の被保険者であって，世帯主以外に相当の所得があるために被扶養者にならない国民健康保険の被保険者がいる場合には，希望により当該被保険者を世帯主とする取扱いが認められている。

　市区町村は，保険料にかえて地方税法（昭和25年法律第226号）の規定により目的税である国民健康保険税を課することができる。これは，制度創設当時保険料と税では住民の義務観念に大きな相違があったこと等による。実際には税方式を採用している市区町村が多い。

　国民健康保険の保険料の賦課額，料率等は，政令で定める基準に従って条例または規約で定める。保険料の算定の要素には，所得割（総所得金額等に所得割率を乗じて算定），資産割（固定資産税額に資産割率を乗じて算定），被保険者均等割（被保険者数に均等割額を乗じて算定），世帯別平等割額（各世帯同額）の四つがある[91]。市区町村は，4方式（所得割，資産割，被保険者均等割，世帯別平等割を組み合わせる方式），3方式（所得割，被保険者均等割，世帯別平等割を組み合わせる方式），2方式（所得割，被保険者均等割を組み合わせる方式）のなかからいずれかの方式を採用する。最も広く採用されているのが4方式であり，賦課総額のうち所得割総額40％，資産割総額10％，被保険者均等割総額35％，世帯別平等割総額15％に按分するのが標準である（国民健康保険法施行令第29条の7）。保険料賦課額には上限が設定されており（2015〈平成27〉年度年額85万円），また，低所得者に対する減額措置として，応益分（被保険者均等割・世帯別平等割）を7割，5割または2割軽減する制度が設けられている。なお，2014（平成26）年度には，消費税増収分を財源として，5割軽減及び2割軽減の対象者を拡大する措置が講じられている。

　市区町村は，世帯主に対し，世帯に属する被保険者の被保険者証を交付する。保険料を滞納している被保険者に対しては，被保険者証の返還を求めることができる。その場合には，市区町村は短期被保険者証を交付することができる。高校生世代以下については，短期被保険者証を交付する。さらに，保険料を納付することができない特別の事情がないにもかかわらず，長期にわたり保険料を滞納している者については，市区町村は被保険者資格証明書を交付することができる。被保険者資格証明書を交付された世帯が医療機関にかかったときは，現物サービスである療養の給付は行われず，医療費の全額を医療機関の窓口で支払わなければならない。この場合には，市区町村は療養に要した費用について特別療養費を支給する。しかし，特別な事情がないにもかかわらず保険料を滞納している場合には，保険給付の全部または一部の差し止めを行うことができる[92]（第9条，第54条の3及び第63条の2）。

　国民健康保険の保険給付に関する処分（被保険者証の交付の請求・返還の処分を含む），

---

91) 総所得金額等の算定について従来さまざまな方式があったが，2012（平成24）年改正法の施行により，2013（平成25）年度から，基礎控除後の総所得金額を算定基礎とする旧ただし書方式に統一された。
92) 療養費の支給については，市区町村は実務上保険料滞納分と相殺する取扱をしている。

保険料，徴収金に関する処分に不服がある場合には，各都道府県に設置されている国民健康保険審査会に審査請求をすることができる（第91条）。国民健康保険審査会は，被保険者代表委員，保険者代表委員，公益代表委員の各3人で組織される。これらの処分の取消しの訴訟は，国民健康保険審査会による審査請求の裁決を経た後でなければ，提起することはできない。

5 国民健康保険の財政

国民健康保険の財政は，療養の給付等の保険給付費及び前期高齢者納付金・後期高齢者支援金の総額の32％を国庫負担，9％を国の調整交付金（市区町村間の財政不均衡を調整する普通調整交付金及び災害等特別な事情を考慮して交付する特別調整交付金），9％を都道府県調整交付金で賄い，残りの50％を保険料，財政安定化支援事業（市区町村への地方財政措置），保険者支援制度（低所得者数に応じ，保険料額の一定割合を公費で支援），保険料軽減制度（低所得者の保険料軽減分を公費で支援）で賄う仕組みになっている（2014〈平成27〉年度予算。図表3-12）。

国民健康保険制度にとって最大の課題は構造的な財政問題である。国民健康保険の被保険者は，2012（平成24）年の加入者平均年齢50.4歳と年齢構成が高い[93]。現在の被保険者の構成は，自営業や農業の被保険者は2割程度で，無職や被用者（短時間労働者等）が多数を占めており，所得水準が低い。一方，被用者保険と比較して，年齢構成の高さ等を反映して医療費水準が高い。加入者1人あたり医療費は31.6万円と，組合健保，協会けんぽの2倍程度になっている[94]。保険料収納率は2009年度（88.01％）を底にして若干改善傾向にある[95]ものの，その水準は2013（平成25）年度で90.42％である。また，市区町村等による運営のため，小規模の保険者が多数あり，保険者間の医療費・保険料率の格差が大きい。さまざまな財政支援策にもかかわらず，保険料水準を抑制するための一般会計からの繰入や翌年度の収入をあてる繰上充用が必要となる場合が多い。こうした財政問題に取り組むため，2012（平成24）年改正において，市町村国民健康保険事業に対する保険料軽減対象者数に応じた財政支援や高額医療費に関する財政支援などの財政基盤強化策が恒久化されるとともに，従来1件30万円を超える医療費を都道府県内の全市区町村が被保険者数と医療費実績に応じて共同負担している事業を拡充し，すべての医療費を対象とすることにより，2015（平成27）年度からは国民健康保険の財政運営を都道府県単位で共同事業化することとした（図表3-13）。この場合の市区町村の拠出割合については，医療費実績割50％，被

---

93) 図表3-2参照
94) 年齢階級別1人あたり医療費でも市町村国保は他の制度に比べて高い。特に入院医療費で高くなっている。その背景として特に30歳から54歳の間で入院医療費の40％以上を精神疾患に係る医療費が占めていることが大きな要因と指摘されている。国民健康保険中央会ホームページ http://www.kokuho.or.jp
95) 収納率改善の要因としては，口座振替の促進や多重債務者の個別相談の取組みの充実，滞納処分の強化等がある。

■ 図表3-12 市町村国保の財政

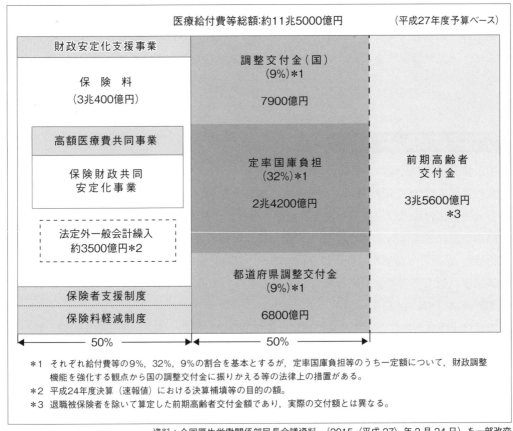

資料：全国厚生労働関係部局長会議資料（2015〈平成27〉年2月24日）を一部改変

保険者割50％とするが、都道府県が市区町村の意見を聴いて変更可能とした。

　2015年改正においては、国民健康保険制度について、2018（平成30）年度から都道府県が財政運営の責任主体となり、安定的な財政運営や効率的な事業運営の確保等の国保運営について中心的な役割を担うこととなった。新制度では、都道府県は県内の統一的な国保の運営方針を定め、市区町村ごとの分賦金決定及び標準保険料率等の決定、保険給付に要する費用の市区町村への支払、市区町村の事務の広域化・効率化等の促進を実施する。市区町村は、保険料の徴収、資格管理・保険給付の決定、保健事業などの事務を引き続き担うことになる。財政運営にあたっては、都道府県が医療費の見込みを立て、市区町村ごとの分賦金を決定することとし、市区町村ごとの分賦金の額は、市区町村ごとの医療費水準及び所得水準を反映する。国の普通調整交付金については、都道府県間の所得水準を調整する役割を担うよう見直すことになる。

　こうした国民健康保険制度の安定化のための制度改革については、社会保障・税一体改革の経過の下で、国民健康保険制度の基盤強化に関する国と地方の協議（2011〈平成23〉年度から2014〈平成26〉年度にかけ厚生労働省と都道府県・市区町村の国民健康保険関係代

■ 図表3-13　国民健康保険法の一部を改正する法律（平成24年法律第28号）の概要

（1）財政基盤強化策の恒久化

市町村国保の安定的な運営を確保するため，平成22年度から平成25年度までの暫定措置となっている市町村国保の「財政基盤強化策」（公費2000億円）を恒久化する。
※ 財政基盤強化策として，保険料軽減の対象となる低所得者数に応じた，市町村に対する財政支援や，高額医療費に関する市町村に対する財政支援を行っている。

（2）財政運営の都道府県単位化の推進

市町村国保の都道府県単位の共同事業について，平成27年度から，事業対象を全ての医療費に拡大し，財政運営の都道府県単位化を推進する。
※ 現在，1件30万円を超える医療費について，都道府県内の全市町村が被保険者数と医療費実績に応じて共同で負担。

（3）財政調整機能の強化

都道府県の財政調整機能の強化と市町村国保財政の共同事業の拡大の円滑な推進等のため，平成24年度から，都道府県調整交付金を給付費等の7％から9％に引き上げる。
※ これに伴い，定率国庫負担を34％から32％とする。
※ 都道府県調整交付金は，地域の実情に応じて，都道府県内の市町村間の医療費水準や所得水準の不均衡の調整や地域の特別事情への対応のために交付。

（4）その他

財政基盤強化策の恒久化までの間，暫定措置を1年間（平成26年度まで）延長する等，所要の措置を講ずる。

施行期日（適用日）

(1), (2) 平成27年4月1日
(3), (4) 平成24年4月1日

資料：平成24年度全国高齢者医療・国民健康保険主管課（部）長及び後期高齢者医療広域連合事務局長会議（2013〈平成25〉年3月1日）資料

表間で開催）や，社会保険審議会医療保険部会等で議論された。これらの検討を踏まえて，2015（平成27）年1月には，政府の社会保障制度改革推進本部（本部長：内閣総理大臣）において，医療保険制度改革骨子が決定され，これに沿って法案がとりまとめられた。この改革については，国保への財政支援の拡充等により財政基盤を強化することが前提となっており，具体的には，2015（平成27）年度から保険者支援制度の拡充（約1700億円）を実施し，これに加えてさらなる公費投入を行い（同年度約200億円），2017（平成29）年度には，高齢者医療における後期高齢者支援金の全面総報酬割の実施に伴い生じる国費削減相当分をあてて約1700億円を投入することとされた。また，国費追加の投入方法として，国の国保財政に対する責任を高める観点からの財政調整機能の強化，自治体の責めによらない要因に対する医療費増・負担への対応，医療費の適正化に向けた取組等に対する支援，財政安定化基金による財政リスクの分散・軽減等を実施することとされた。国民健康保険の財政運営の主体を都道府県に移し制度を安定化させることは，国民健康保険制度の長年の課題であったが，今般の制度改正によって2018年度実施に向けて具体的な制度や措置の整備が進められることになる。

　なお，2015年改正においては，国民健康保険組合に対する国庫補助について，負担能力に応じた負担とする観点から，2016（平成28）年度から5年間かけて段階的に見直し所得水準に応じて13%から32%とすることとされた。

4 高齢者医療制度

　高齢者医療制度については，高齢者の医療の確保に関する法律（昭和57年法律第80号）に定められている。高齢者は，一般に医療のニーズが高く，医療費は高い。特に75歳以上の1人あたり医療費は，75歳未満の4.5倍と高い。一方で高齢者は一般に年金収入を中心にして生活しており，現役世代に比べ負担能力は低いため，高齢者の保険料負担で高齢者の医療費を賄うことは困難である。また，縦割りの医療保険制度のもとで高齢者が多く加入することになる国民健康保険の現役世代の負担だけで高齢者の医療費を支えることは負担のあり方として公平性を欠く。このため，高齢者の医療費を社会全体で支える仕組みが必要になるが，それをどのように構築するかは，長年にわたり医療保険制度が抱えている難しい課題である。75歳以上人口割合は，2010（平成22）年から2030（平成42）年までの20年間に11.1％から19.5％と急速に上昇すると推計されており，将来を見越した持続可能な制度の設計が必要になる。

　1982（昭和57）年に制定された老人保健法（昭和57年法律第80号）に基づく老人保健制度は，市町村が主体となって制度を運営し，70歳（後に75歳に段階的に引上げ）以上の医療給付費を公費5割と各保険者からの老人保健拠出金5割で賄う仕組みであったが，老人保健拠出金の急増等を背景に，2000（平成12）年頃には制度を抜本的に改正し新たな高齢者医療制度を創設することが求められるようになった。新たな高齢者医療制度に関する議論においては，主に，①独立保険方式（すべての高齢者を対象として，各医療保険制度から独立した高齢者医療保険制度を設ける案），②突き抜け方式（被用者OBを対象とする新たな保険者を創設し，その医療費を被用者保険グループ全体で支える案），③年齢リスク構造調整方式（現行の保険者を前提とし，保険者の責によらない加入者の年齢構成の違いによって生じる各保険者の医療費支出の相違を調整し，保険者間の負担の不均衡を調整する案），④一本化方式（現行の医療保険制度を一本化し，高齢者か若年者かで区別せず，すべての者を対象とする新たな医療保険制度を設ける案）の概ね4案があった（図表3-14）。

　2006（平成18）年の健康保険法等の改正により，2008（平成20）年4月に老人保健法は「高齢者の医療の確保に関する法律」に全面的に改められ，老人保健制度を廃止するとともに，75歳以上については，①案の独立保険方式に相当する後期高齢者医療制度が，また，65歳から74歳までについては前期高齢者に係る保険者間の費用負担の調整制度が発足した。併せて，高齢者の医療の確保に関する法律は，国民の高齢期における適切な医療の確保を図る観点から，厚生労働大臣が全国医療費適正化計画を，都道府県が都道府県医療費適正化計画を策定し，国民の健康の保持や医療の効率的な提供を進めることとした（第8条及び第9条）。また，保険者には厚生労働大臣の定めた特定健康診査等基本指針に即して特定健康診査等実施計画を定め，40歳以上の加入者を対象に糖尿病等の生活習慣病に関する特定健康

■ 図表3-14 高齢者医療制度の見直しで議論された4方式

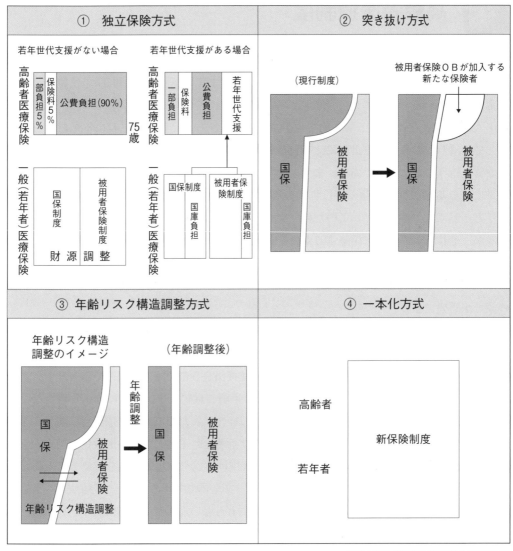

資料：厚生労働省資料に基づき筆者作成

診査及びその結果に基づく特定保健指導を実施することを義務づけた（第19条，第20条及び第24条）。

後期高齢者医療制度[96]は，各都道府県に設立する広域連合（全市区町村が加入）が運営主体となる。75歳以上の者は，国民健康保険・被用者保険の被保険者等ではなくなり，後期高齢者医療制度に加入する。財源は，高齢者の保険料が約1割，現役世代（国民健康保

---

[96] 後期高齢者という名称が高齢者の心情に配慮していないとの批判を受け，政府は施行時に後期高齢者医療制度にかえて「長寿医療制度」という名称を使用したが，法律上の名称は変わっていない。本書では，高齢者の医療の確保に関する法律に基づき，「後期高齢者医療制度」を使用する。

■ 図表3-15 後期高齢者医療制度の仕組み

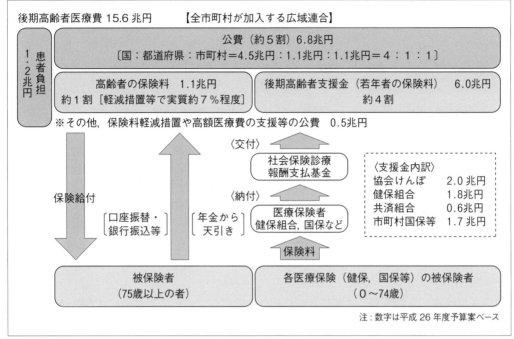

資料：厚生労働省「我が国の医療保険について」を一部改変

険・被用者保険の被保険者）からの支援金約4割，公費約5割（国4：都道府県1：市区町村1）の割合で負担する。窓口負担は，1割が原則で現役並み所得者は3割である。保険料は都道府県広域連合単位で均一の設定となり，年金からの天引き（特別徴収）を原則としている（図表3-15）。

後期高齢者医療制度に対する現役世代の保険料からの支援である後期高齢者支援金は，2008（平成20）年度の制度発足時には，各保険者の加入者数（0～74歳）に応じて負担する制度とされた。しかしながら，加入者数に応じた負担では，財政力の弱い保険者の負担が相対的に重くなることから，2010（平成22）年度から2014（平成24）年度まで被用者保険の保険者間で支援金額の3分の1を総報酬に応じて配分する措置が講じられた後，2015年改正により2015年度2分の1，2016年度3分の2，2017年度は全額総報酬による配分となることになった[97]。

後期高齢者医療制度の保険料は，個人単位で保険料が算定され，被保険者が納付義務を負う。保険料は，被保険者均等割（1人あたり定額保険料）と，所得割（所得に応じた保険料）の合計額となっている。保険料は広域連合の区域内では一律が原則である。広域連合は条例の定めるところにより保険料の減免を行うことができるが，施行時より国の予算措置等による特例的な減免措置がとられてきており，被保険者均等割については所得に応じ9割軽

---

97) 保険者の財政への影響や経緯については，Column 8 を参照

■ 図表3-16　前期高齢者医療に関する財政調整の仕組み

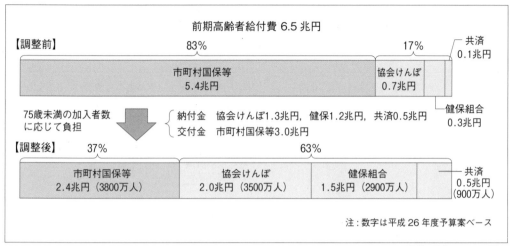

注：数字は平成26年度予算案ベース

資料：図表3-15に同じ

減，8.5割軽減，5割軽減，2割軽減が行われ，所得割についてもさらに5割軽減する措置が講じられている。また，被用者保険の元被扶養者は，後期高齢者医療の被保険者になることにより新たに保険料負担を行うことに鑑み，被保険者均等割9割軽減，所得割10割軽減の特例措置がとられている。一方，前期高齢者（65歳から74歳）については，国民健康保険・被用者保険の制度に加入したまま，前期高齢者の偏在による保険者間の負担の不均衡を各保険者の加入者数に応じて財政調整する仕組みが設けられた（図表3-16）。

　2008（平成20）年4月の後期高齢者医療制度の実施に際しては，年齢により加入する制度が変わる仕組みや制度の名称が高齢者への配慮を欠くこと，制度の移行に伴い保険料が上昇する場合があることなどが問題となり，70〜74歳の2割負担凍結，低所得者及び被用者保険元被扶養者の保険料減免などの特例措置が実施された。

　2008（平成20）年9月に発足した鳩山政権は，後期高齢者医療制度の廃止を掲げ，廃止を前提として今後の制度のあり方について検討する場として2009（平成21）年に「高齢者医療制度改革会議」（座長：岩村正彦東京大学大学院法学研究科教授）を設置して検討し，同会議は2010（平成22）年12月に制度改革案を取りまとめた。同案は，①後期高齢者医療制度を廃止し，地域保険を国保に一本化する，②加入する制度は年齢で区分しない，③第1段階（2013〈平成25〉年）で75歳以上について都道府県単位の財政運営とし，広域連合ではなく都道府県を運営主体とする，④第2段階（2018〈平成30〉年）で現役世代についても都道府県単位化を図るというものであった。

　同案については，都道府県の意見を代表する全国知事会が「現行の後期高齢者医療制度は，高齢者の受益と負担の明確化，保険料負担の公平化を図ったものであり，施行から3年半を経過し定着していることから，拙速に「最終とりまとめ」に基づく新制度へ移行する必要はなく，必要な改善を加えながら安定的な運営に努めるべきである[98]」とし，法案提出に

反対するなどの状況となったため，具体化のための法案提出には至らなかった。しかしながら，国と地方公共団体との間で高齢者医療制度の見直しの議論の前に国民健康保険制度の構造問題について協議を行うこととされ，その結果前述の 2012（平成 24）年の国民健康保険法の改正につながった。

　後期高齢者医療制度のあり方については，2012（平成 24）年の通常国会で民自公 3 党合意により議員提案され成立した「社会保障制度改革推進法」に基づき設置された社会保障制度改革国民会議において検討が行われることになった。2012（平成 24）年 12 月には自・公連立の第 2 次安倍政権が発足し，国民会議での議論と並行して 3 党実務者間で高齢者医療制度についても協議が行われたものの一致しなかった。社会保障制度改革国民会議報告書（2013〈平成 25〉年 8 月 6 日）においては，「後期高齢者医療制度については，創設から 5 年が経過し，現在では十分定着していると考えられる。今後は，現行制度を基本としながら，実施状況等を踏まえ，後期高齢者支援金に対する全面総報酬割の導入を始め，必要な改善を行っていくことが適当である」とされた。これを受けて制定された社会保障改革プログラム法においては，「政府は，第 7 項の措置（筆者注：同法第 3 条第 7 項に掲げた医療保険制度改革の具体的措置を指す）の実施状況等を踏まえ，高齢者医療制度のあり方について，必要に応じ，見直しに向けた検討を行うものとする」（第 3 条第 9 項）と規定されている。

　2015 年改正においては，後期高齢者支援金について，前述のとおり段階的に総報酬割に移行することとしたほか，高齢者の医療の確保に関する法律に基づき都道府県が策定する医療費適正化計画について，地域医療構想と整合的な目標（医療費の水準，医療の効率的な提供の推進）を計画のなかに設定するとともに，後発医薬品の使用割合を追加するなどの見直しを行った。後期高齢者支援金の加算・減算制度において予防・健康づくり等に取り組む保険者に対するインセンティヴを強化する観点からの見直しや，個人の予防・健康づくりのインセンティヴ付与のための保険者の取組み強化のための措置などが講じられた。

---

98) 全国知事会意見書「国民健康保険制度の構造的な問題の抜本的な解決に向けた検討を求める」（平成 23 年 10 月 24 日）

5 診療報酬

1 診療報酬とは

　公的医療保険制度のもとでは，保険医療機関及び保険医は，「保険医療機関及び保険医療養担当規則（昭和32年厚生省令第15号）」，また，保険薬局及び保険薬剤師は，「保険薬局及び保険薬剤師療養担当規則（昭和32年厚生省令第16号）」の定めるルールに従って被保険者等に対し保険診療を提供する。保険医療機関及び保険薬局が提供したサービスに対する対価は，厚生労働大臣が定める公定価格に基づき保険者から支払われる。この公定価格が診療報酬である。

　診療報酬は，個々の技術・サービスを点数化して定められている（1点10円）。なお，正常妊娠・分娩や，健康診断・予防接種など健康保険法の療養の給付等の対象とならない診療（保険外診療または自由診療）については，医療機関が自由に価格を設定できる[99]。一般に保険医療機関の収入の大部分は保険診療によるものであるため，2年に一度行われる診療報酬改定の改定率や，改定内容は，医療機関の経営や，国民医療費の増加（減少）率に大きな影響を及ぼす[100]。

　また，診療報酬改定においては，例えば救急医療の確保，勤務医の負担軽減等の政策課題に対応するため，財源の重点的配分を行って該当する診療行為の点数を引き上げ，あるいは当該点数の請求に必要な人員体制などの施設要件を設定することにより，保険医療機関が提供する医療をある程度誘導することが可能である。このようなことから，診療報酬は，①価格設定機能，②給付内容・給付水準設定機能，③資源配分機能，④政策誘導機能の四つの機能を果たすとされており[101]，医療政策の重要な手段となっている。2014（平成26）年度診療報酬改定においても，手術件数の実績や24時間体制の救命救急医療等を条件として総合的・専門的な急性期医療を担う医療機関に加算措置を行って誘導する一方で，関係高齢者施設の多数の入居者を訪問診療して過剰な診療を行う等の問題に対応するため，同一建物内の複数回訪問する診療の管理料を引き下げる等の措置が行われている。

　なお，診療報酬による誘導には限界もある。診療報酬の加算等は客観的な要件を満たすことを条件としているため，収益をあげるため多数の医療機関が競って同じ加算を得ようとするような場合について，量的な制限や地域的な配分をすることができない。2006（平成18）年度の診療報酬において，急性期医療を提供する病院の体制強化のため看護師の配置を7対

99）交通事故による傷病について自賠責及び損害保険により医療費の支払いが行われる場合も自由診療であるが，診療報酬を基準としてそれより若干高い価格が設定されることが多い。
100）Column 1 参照
101）加藤智章（2012）「公的医療保険と診療報酬政策」日本社会保障法学会編『新・講座社会保障法1 これからの医療と年金』法律文化社，121～122頁

1（患者7人に対し看護職員1人）に厚くした病院の診療報酬の評価を高めたところ，医療機関が競って看護師を増員し看護師不足の深刻化につながった[102]。

直近の診療報酬改定である2014（平成26）年度改定では，全体改定率が+0.10％であり，薬価を▲0.58％（+0.64％）引き下げ，診療報酬本体を+0.73％（+0.63％）引き上げた。引上げの内訳は医科+0.82％（+0.71％），歯科+0.99％（+0.87％），調剤+0.22％（+0.18％）である（「（　）」内は，消費税率引上げに伴う医療機関等の課税仕入れにかかるコスト増への対応分）。

2014年度改定は，医療機関の機能分化・強化と連携，在宅医療の充実等を重点課題としており，入院医療に関しては，①高度急性期と一般急性期を担う病床の機能の明確化とそれらの機能に合わせた評価（一般病棟における長期療養の適正化，質の高い集中医療の評価等），②長期療養患者の受皿の確保，急性期病床と長期療養を担う病床の機能分化，③急性期後・回復期の病床の充実と機能に応じた評価（急性期をはじめとする地域包括ケアシステムを支える病棟の充実のための「地域包括ケア病棟入院料」の創設等），④地域の実情に配慮した評価（医療資源の少ない地域への配慮等），⑤有床診療所における入院医療の評価などの対応が行われた。また，外来医療の機能分化・連携の推進については，⑥主治医機能の評価（地域包括診療料[103]等），⑦紹介率・逆紹介率の低い大病院における処方料の適正化がなされ，そのほか，在宅医療を担う医療機関の確保と質の高い在宅医療の推進，医療機関相互の連携や医療・介護の連携の評価などに対応が行われた。

なお，上記のとおり，2014年度改定率には，同年度に実施された消費税率の5％から8％への引上げ対応分が含まれている。消費税は，一般には事業者が売り上げに係る消費税額から仕入れに係る消費税額を控除し，差額を納付する仕組みをとっているため，最終消費者が負担するもので，消費税分を事業者が実質的に負担するものではない。しかしながら，医療（社会保険診療）は消費税の非課税取引となっているため，医療機関は医薬品や設備等を仕入れる際に支払った消費税を控除することができず，消費税分を負担することになる。そのため，2014年度を含め，これまでの消費税の導入・税率引上げに際しては，医療機関等が仕入れに際して支払う消費税に応じた診療報酬や薬価等について一定の上乗せの改定が行われている[104]。

② 診療報酬の決定過程 ── 中央社会保険医療協議会

診療報酬は，厚生労働大臣が，中央社会保険医療協議会（中医協）に諮問し，その答申を

---

[102] 池上直己（2011）前掲第1章注26，132頁，及び加藤智章（2012）前掲47，124頁
[103] 外来の機能分化のさらなる推進の観点から，主治医機能を持った中小病院及び診療所の医師が，複数の疾患を有する患者に対し，患者の同意を得た上で継続的かつ全人的な医療を行うことについて評価するもの。月1回1503点に包括化され，再診料などを別途算定できない。
[104] すべての報酬項目一律ではなく，初診料，再診料，調剤基本料などの一部の報酬に上乗せが行われた。医療機関の個々の取引における消費税分に個別に対応しているわけではない。

踏まえて決定し，健康保険法第76条第2項の規定に基づく「診療報酬の算定方法」（平成20年厚生労働省告示第59号）等として公布する[105]。

中医協は，社会保険医療協議会法（昭和25年法律第47号）に基づき厚生労働省に設置された機関である。社会保険医療協議会としては，診療報酬等を審議する中医協のほかに，保険医療機関の指定・取消等を審議する地方協議会が設置されている。中医協の委員は，保険者・被保険者・事業主等を代表する委員7人と，医師・歯科医師・薬剤師を代表する委員7人，公益を代表する委員6人の計20人で構成される。委員は厚生労働大臣が任命するが，公益を代表する委員の任命については，衆・参両議院の同意が必要である（国会同意人事）。厚生労働大臣は，委員のほかに臨時委員，専門委員を任命することができる。

中医協は，個々の診療行為の報酬を細部にわたり審議するため，膨大な作業が必要となる。このため，中医協の下には，個別分野の調査審議を担当する組織として，①特定の事項についてあらかじめ意見調整を行う二つの小委員会（診療報酬基本問題小委員会，調査実施小委員会），②改定の影響の検証や薬価・保険医療材料の価格設定ルール等を扱う四つの専門部会（診療報酬改定結果検証部会等），③診療報酬体系の見直しに係る技術的課題の調査検討を行う七つの専門組織・分科会（DPC評価分科会等）が設置されている。

中医協の審議においては，基礎資料として，医療機関の医業経営の実態や保険者の財政状況を把握するための「医療経済実態調査」，社会保険における診療行為の内容，傷病の状況，調剤行為の内容及び薬剤の使用状況等を把握するための「社会保険診療行為別調査」，医薬品の市場実勢価格[106]を把握する「医薬品価格調査」（薬価調査）等が使用される。薬価については，後発医薬品への置き換え促進や，医療の質の向上に資する新薬の開発促進が課題となっていることから，例えば，一定期間に後発医薬品への適切な置き換えがなかった先発品の薬価引下げルールの導入や，特許期間中の新薬の収支を安定化させる新薬創出加算の試行などの措置がとられている。

なお，診療報酬改定については，以前は中医協に権限が集中していたが，2006（平成18）年度改定から分権化が行われた。それ以前は中医協が改定率を含め診療報酬のすべてを実質的に決定していたものを，2006（平成18）年度改定以降は，社会保障審議会医療部会及び医療保険部会が，それぞれ医療提供体制のあり方や医療保険財政のあり方の観点から診療報酬改定に向けた基本方針を策定（重点事項や効率化事項を決める）し，また，内閣が予算編成過程で全体の改定率を決定した後で，中医協はこれらに従って個別の点数を設定する手続きとなった。

---

105) 医薬品については「使用薬剤の薬価」（薬価基準）（平成20年厚生労働省告示第60号）で価格を定める。
106) 医療機関や調剤薬局は，薬価基準に従って医療保険から診療報酬の支払いを受けるが，市場の実勢価格は徐々に下がっていく傾向があるため，実際には薬価より低い価格で仕入れを行うことが多くなる。この差額が薬価差益といわれる。既に薬価基準に収載されている薬価は市場実勢価格を調査して2年に一度改定されているが，その際には，薬価差益が生じないよう実勢価格に調整幅として改定前薬価の2％を加えた額を新しい薬価とする「R2方式」が採られている。

3 診療報酬点数表の概要

　診療報酬は，技術・サービスの評価と物の価格評価で構成され，①医科診療報酬点数表，②歯科診療報酬点数表，③調剤報酬点数表からなっている。医科診療報酬点数表を見ると，まず，❶基本診療料と，❷特掲診療料から構成されている（図表3−17及び図表3−18）。基本診療料と特掲診療料の合計が診療報酬の額となる。

　基本診療料は，①外来診療の初診や再診の際に算定する初診料・再診料，②入院の際に行われる基本的な医学管理，看護，療養環境の提供等の診療行為の費用をまとめて評価する入院基本料，③入院基本料等加算，④特定入院料からなっている。初診料について夜間や休日などの診療時間帯には加算を行い，6歳未満の患者の場合には加算をさらに引き上げるなどの仕組みをとっている。特掲診療料は，基本診療料として一括して支払うことが妥当でない特別の診療行為に対して個々に点数を設定し，評価を行うものである。13の分野に区分され，①医学管理等，②在宅医療，③検査，④画像診断，⑤投薬，⑥注射，⑦リハビリテーション，⑧精神科専門療法，⑨処置，⑩手術，⑪麻酔，⑫放射線治療，⑬病理診断からなっている。

　これらは，個々の診療行為ごとに点数が算定される，出来高払い方式である。出来高払い方式の診療報酬には，患者の状態に応じた医療サービスが提供されやすいメリットがあるが，一方で例えば医療機関が収益を上げるため，検査・投薬等を増やし，過剰な医療につながるおそれがあるというデメリットがある。また，出来高払いでは，医療の質・効率性の評価，医療機関の評価や運営コストの反映が十分できないという指摘もある。

　これに対し，2003（平成15）年度から，急性期入院医療について傷病診断名と診療行為の組み合わせによって1日あたりの入院費が定まる包括評価方式（DPC／PDPS〈Diagnosis Procedure Combination/Per-Diem Payment System：診断群分類に基づく1日あたり定額報酬算定制度〉）が診療報酬に導入され，普及が進んでいる[107]。DPC／PDPSは，傷病名，診療行為（手術・処置等），重症度等による診断群分類を決定して14桁の分類番号をつける。そして，当該診断群分類ごとの1日あたり点数（入院期間により段階的に逓減）×医療機関別係数（医療機関の機能等により決定）×入院日数により包括範囲の診療報酬が決定される。DPC／PDPSでは，入院基本料，検査，画像診断，投薬，注射等及び1000点未満の処置は包括評価に含まれるため個別に算定できないが，手術料，麻酔料，1000点以上の処置等は包括評価とは別に出来高で算定できる。包括範囲の診療報酬と，出来高範囲の診療報酬の合計が，DPC／PDPSでの診療報酬の額となる。

　出来高払い方式に対し比重を高めつつあるDPC／PDPSの包括評価方式であるが，包括評価方式も万能ではない。過剰医療が防止できることはメリットだが，費用を抑制するために十分な診療行為が行われないおそれや，より点数の高い診断群分類を選択すること（ア

107）2012（平成24）年4月1日見込みで1505病院，約48万床，一般病床の約53.1％がDPC対象病院となっている。

■ 図表3-17 医科診療報酬点数表例（基本診療料）

	基本診療料は,初診若しくは再診の際及び入院の際に行われる基本的な診療行為の費用を一括して評価するもの。
初・再診料	初診料（1回につき） 282点 　外来での初回の診療時に算定する点数。基本的な診療行為を含む一連の費用を評価したもの。簡単な検査,処置等の費用が含まれている。 再診料（1回につき） 72点 　外来での二回目以降の診療時に一回毎に算定する点数。基本的な診療行為を含む一連の費用を評価したもの。簡単な検査,処置等の費用が含まれている。
入院基本料	入院の際に行われる基本的な医学管理,看護,療養環境の提供を含む一連の費用を評価したもの。簡単な検査,処置等の費用を含み,病棟の種別,看護配置,平均在院日数等により区分されている。 　例）一般病棟入院基本料（1日につき） 　　　　7対1入院基本料　　　　1591点 　　　　10対1入院基本料　　　1332点 　　　　13対1入院基本料　　　1121点 　　　　15対1入院基本料　　　960点 　なお,療養病棟入院基本料については,その他の入院基本料の範囲に加え,検査,投薬,注射及び簡単な処置等の費用が含まれている。
入院基本料等加算	人員の配置,特殊な診療の体制等,医療機関の機能等に応じて一日毎または一入院毎に算定する点数。 　例）総合入院体制加算（1日につき）　　240点または120点 　　　（急性期医療を提供する体制及び勤務医の負担軽減及び処遇の改善に対する体制を評価） 　　　診療録管理体制加算（1入院につき）　100点または30点 　　　（診療録管理体制等を評価）
特定入院料	集中治療,回復期リハビリテーション,亜急性期入院医療等の特定の機能を有する病棟または病床に入院した場合に算定する点数。入院基本料の範囲に加え,検査,投薬,注射,処置等の費用が含まれている。 　例）救命救急入院料2（1日につき）（3日以内の場合）　11393点 　　　（救命救急センターでの重篤な救急患者に対する診療を評価）

＊平成26年4月以降。1点は10円

資料：中央社会保険医療協議会資料（2014〈平成26〉年2月12日）に基づき筆者作成

■ 図表3-18 医科診療報酬点数表例（特掲診療料）

	特掲診療料は,基本診療料として一括して支払うことが妥当でない特別の診療行為に対して個々に点数を設定し,評価を行うもの。
医学管理等	特殊な疾患に対する診療,医療機関が連携して行う治療管理,特定の医学管理等が行われた場合に算定する点数。 例）生活習慣病管理料（主病:高血圧症,院外処方せんを交付する場合） 　（月1回）　　　　　　　　　　　　　　　　　　　　　　700点 　（服薬,運動,休養,栄養,喫煙及び飲酒等の生活習慣に関する総合的な治療管理を評価） 　診療情報提供料（Ⅰ）（月1回）　　　　　　　　　　　　250点 　（別の医療機関に対する,文書による患者の紹介を評価）
在宅医療	在宅医療に係る診療報酬。患家を訪問して医療が行われた場合に算定する点数と,在宅における療養のための医学管理及び医療機器の貸与等が行われた場合に算定する点数とからなる。 例）往診料（1回につき）　　　　　　　　　　　　　　　720点 　（医師による往診を評価） 　在宅患者訪問診療料（1回につき）（同一建物居住者以外の場合） 　　　　　　　　　　　　　　　　　　　　　　　　　　833点 　在宅時医学総合管理料 　（在宅療養支援診療所（厚生労働大臣が定めるもの）,病床あり,院外処方せん交付,月1回） 　（計画に基づく在宅における総合的な医学管理の場合） 　　　　　　　　　　　　　　　　　　　　　　　　　　5000点
検　査	検体検査,病理学的検査,生体検査等の施行時に算定する点数。 例）尿中一般物質定性半定量検査　　　　　　　　　　　　26点
画像診断	エックス線診断,核医学診断,コンピューター断層撮影診断等の画像撮影,診断時に算定する点数。 例）コンピューター断層撮影（64列以上のマルチスライス型の機器による場合） 　　　　　　　　　　　　　　　　　　　　　　　　　　1000点
投　薬	投薬時に算定する点数。 例）調剤料　　　　　　　　　　　　　　　　　　　　　　9点 　（薬剤師等による薬剤の調整を評価） 　処方料　　　　　　　　　　　　　　　　　　　　　　42点 　（医師による薬剤の処方を評価） 　薬剤料　　　　　　　　　　　　　　　　　　薬価基準による 　（薬剤の費用を評価）
注　射	例）静脈内注射　　　　　　　　　　　　　　　　　　　　30点 　薬剤料　　　　　　　　　　　　　　　　　　薬価基準による
リハビリテーション	例）摂食機能療法（1日につき）　　　　　　　　　　　　185点
精神科専門療法	例）標準型精神分析療法　　　　　　　　　　　　　　　　390点
処　置	喀痰吸引,人工呼吸,介達牽引等の処置時に算定する点数。 例）創傷処置（100cm²未満）　　　　　　　　　　　　　　45点 　薬剤料　　　　　　　　　　　　　　　　　　薬価基準による 　材料料　　　　　　　　　　　　　　　　材料価格基準による
手　術	例）胃全摘術（悪性腫瘍手術）　　　　　　　　　　　69840点 　薬剤料　　　　　　　　　　　　　　　　　　薬価基準による 　材料料　　　　　　　　　　　　　　　　材料価格基準による
麻　酔	例）閉鎖循環式全身麻酔（2時間まで）　　　　　　　　6100点 　　　　　（2時間以降,30分毎に）　　　　　　　　　　600点
放射線治療	例）体外照射　　　　　　　　　　　　　　　　　　　　110点
病理診断	例）病理組織標本作製　　　　　　　　　　　　　　　　860点

＊平成26年4月以降。1点は10円

資料：図表3-17に同じ

ップ・コーディング）[108]，入院中行うべき診療行為を退院後の外来で行うなどのおそれもある。また，DPC／PDPSにおいては，出来高払いに比べ，診療報酬によって医療の内容を誘導することが難しいが，提出データの質，在院日数，患者の構成，総合性，救急医療，地域医療への貢献など，病院の機能を評価して医療機関別係数の算定に反映させるなどが行われている。DPC／PDPS参加病院は，退院した患者の病態や実施した医療行為の内容等についての調査データを全国統一形式の電子データとして提出している。このため，DPC／PDPSには，診療報酬の支払い方式としての意義だけでなく，医療データの標準化を進め，医療機関別の診療成績に関する指標化・比較の進展や，臨床指標等の情報公開の進展と説明責任の重視などを通じた医療の質の向上につながることも期待されている[109]。

4 レセプトと審査支払機関

　保険医療機関及び保険薬局は，療養の給付，入院時食事療養費等の費用を診療報酬の算定方法に従って算定し，被保険者等から徴収する一部負担金，食事療養標準負担額等の額を差し引いて，保険者に請求し，支払を受ける[110]。請求内容は，月単位で，診療報酬明細書（レセプト）と呼ばれる様式に記載する。レセプトは，以前は紙様式であったが，保険診療の事務の効率化の観点からレセプト電算処理システムが構築され，現在では電子情報のレセプトをオンラインまたは電子ファイルで送付して請求する方式に変わっている。2015（平成27）年には，一部の例外を除いて，電子レセプトによる請求が義務づけられた。2014（平成26）年11月時点では，医科の97.4％，歯科の81.3％，調剤の99.9％（件数割合）が電子レセプトによる請求となっている（社会保険診療報酬支払基金調べ）。

　保険者は，請求があったときは，診療及び調剤が，保険医療機関及び保険医療養担当規則等に定めるところにより行われているか，審査のうえ支払わなければならない。保険者は，この審査及び支払に関する事務を，審査支払機関である，社会保険診療報酬支払基金または各都道府県にある国民健康保険団体連合会（国保連）に委託することができる（健康保険法第76条等）。実際には，全国健康保険協会，健康保険組合，共済組合など被用者保険の保険者は社会保険診療報酬支払基金に，国民健康保険の保険者及び後期高齢者広域連合は国民健康保険団体連合会（国保連）に審査支払事務を委託しているため，保険医療機関等からの

---

108) DPC入院患者に対する診断群分類区分の適用は，当該患者の傷病名，手術，処置等，副傷病名等に基づき主治医が判断するが，その際の傷病名は，入院期間において治療の対象となった傷病のうち医療資源を最も投入した傷病名としなければならない。しかしながら，実際には不適切な事例もみられることから，中央社会保険医療協議会DPC評価分科会において，標準化を図るため，厚生労働科学研究班（伏見班）報告に基づく「DPC／PDPSコーディングテキスト」の策定・見直しが進められている（平成25年12月9日同分科会資料）。
109) 今中雄一・松田晋哉・伏見清秀（2012）「医療データの標準化――医療の質の向上に向けて」松田晋哉・伏見清秀編『診療情報による医療評価――DPCデータから見る医療の質』東京大学出版会，6～10頁
110) 「療養の給付及び公費負担医療に関する費用の請求に関する省令」（昭和51年厚生省令第36号）（請求省令）に従って請求する。

レセプトは審査支払機関に送付され，審査支払機関が保険者との間に入って審査支払事務を行っている。なお，健康保険組合の一部は，保険者機能を発揮する[111) 112)]という観点から，保険者が直接調剤レセプトの審査を行う取組みを行っている。

社会保険診療報酬支払基金は，社会保険診療報酬支払基金法（昭和23年法律第129号）に基づき診療報酬の支払とレセプトの審査を行うことを目的として設立された法人である。支払基金は，本部と都道府県支部をもつ全国法人であり，保険医療機関等約23万か所，保険者約1万8000か所との間で，1か月に約7900万件のレセプトを取り扱っている[113)]。支払基金は，保険者を代表する者，被保険者を代表する者，診療担当者を代表する者及び公益を代表する者の四者構成の理事会により運営されている。審査は，保険医療機関等が行った診療行為が療養担当規則，診療報酬点数表等の保険診療のルールに適合しているかどうかを確認する行為であり，ルールに適合しない請求内容は査定される。審査を行うのは，都道府県単位で設置されている審査委員会（診療担当者代表，保険者代表，学識経験者の三者構成で医師，歯科医師，薬剤師が委員となる）であり，厚生労働大臣の定める高額レセプト[114)]については，本部にある特別審査委員会が審査を行う。審査支払の費用は，委託契約に基づき保険者の支払う手数料により賄われる。保険者及び医療機関から診療内容や査定について不服がある場合には，再審査制度が設けられている。支払基金の審査については，電子レセプトの普及に伴い，電子点数表等を使用したコンピュータ・チェックの活用，調剤薬局のレセプトと処方せんを発行した保険医療機関のレセプトを照合する突合点検，同一の医療機関が同一の患者に関して発行したレセプトを過去に遡って照合する縦覧点検などの審査の質の向上・効率化の取組みが進められている。支払基金は，診療報酬の審査支払のほか，後期高齢者支援金・交付金，前期高齢者納付金・交付金，退職者医療療養給付費等拠出金・交付金，介護給付費納付金・交付金の徴収・交付など，医療保険・介護保険各法に基づき保険者間の財政調整事務を行う役割も担っている。

国民健康保険団体連合会（国保連）は，国民健康保険法に基づき，国民健康保険の保険者が共同してその目的を達成するため，都道府県ごとに設立された法人である（1月のレセプト取扱い約8300万件[115)]）。国保連も審査支払機関として診療報酬審査委員会を設けて審査を行う。厚生労働大臣の定める高額レセプトについては，公益社団法人国民健康保険中央会に委託し，同法人の国民健康保険診療報酬特別審査委員会が審査を行っている。国保連は

---

111) 「保険者機能の発揮」は，保険者が被保険者の代理人となって，専門的情報機関としての機能，契約当事者としての機能，適切な受診促進や適切な医療サービス供給の促進，苦情・相談対応，健康保持・増進などの役割を果たすことを指しており，その一環としてレセプト審査の強化が議論された。山崎泰彦（2003）「保険者機能と医療制度改革」山崎泰彦・尾形裕也編著『医療制度改革と保険者機能』東洋経済新報社，9～16頁
112) 泉田（2009）は「保険者機能」について，医療における情報の非対称性を，医師による説明などの高いコストの方法で補うのではなく，よりコストの安い保険者において情報提供を行うことによって補う意義があるとする。泉田信行（2009）「保険者機能の強化について」田近栄治・尾形裕也編著『次世代型医療制度改革』ミネルヴァ書房，139頁
113) 社会保険診療報酬支払基金ホームページ（2015〈平成27〉年1月19日）
114) 医科では40万点以上，歯科では20万点以上
115) 国民健康保険中央会ホームページ，2015（平成27）年2月3日

都道府県の区域ごとに保険者が設立した公法人であるため，診療報酬等の審査支払事務のほか，国保保険者事務の共同事業・共同処理（保険財政共同安定化事業，高額医療費共同事業，保険者事務の共同処理等）や，高齢者医療等に係る市区町村等の事務の共同処理など，保険者の立場からの業務を行っている。

6 社会保障協定

　国際的な人の移動が活発になり，外国で仕事をする日本人が増えるとともに，日本で仕事をする外国人が増加している。社会保障制度は国により異なり，就労や居住等その国の定める要件に従って当該国の社会保障制度が適用される。日本で就労する外国人については，国籍にかかわらず，被用者の場合にはその者及び被扶養者に被用者保険が適用され，また，それ以外の場合には，国民健康保険が適用されるのが原則である。

　しかしながら，日本の企業から外国に派遣される日本人や，外国の企業から日本に派遣される外国人については，自国の社会保障制度に継続して加入しつつ，派遣先国の社会保障制度も適用されることが多く，この場合被保険者及び事業主が，両国の社会保障制度に対して保険料を支払うことを余儀なくされ，二重負担が生じる。傷病にかかったときに受ける医療サービスは一つなので，この負担には公平性の観点から問題がある。これは医療保険だけでなく，公的年金についても発生する問題であり，特に年金の場合には，年金受給資格発生の要件として一定期間の制度加入を要件としているため，二国間にまたがって就業した結果，どちらの国の年金受給資格も得られないような事態も発生しかねない。

　このような問題に対応するため，国と国の間での社会保障協定の締結が進んでいる。ヨーロッパ諸国においては，欧州連合（EU）が，加盟国域内の人の移動の促進の観点から，加盟国に直接適用され，加盟国の国内法に優先する効力を有する「社会保障の適用調整に関する規則」（〈規則883／2004〉及び〈規則987／2009〉）を制定している[116]が，これとは別に，EU加盟国は独自に加盟国域外の諸国との二国間協定締結を進めてきた[117]。また，カナダ，アメリカ，オーストラリア，韓国なども二国間の社会保障協定の締結を進めるようになった。

　日本は，最初にドイツと社会保障協定を締結（2000〈平成12〉年発効）し，2015（平成27）年1月現在までに15か国と二国間社会保障協定を締結している。協定の主な内容は，制度の適用調整及び年金加入期間の通算である。このうち，適用調整については，いずれか一方の締約国内において被用者または自営業者として就労する者にかかる両締約国の社会保障法令による強制加入に関して，いずれか一方の締約国の法令のみを適用することと

---

116) EUにおける加盟国間の社会保障の適用調整の歴史は長い。1958年制定のEEC社会保障規則（規則第3号及び第4号）に始まり，1971年制定の規則第1408号及び1972年制定の規則第574号を経て，2004年及び2009年に全部改正され，現在の規則となった。当初は社会保障制度が旧EEC域内における労働者の自由移動の障壁としてはたらくことを防ぐため，労働者を対象とした制度であったが，逐次その対象を拡大し，現在では，年金受給者，無職の者も適用調整の対象に加えられている。岩渕豊（1994）「ECにおける社会保障制度間調整」『海外社会保障情報』No.106，35頁以降を参照。

117) EU域外国との間での適用調整は，これまで加盟国と域外国との間の二国間協定により対応してきたが，欧州委員会において，EUが域外国との間で協定を締結することを視野に入れた検討も始まっている。EU加盟国が増加し，独自に域外国と二国間協定を締結することが難しい加盟国もあることがその背景にある。

した。具体的には，原則として，相手国への派遣の期間が5年を超えない見込みの場合には，当該期間中は相手国の法令の適用を免除して自国の法令のみを適用し，5年を超える見込みの場合には，相手国の法令のみを適用する。

　日本が締結し発効済みの二国間社会保障協定のうち，医療保険を適用対象に含むのは，アメリカ（2005〈平成17〉年発効），ベルギー（2007〈平成19〉年発効），フランス（2007〈平成19〉年発効），オランダ（2009〈平成21〉年発効），チェコ（2009〈平成21〉年発効），スイス（2012〈平成24〉年発効），ハンガリー（2014〈平成26〉年発効）の7か国である。医療保険を適用対象としない場合があるのは，例えば，社会保険ではなく税を財源に居住者に医療を提供する仕組みを採用している国と日本との間では二重負担問題が生じないなど，国によって事情が異なり，協定の必要性も乏しい場合があるからである。なお，アメリカについては，一般的な公的医療保険制度はないが，本人・家族が日本国内で受ける医療に備えるための適切な保険契約を締結していることにつき合衆国実施機関が証明した者については，日本の健康保険の被保険者としないという措置になっている。

　各国と社会保障協定を締結する場合，国内で実施するために社会保険各法の特例を定めた実施特例法が必要になる。そのため，ドイツとの協定から2006（平成18）年のカナダとの協定までの七つの社会保障協定については，協定を結ぶたびに，例えば「社会保障に関する日本国政府とフランス共和国政府との間の協定の実施に伴う厚生年金保険法等の特例等に関する法律」のような個別の特例法の法案を国会に提案し，国会審議を経て制定していた。しかしながら，各国ごとに特例法をつくり国会で成立させる手続きに時間を要し協定締結推進が滞ったため，2007（平成19）年に，「社会保障協定の実施に伴う厚生年金保険法等の特例等に関する法律（平成19年法律第104号）」（包括実施特例法）を制定し，従前の個別特例法7本（ドイツ，イギリス，アメリカ，韓国，フランス，ベルギー，カナダ）は廃止された。あらかじめ包括実施特例法に特例措置の規定を網羅しておき，国ごとに該当する規定を発動させる仕組みに変えたことにより，協定締結・実施の効率化・迅速化が図られ，締結が促進されることが期待されている[118]（2007〈平成19〉年の包括実施特例法制定以降，7年間で11か国と協定署名）。今後の締結については，①相手国の一般的な社会保険料の水準，②相手国における在留邦人等の保険料負担，③経済界の要望，④二国間関係及び社会保障制度の違い等を勘案して優先度を考慮し進めていくこととされており，これまでは先進諸国を中心に協定を締結してきたが，日本と新興国との間での人の交流の進展に伴い，新興国との間でも協定締結を進めることが課題となっている[119]。なお，国内の外国人労働者について事業主が社会保険適用手続きを怠る未適用問題において，社会保障協定締結により外国人労働者の保険料掛け捨て観念が払拭されれば改善につながり得ると指摘されている[120]。

---

118) 社会保障協定の内容及び動向については，西村淳（2007）「社会保障協定と外国人適用――社会保障の国際化に係る政策動向と課題」季刊社会保障研究 NO.43（2），149頁以降が詳しい。
119) 2009（平成21）年2月にイタリア，2012（平成24）年11月にインド，2014（平成26）年10月にルクセンブルグとの間で社会保障協定が署名された（未発効）。
120) 岩村正彦（2007）「外国人労働者と公的医療・公的年金」季刊社会保障研究 43（2），112頁

このほか,医療の国際化対応に関しては,ASEAN諸国等との保健・医療協力や,国内における外国人患者受け入れ体制の整備,外国医師等の国内での臨床修練・臨床教授,EPAに基づく看護師候補者の受け入れなどが進められている[121]。

---

121) 141〜143頁参照

Column 9 　公費負担医療制度とは

　医療保険制度とは別に国民の医療費負担を軽減する仕組みとして，公費負担医療制度がある。2012（平成24）年度の国民医療費約39兆2117億円のうちの7.4%，2兆8836億円が公費負担医療制度により負担されている。単一の制度ではなく，さまざまな目的で公費により患者の医療費負担を軽減する諸制度の総称である。国が法律または予算措置により実施するもののほか，地方自治体が独自に行う医療費助成制度がある。後者としては，乳幼児の医療費の助成制度が多くの地方自治体で実施されている。

　公費負担医療制度の公費負担には，大きく分けて，①全額公費負担と，②保険優先の二つの方式がある。

　第一の全額公費負担方式の例としては，戦傷病者特別援護法（昭和38年法律第168号）に基づく療養の給付がある。これは，軍人軍属等であった者の公務上の傷病に関し国家補償の精神に基づき給付が行われるものであるため，国が全額を負担し，医療保険の給付は行われない。

　第二の保険優先方式は，多くの公費負担医療制度で採用されている方式である。医療保険による給付が優先して行われ，残る患者の一部負担金部分を公費が負担する。この場合に，別途一定の費用徴収・利用者負担を伴う制度もある。生活保護法（昭和25年法律第144号）に基づく医療扶助は，2012（平成24）年度で1兆6721億円という最大の公費負担医療制度であり，保険優先方式をとっている。ただし，保護世帯に属する者は国民健康保険の被保険者とならないので，実際に医療保険給付がなされるのは，被用者保険が適用されている場合に限られる。

　他には，難病に適用される公費負担医療も保険優先方式をとっている。難病については，従前は法律に基づかない予算事業である「特定疾患治療研究事業」による医療費助成が行われてきたが，治療研究推進目的に対象が限られる等の制約や，都道府県の超過負担等が課題となっていた。このような背景のもと，2014年には，社会保障改革プログラム法に基づき国会提出された「難病の患者に対する医療等に関する法律」（平成26年法律第50号）が成立，2015（平成27）年1月に施行された。難病の患者に対する医療費助成に関して，法定化によりその費用に消費税の収入をあてることができるようにするなど，公平かつ安定的な制度を確立するほか，基本方針の策定，調査及び研究の推進，療養生活環境整備事業の実施等の措置を講ずる内容となっている。同法に基づき，難病（発病の機構が明らかでなく，かつ，治療方法が確立していない希少な疾病であって，当該疾病にかかることにより長期にわたり療養を必要とすることとなるもの）のうち指定疾病（一定の要件を満たすものとして厚生労働大臣が指定）について，新たな医療費助成制度が施行された。新制度への移行に伴い対象疾病は，従前の56疾病から2015年1月には110疾病に拡大，2015（平成27）年夏には約306疾病となる予定であり，事業規模も拡大（受給者数：2011〈平成23〉年度約78万人→2015〈平成27〉年度約150万人。厚生労働省試算）する。併せて，医療費の自己負担割合が3割から2割に変更されたほか，自己負担限度額の変更（負担の変更に関し3年間の経過措置），食費が全額自己負担になるなどの改正が行われた。なお，小児慢性特定疾患対策についても，児童福祉法が改正され，2015年1月より難病対策と同趣旨の制度改正が実施されている。

医療提供体制
医療法と医療を支える人材の資格制度

　本章では，医療提供体制について，基本的な法律である医療法（昭和23年法律第205号）に重点をおき，医療の理念と責務，病院・診療所，病院類型，情報提供，医療安全，医療計画，病床機能報告，地域医療構想，医療法人等について解説した。医療を支える人材に関する資格制度については，医療関係資格法は共通した構成をもつため，基本となる医師法（昭和23年法律第201号）に重点をおき，他の資格法については，医師法と対照しつつ概説した。また，チーム医療が推進されているなか，医師，歯科医師と看護師等，及び他の医療関係資格との相互関係を解説するとともに，国際化への対応の観点から外国の医療関係資格者の取扱い等についても取り上げた。

　地域における医療及び介護の総合的な確保を推進するための関係法律の整備等に関する法律（平成26年法律第64号。医療介護総合確保推進法）による医療法改正（第6次改正），医療関係資格法の改正については，施行状況を踏まえて関係部分に反映させて記述した。2014年医療制度改革の全体像については，第7章にまとめて解説した。

1 医療提供体制の基本的構成

　医療提供体制とは，病院，診療所等の医療サービスを供給する施設や，地域における医療資源間の機能分担と連携，情報提供などの体制と，医師，歯科医師等の医療サービスを担う人材によって構成される，医療サービスを提供する組織的な仕組みをいう。

　医療提供体制に関する法律には，基本的な法律である「医療法（昭和23年法律第205号）」があり，特別法として「地域における医療及び介護の総合的な確保の促進に関する法律（平成元年法律第64号）」，「救急医療用ヘリコプターを用いた救急医療の確保に関する特別措置法（平成19年法律第103号）」がある。また，組織法としては，医療福祉施設への融資等を行う「独立行政法人福祉医療機構法（平成14年法律第166号）」，全国に143病院，約5万5000床の病床をもつ国立病院に関する「独立行政法人国立病院機構法（平成14年法律第191号）」，国立がん研究センターなどの「高度専門医療に関する研究等を行う国立研究開発法人に関する法律（平成20年法律第93号）」などがある。

　次に医療従事者の資格に関する法律としては，「医師法（昭和23年法律第201号）」，「歯科医師法（昭和23年法律第202号）」，「保健師助産師看護師法（昭和23年法律第203号）」，

■ 図表4-1　医療提供体制に係る法制度の整備過程（1948年まで）

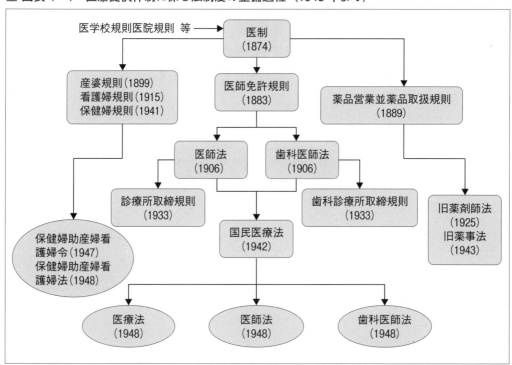

資料：筆者作成

「歯科衛生士法（昭和23年法律第204号）」,「診療放射線技師法（昭和26年法律第226号）」,「歯科技工士法（昭和30年法律第168号）」,「臨床検査技師等に関する法律（昭和33年法律第76号）」,「薬剤師法（昭和35年法律第146号）」,「理学療法士及び作業療法士法（昭和40年法律第137号）」,「視能訓練士法（昭和46年法律第64号）」,「臨床工学技士法（昭和62年法律第60号）」,「義肢装具士法（昭和62年法律第61号）」,「救急救命士法（平成3年法律第36号）」,「言語聴覚士法（平成9年法律第132号）」がある。これらの資格法に対し，外国の資格を有する者に関する特例を定めたものとして，「外国医師等が行う臨床修練等に係る医師法第17条等の特例等に関する法律（昭和62年法律第29号）」がある。また，資格法とは別に，看護師等の人材確保の観点から必要な措置を定めた特別の法律として，「看護師等の人材確保の促進に関する法律（平成4年法律第86号）」がある。この他，医業類似行為に関する法律として，「あん摩マツサージ指圧師，はり師，きゆう師等に関する法律（昭和22年法律第217号）」,「柔道整復師法（昭和45年法律第19号）」がある。

　これらの医療提供体制に関する法制度は，1874（明治7）年に制定された「医制」を源流として形成され，戦後1948（昭和23）年頃までに概ね現在の形が整えられた（図表4-1）。医制の内容を見ると，医学校，教育科目，附属病院，医師免許，病院の開設許可，医薬分業原則など，医学教育と医療提供体制にわたっており，また，政策の目的を「医政ハ即人民ノ健康ヲ保護シ疾病ヲ療治シ及ヒ其学興隆スル所以ノ事務トス」と規定するなど，明治のごく初期に現在の制度の基礎を形成したといえる内容になっていることには驚かされる。ちなみに「医政」という語は，120年余りを経て厚生労働省の医療政策担当部局の名称として再び用いられるようになった。

2 医療法

　医療法は、「医療を受ける者の利益の保護及び良質かつ適切な医療を効率的に提供する体制の確保を図り、もって国民の健康の保持に寄与すること」を目的とする法律である（第1条）。1948（昭和23）年の制定当時の医療法は、病院、診療所等の開設・管理等の医療機関の衛生面の規制を主とする法律であった。その後、逐次の法改正によって、①医療の理念や関係者の責務に関する規定、②医療に関する選択を支援するための情報提供に関する規定、③医療の安全の確保に関する規定、④病院及び病床の機能分化に関する規定、⑤医療計画に関する規定、⑥医療法人に関する規定の追加などが行われた。この結果、医療法の対象が、個々の医療機関から地域的な提供体制に拡大するとともに、医療機関の衛生面を規制することにとどまらず、医療のあるべき方向や、情報、安全確保などの医療の質の向上にかかわる規定も含む広範な事項を定めるものとなり、医療提供体制の確保のための基本的な法律という性格を強めた（図表4-2）。

1 医療の理念と関係者の責務

　医療法第1条の2は、医療の理念を定めている。医療は、生命の尊重と個人の尊厳の保持を旨とし、医師、歯科医師、薬剤師、看護師その他の医療の担い手と医療を受ける者の信頼関係に基づき、及び医療を受ける者の心身の状況に応じて行われるとともに、その内容は、単に治療のみならず疾病の予防のための措置及びリハビリテーションを含む良質かつ適切なものでなければならない。また、医療の提供については、国民自らの健康の保持増進のための努力を基礎として、医療を受ける者の意向を十分に尊重し、医療提供施設[122]、医療を受ける者の居宅等において、医療提供施設の機能に応じ効率的に、かつ、福祉サービスその他の関連するサービスとの有機的な連携を図りつつ提供されなければならない[123]。

---

122) 医療提供施設は、病院、診療所、介護老人保健施設、調剤を実施する薬局その他の医療を提供する施設を指す。
123) 医療は、医学の進歩により多くの恩恵を受けるが、医学の進歩には人を対象とした臨床研究が必要であり、その際に人に危険が生じるおそれがある。このような医学研究実施の諸条件のあり方については医療法その他の国内法に定めはなく、世界医師会のヘルシンキ宣言や、行政機関の策定した指針を基準として実施されてきた。また、医薬品の開発のための臨床試験（治験）については、医薬品、医療機器等の品質、有効性及び安全性の確保等に関する法律（昭和35年法律第145号）（旧薬事法）及び関係省令等に定めがある。医学研究と医薬品開発をめぐる諸問題については、手嶋豊（2011）『医事法入門第3版』有斐閣、127頁以降を参照されたい。なお、2013（平成25）年4月に衆議院厚生労働委員長提出の「再生医療を国民が迅速かつ安全に受けられるようにするための施策の総合的な推進に関する法律（平成25年法律第13号）」が成立し同年5月施行した。再生医療の研究開発・提供・普及の促進のため基本理念や関係者の責務・基本方針の策定等を定めるものである。また、同年11月には再生医療等の安全性の確保等に関する法律（平成25年法律第85号）が制定されている。再生医療等の提供の基準等や特定細胞加工物の製造の許可等の制度を定めたものである。

■ 図表4-2 医療法の性格の発展過程

改正年	主な改正内容等	医療法の性格の発展
1948(昭和23)年 医療法制定	病院の施設基準，助産所，公的医療機関，医療監視などの制度を創設 ＊1950（昭和25）年改正で医療法人制度創設（最初の改正）	医療施設の水準確保のための衛生規制法 ―最低水準確保・量的整備が急務― ＊医療事業法的性格を付加
1985(昭和60)年 第一次改正	医療計画制度の導入 ・二次医療圏ごとに必要病床数を設定	病床の地域（面）的・量的管理法の性格を付加 ―地域偏在・病床過剰―
1992(平成4)年 第二次改正	医療提供の理念規定創設 特定機能病院・療養型病床群の創設	医療提供基本法および機能分化促進法的性格を付加 ―医療のあり方― ―療養型・特定機能・地域支援類型化― ―地域における病院間の機能分化連携―
1997(平成9)年 第三次改正	地域医療支援病院制度の創設 診療所への療養型病床群の設置 医療計画制度の充実 ・二次医療圏ごとに以下の内容を記載 　地域医療支援病院・療養型病床群の整備目標，医療関係施設間の機能分担，業務連携	
2000(平成12)年 第四次改正	療養病床，一般病床の創設 医療計画制度の見直し ・基準病床数へ名称を変更	
2006(平成18)年 第五次改正	医療に関する選択の支援等の規定創設 医療安全の確保に関する規定創設 都道府県の医療対策協議会制度化 医療計画制度の見直し ・4疾病5事業の具体的な医療連携規定を位置づけ	医療の質の確保のための情報提供や安全確保の促進法的性格を付加 ―患者重視・医療安全の確保・質―
2014(平成26)年 第六次改正	病床機能報告制度創設 地域医療構想制度創設 医療従事者の確保・勤務環境の改善の規定整備 医療事故調査制度創設 臨床研究中核病院制度創設	医療と介護の総合的確保の推進のための機能分化と連携を強化 ―地域医療構想に基づく医療提供体制の再編―

資料：第12回社会保障審議会医療部会（平成22年10月15日）資料に基づき筆者作成

次に，このような理念による医療の提供を確保していくため，関係者の責務を定めている。国及び地方公共団体は，医療の理念に基づき，国民に対し良質かつ適切な医療を効率的に提供する体制が確保されるように努めなければならない（第 1 条の 3）。また，医療の担い手（医師，歯科医師，薬剤師，看護師等）は，医療の理念に基づき，医療を受ける者に対し，良質かつ適切な医療を行うよう努めるとともに，医療を提供するにあたり，適切な説明を行い，医療を受ける者の理解を得るよう努めなければならない（第 1 条の 4 第 1 項及び第 2 項）。医療提供施設の医師・歯科医師は，施設相互間の機能の分担と業務連携に資するため，必要に応じ，他の施設への紹介，診療・調剤の情報提供等の措置を行うよう努めなければならない（第 1 条の 4 第 3 項）。病院等の管理者は，退院する患者が引き続き療養を必要とする場合には，保健医療サービスまたは福祉サービス提供者と連携を図り適切な環境のもとで療養を継続できるよう配慮しなければならない（第 1 条の 4 第 4 項）。医療提供施設の開設者及び管理者は，医療技術の普及及び効率性の観点から，その建物・設備を，当該施設以外の医療の担い手の診療，研究または研修のために利用させるよう配慮しなければならない（第 1 条の 4 第 5 項）。

② 病院，診療所の開設及び管理等

医療法は，医師または歯科医師が医業または歯科医業を行う施設である病院と診療所について定めている。

病院は，医師または歯科医師が，公衆または特定多数人のため医業または歯科医業を行う場所であって，20 人以上の患者を入院させるための施設を有するものをいう。病院は，傷病者が，科学的でかつ適正な診療を受けることができる便宜を与えることを主たる目的として組織され，かつ，運営されるものでなければならない。診療所は，医師または歯科医師が，公衆または特定多数人のため医業または歯科医業を行う場所であって，患者を入院させるための施設を有しないものまたは 19 人以下の患者を入院させるための施設を有するものをいう（第 1 条の 5）。

この他，医療法に基づく施設として，助産所がある。助産所は，助産師が公衆または特定多数人のためのその業務（病院または診療所において行うものを除く）を行う場所をいう（第 2 条第 1 項）。

病院の開設には都道府県知事（または指定都市市長）[124] の許可を受けなければならない。診療所については，臨床研修を修了した医師または歯科医師が開設した場合，10 日以内に都道府県知事等へ届け出なければならない。それ以外の者が診療所を開設する場合には許可が必要である。病院及び有床診療所の有する病床には次に掲げる種別があり，病院及び診療

---

124) 地方分権の観点から，2015 年 4 月 1 日に，病院の開設許可等の権限が都道府県から指定都市に移譲された。（第 71 条の 3）

所が病床数または病床種別を変更しようとするときにも原則として都道府県知事等の許可が必要である（第7条及び第8条）。

- ①精神病床　病院の病床のうち，精神疾患を有する者を入院させるためのもの
- ②感染症病床　病院の病床のうち，感染症の予防及び感染症の患者に対する医療に関する法律（平成10年法律第114号）に基づく一類感染症，二類感染症（結核を除く），新型インフルエンザ等感染症及び指定感染症の患者等，新感染症の所見がある者を入院させるためのもの
- ③結核病床　病院の病床のうち，結核の患者を入院させるためのもの
- ④療養病床　病院または診療所の病床のうち，①から③以外の病床であって，主として長期にわたり療養を必要とする患者を入院させるためのもの
- ⑤一般病床　病院または診療所の病床のうち，①から④以外のもの

　都道府県知事等は，開設，病床数・種別変更の許可の申請があった場合には，その構造設備及び人員が要件に適合するときは許可を与えなければならないが，営利を目的として，病院，診療所または助産所を開設しようとする者に対しては，許可を与えないことができる（医療の非営利原則。第7条第4項及び第6項）。

　病院または診療所の開設者は，その病院または診療所が医業をなすものである場合は臨床研修等修了医師[125]に，歯科医業をなすものである場合は臨床研修等修了歯科医師に，管理させなければならない（第10条）。開設者が管理者となることができるときは，自ら管理しなければならない。同一の医師，歯科医師が複数の病院・診療所等を管理することは，都道府県知事等の許可を得た場合を除き，認められない（第12条）。なお，有床診療所については，入院患者の病状が急変した場合においても適切な治療を提供することができるように当該診療所の医師が速やかに診療を行う体制を確保するとともに，ほかの病院または診療所との緊密な連携を確保しておかなければならない（第13条）。病院または診療所の管理者は，管理者の氏名等の事項を掲示するとともに，従業者の監督義務を負う（第14条の2及び第15条）。病院には，医師を宿直させなければならない（第16条）。病院には，病床の種別に応じ，定められた人員及び施設を有し，かつ，記録を備えておかなければならない（第21条[126]。図表4-3）。都道府県知事は，病院または療養病床を有する診療所について，その人員の配置が著しく不十分であり，かつ，適正な医療の提供に著しい支障が生ずる場合に該当するときは，その開設者に対し，期限を定めて，その人員の増員を命じ，または期間を定めて，その業務の全部もしくは一部の停止を命ずることができる（第23条の2）。都道府県知事等は，病院及び診療所の管理者に対し，必要な場合には報告を命じ，または医療

---

[125] 131〜133頁を参照
[126] 療養病床を有する有床診療所の人員及び施設については，この他医療法施行規則（昭和23年厚生省令第50号）第21条の2から第21条の4まで及びそれらに従った都道府県の条例で定められている。

■ 図表4-3 病院の人員配置標準と必置施設

	一般病床	療養病床	精神病床		感染症病床	結核病床
人員配置標準	医師 16:1 薬剤師 70:1 看護職員 3:1	医師 48:1 薬剤師 150:1 看護職員(*1) 4:1 看護補助者(*1) 4:1 理学療法士および作業療法士 病院の実情に応じた適当数	大学病院等(*2) 医師 16:1 薬剤師 70:1 看護職員 3:1	大学病院等以外の病院 医師 48:1 薬剤師 150:1 看護職員(*3) 4:1	医師 16:1 薬剤師 70:1 看護職員 3:1	医師 16:1 薬剤師 70:1 看護職員 4:1
	(各病床共通) ・歯科医師 歯科,矯正歯科,小児歯科および歯科口腔外科の入院患者に対し,16:1 ・栄養士 病床数100以上の病院に1人 ・診療放射線技師,事務員その他の従業者 病院の実情に応じた適当数 (外来患者関係) ・医師 40:1 ・歯科医師 病院の実情に応じた適当数 ・薬剤師 外来患者に係る取扱処方せん 75:1 ・看護職員 30:1					
必置施設	・各科専門の診察室 ・手術室 ・処置室 ・臨床検査施設 ・エックス線装置 ・調剤所 ・給食施設 ・診療に関する諸記録 ・分べん室および新生児の入浴施設(*4) ・消毒施設 ・洗濯施設 ・消火用の機械または器具	一般病床の必置施設に加え, ・機能訓練室 ・談話室 ・食堂 ・浴室	一般病床の必置施設に加え, ・精神疾患の特性を踏まえた適切な医療の提供および患者の保護のために必要な施設		一般病床の必置施設に加え, ・機械換気設備 ・感染予防のためのしゃ断その他必要な施設 ・一般病床に必置とされる消毒施設のほかに必要な消毒設備	一般病床の必置施設に加え, ・機械換気設備 ・感染予防のためのしゃ断その他必要な施設 ・一般病床に必置とされる消毒施設のほかに必要な消毒設備

*1:平成30年3月31日までは6:1の経過措置がある(医療法施行規則附則第53条)。
*2:大学病院(特定機能病院および精神病床のみを有する病院を除く)のほか,内科,外科,産婦人科,眼科および耳鼻咽喉科を有する100床以上の病院(特定機能病院を除く)のことをいう(医療法施行規則第43条の2)。
*3:当分の間,看護職員5:1,看護補助者を合わせて4:1(医療法施行規則等の一部を改正する省令〈平成13年厚生労働省令第8号〉附則第20条)。
*4:産婦人科または産科を有する病院に限る。

資料:第14回社会保障審議会医療部会(2010年12月2日)資料に基づき筆者作成

監視員に病院等への立ち入り，人員，構造設備，診療録等の検査をさせることができる（第25条及び第26条）。さらに命令に違反した場合等には，開設許可の取消または一定期間の閉鎖を命ずることができる（第29条）。

3 病院及び診療所の整備状況

　病院及び診療所の現状については，第1章において述べた。病院数は，戦後，民間病院を中心に急速に整備が進み，1990（平成2）年には1万施設を超え，その後徐々に減少に転じている。2014年改正においては，病院の役割について，病院の開設者及び管理者は，他の医療提供施設との業務の連携を図りつつ，病床の機能に応じ，地域における病床の機能の分化及び連携の推進に協力し，地域において必要な医療を確保する役割を果たすよう努めるとの規定が設けられた（第30条の7第2項）。

　一方診療所については，戦後，現在に至るまで増加が続いている。また，診療所のなかでは，有床診療所が減少し，無床診療所が増加している。有床診療所の減少には後継者不足等の背景があるが，地域に密着した入院医療を提供する機関としてその機能が見直されつつある。2014年改正においては，有床診療所の開設者及び管理者は，その提供する医療の内容に応じ，患者が住み慣れた地域で日常生活を営むことができるよう，①病院を退院する患者が居宅等における療養生活に円滑に移行するために必要な医療を提供すること，②居宅等において必要な医療を提供すること，③患者の病状が急変した場合その他の入院が必要な場合に入院させ，必要な医療を提供すること，その他の地域において必要な医療を確保する役割を果たすよう努めることとの規定が新設された（第30条の7第3項）。

　病床数について見ると，病院総病床数は戦後急速に増加したが，1992（平成4）年には168万6696床でピークに達し，その後徐々に減少している。病床種別で見ると，一般病床数は1993（平成5）年以降徐々に減少し，療養病床への転換等が進んでおり，2011（平成23）年には90万床を切った。精神病床数は1994（平成6）年をピークに若干減少している。また，療養病床は制度発足後2005（平成17）年まで増加し，その後は減少傾向にある[127]。なお，2000（平成12）年以前の医療法では，現在の一般病床に相当していたのは「その他の病床」であったが，段階的に病床の機能分化が進められてきた。高齢化の進展，疾病構造の変化，老人医療費無料化などに伴い，1980（昭和55）年頃には高齢者の長期入院が増加し，適切な医療・介護がなされない，いわゆる老人病院問題が顕在化した。このため，1983（昭和58）年には，その他の病床のなかでも主として高齢者が入院する病院について医師や看護師の配置を減らし看護補助者（介護職員）の配置を要するなどの特例的な人員配置基準を適用して許可した「特例許可老人病院」が設けられた。1992（平成4）年の医療法改正ではこれを発展させ，その他の病床のなかに，長期にわたり療養を必要とする患者のための

---

127) 厚生労働省「医療施設調査」

■ 図表4-4　病床区分に係る制度改正の経緯

【制度当初～】
その他の病床　　　　　　　　　精神病床　伝染病床　結核病床

↓ ・高齢化の進展
　・疾病構造の変化

【特例許可老人病棟の導入（昭和58年）】
その他の病床　　特例許可老人病棟　　精神病床　伝染病床　結核病床

↓ ・高齢化の進展，疾病構造の変化に対応するためには，老人のみならず，広く「長期療養を必要とする患者」の医療に適した施設を作る必要が生じる。

【療養型病床群制度の創設（平成4年）】
その他の病床　　　　　　　　　精神病床　感染症病床　結核病床
　　　　特例許可　療養型
　　　　老人病棟　病床群
　　　　長期にわたり療養を
　　　　必要とする患者

↓ ・少子高齢化に伴う疾病構造の変化により，長期にわたり療養を必要とする患者が増加。療養型病床群等の諸制度が創設されたものの，依然として様々な病態の患者が混在。

【一般病床，療養病床の創設（平成12年）】
患者の病態にふさわしい医療を提供　　　　　平成9年改正により，診療所に療養型病床群の設置が可能となった。
一般病床　　　　療養病床　　　　精神病床　感染症病床　結核病床
　　　　　　長期にわたり療養を
　　　　　　必要とする患者

資料：第25回社会保障審議会医療部会（2011〈平成23〉年12月8日）資料

「療養型病床群」の類型が設けられた。2000（平成12）年の医療法改正により，一般病床と療養病床が新たに病床区分として位置づけられ，現在の病床種別に至っている（図表4-4）。2013（平成25）年においては，病院病床総数157万3772床のうち，多い順に一般病床89万7380床，精神病床33万9780床，療養病床32万8195床，結核病床6602床，感染症病床1815床となっている。

4　地域医療支援病院と特定機能病院

　医療法には，医療施設機能の体系化を進める観点から三つの特別の病院類型が設けられている。地域医療支援病院，特定機能病院及び臨床研究中核病院である。
　地域医療支援病院は，地域のかかりつけ医等を支援して地域医療の確保を図ることをねらったものである。地域医療支援病院は，①紹介患者に対する医療の提供（かかりつけ医等への逆紹介も含む），②当該病院以外の医師等の診療，研究及び研修のための施設設備や医療機器の共同利用，③救急医療の提供，④地域の医療従事者に対する研修の実施等の役割を担い，⑤病床数，施設，構造設備の要件に該当する病院の開設主体の申請に基づき，都道府県

知事が都道府県医療審議会の意見を聴いて承認する（第4条）。地域医療支援病院は都道府県知事への業務に関する報告書の提出や，共同利用実施，救急医療提供，地域の医療従事者の研修，記録の体系的管理，紹介患者への医療の提供，在宅医療を行う医療提供施設や介護サービス事業者との連携の強化，情報提供などの支援を行わなければならない（第12条の2及び第16条の2）。なお，地域医療支援病院の名称には名称独占が定められている。地域医療支援病院の承認を受けているのは，医師会立病院や地域における中核的な役割を果たしている病院である（2012〈平成24〉年10月末現在で439病院）。地域医療支援病院の承認要件については，2014（平成26）年4月に見直しが行われ，紹介率・逆紹介率について救急患者への対応を除いて基準を見直すなどの厳格化が行われるとともに，救急搬送患者について新たな基準が設定された。

　次に，特定機能病院は，①高度の医療を提供する能力を有すること，②高度の医療技術の開発及び評価を行う能力を有すること，③高度の医療に関する研修を行わせる能力を有すること，④一定の診療科，病床数，人員（医師について通常の2倍程度等），施設，構造設備の要件に該当する病院の開設主体の申請に基づき，厚生労働大臣が承認する。特定機能病院の名称にも名称独占が定められている（第4条の2）。特定機能病院は，厚生労働大臣への業務に関する報告書の提出や高度の医療の提供，開発及び評価，研修，記録の体系的管理，紹介患者への医療の提供などを行わなければならない（第12条の3及び第16条の3）。特定機能病院の承認を受けているのは，大学病院の本院やナショナルセンターなどである（2014〈平成26〉年4月現在で86病院）。特定機能病院の承認要件についても2014（平成26）年4月に見直しが行われ，がん，循環器疾患など特定の領域に関し高度かつ専門的医療を提供する特定機能病院についての特性に応じた承認要件の設定や，紹介率を原則50％以上（特定領域は80％以上），逆紹介率原則40％以上（特定領域は60％以上）に引き上げるなど厳格化が行われた[128]。

　臨床研究中核病院は，2014（平成26）年改正により創設された，新たな病院類型である（2015〈平成27〉年4月1日施行）。臨床研究中核病院は，革新的医薬品・医療機器の開発等に必要となる臨床研究や治験を推進するため，国際水準の臨床研究や医師主導治験の中心的役割を担う。

　臨床研究中核病院は，①特定臨床研究[129]に関する計画を立案し及び実施する能力を有すること，②他の病院または診療所と共同して特定臨床研究を実施する場合にあっては，特定臨床研究の実施の主導的な役割を果たす能力を有すること，③他の病院または診療所に対し，特定臨床研究の実施に関する相談に応じ，必要な情報の提供，助言その他の援助を行う能力を有すること，④特定臨床研究に関する研修を行う能力を有すること，⑤一定の診療科，

---

128) 特定機能病院が承認要件を満たさなくなった場合には，厚生労働大臣は承認を取り消すことができる。これまで複数の取消事例がある。
129) 特定臨床研究とは，①医薬品医療機器等法に基づき実施される治験及び②人を対象とする医学系研究に関する倫理指針（平成26年文部科学省・厚生労働省告示第3号）に定める事項に則って実施される介入及び侵襲を伴う臨床研究をいう。

病床数，人員[130]，施設，構造設備等の要件に該当する病院の開設主体の申請に基づき，厚生労働大臣が承認する。臨床研究中核病院の名称にも名称独占が定められている（第4条の3）[131]。

5 医療に関する情報提供

　日本の医療は，患者が病院・診療所を自由に選択して受診することができるフリー・アクセスが特徴であり，医療を受ける者の意向により医療機関が決まること，受診しやすく医療が早期に受けられることが利点であるが，医療を受ける者が医療サービスの選択を適切に行うためには，その前提として適切な情報が必要である[132]。そのため，国及び地方公共団体は，医療を受ける者が病院，診療所または助産所の選択に関して必要な情報を容易に得られるように，必要な措置を講ずるよう努めなければならない。また，医療提供施設の開設者及び管理者は，医療を受ける者が保健医療サービスの選択を適切に行うことができるように，当該医療提供施設の提供する医療について，正確かつ適切な情報を提供するとともに，患者またはその家族からの相談に適切に応ずるよう努めなければならない（第6条の2）。

　これらの規定に加えて，2014（平成26）年改正においては，新たに国民の責務についての規定が追加された。国民は，良質かつ適切な医療の効率的な提供に資するよう，医療提供施設相互間の機能の分担及び業務の連携の重要性についての理解を深め，医療提供施設の機能に応じ，医療に関する選択を適切に行い，医療を適切に受けるよう努めなければならないこととされた（第6条の2第3項，2014〈平成26〉年10月1日施行）。

　具体的な情報の提供については，病院等の管理者は，①病院等の名称やアクセス，院内サービスや費用負担等の基本情報，②医師等の専門資格や人数，セカンドオピニオン診療の有無，地域連携クリティカルパス等の提供サービスや医療連携体制に関する事項，③人員配置や医療安全対策，患者数（病床別，外来，在宅），治療結果情報の分析・提供の有無（死亡率，再入院率，疾患別治療行為別平均在院日数等），患者満足度調査の実施・提供の有無，公益財団法人日本医療機能評価機構による認定の有無などの事項を都道府県知事に報告するとともに閲覧に供する。都道府県知事はこれらの事項を公表しなければならない（第6条の3及び医療法施行規則第1条等[133]）。この規定に基づき，医療情報ネット（医療機能情報提供制度）[134]が設けられ，すべての都道府県がホームページ上で医療機関の選択のための情報提供を行っている[135]。なお薬局についても，薬局機能情報提供制度が実施されている。

---

130) 臨床研究支援・管理部門に所属する人員数。
131) 臨床研究中核病院制度創設の経緯や承認要件については，187～189頁を参照。
132) 10～12頁を参照。
133) 病院と診療所では報告する情報の範囲が異なる。
134) 厚生労働省医政局長通知「医療機能情報提供制度実施要領について」（平成19年3月30日医政発第0330013号）参照。
135) 東京都医療機関案内サービスひまわりホームページ（http://www.himawari.metro.tokyo.jp）など参照。

Column 10　医療機関のホームページは広告か

　インターネットのホームページにはさまざまな広告がされているが，医療機関のホームページは医療法の広告規制の対象となるのだろうか。医療法では，ホームページは当該医療機関の情報を得ようとする目的を有する者が検索を行ったうえで閲覧するものであるので，情報提供や広報として取り扱い，原則として広告規制の対象としない，という運用がなされてきた。その背景には，患者が知りたい情報の提供を制限しかねないことや，ほかの医療機関との連携のための情報提供の共有という意義も考慮すると，一律の広告規制とすることについてはデメリットが大きいという面があった。

　しかしながら，全国の消費生活センターに美容医療サービスの広告に関する相談が寄せられるなど医療機関のホームページ上の不適切な表示への適切な対応が必要になったことから，厚生労働省の「医療情報の提供のあり方等に関する検討会」（座長：長谷川敏彦日本医科大学医療管理学教室主任教授）がこの問題を検討し，2012（平成24）年に報告書をとりまとめた。報告書は，現在の不適切な問題が，公的医療保険を担う一般的な医療機関のホームページよりも，美容医療サービスや歯科インプラント医療など自由診療分野に根差したものであることを指摘し，医療法上は原則として広告とはみなさないことを適当としつつ，今後，自由診療分野を中心として，「絶対安全な手術」といった非科学的な表現や科学的根拠に乏しい情報，「最高」「著名人も受診している」といった表現，「キャンペーン中」「期間限定」などの記載を禁止するなどを定めたホームページに関するガイドラインを作成して改善を図ることとした。また，医療法とは別に，不当景品類及び不当表示防止法（昭和37年法律第134号）や不正競争防止法（平成5年法律第47号）による規制があり，同報告書は関係省庁が連携してその適用基準の明確化をする必要があることも指摘している。

　同検討会の報告を踏まえた「医療機関のホームページの内容の適切なあり方に関する指針（医療機関ホームページガイドライン）」は，2012（平成24）年9月に公表され，各都道府県に通知されている（平成24年9月28日医政発0928第1　厚生労働省医政局長通知）。

　また，患者が病院等に入院したときには，管理者は，原因となった傷病名や入院中に行われる検査，手術，投薬等を記した入院診療計画書を，退院時には退院後の療養に必要な保健医療サービスまたは福祉サービス等を記した退院療養計画書を作成して患者に交付し，適切な説明が行われるよう努めなければならない（第6条の4）。

　医療法は，このように患者や地域住民への情報提供を組織的に進めることを定めているが，一方で，医業・歯科医業及び病院・診療所に関する広告については，利用者保護の観点から広告可能な事項を定め，それ以外の広告を禁止している（第6条の5）。その理由は，①不当な広告により誘引されサービスを受けた場合の被害は生命・身体にかかわる著しいものとなること，②医療は極めて専門性の高いサービスであることから，その文言から実際のサービスの質の判断は非常に困難であることである。従来は，広告可能な事項を個別に列記していたが，2007（平成19）年より，必要な情報が正確に提供されその選択を支援する観

点から，広告可能な事項を包括的に定める方式に変更され範囲が拡大している[136]。

6 医療安全

医療が高度化，複雑化し，医療従事者の負担も重くなるなかで医療安全をいかに確保していくかは重要な課題である。医療安全の確保のためには，研修や意識啓発のみならず，事故等の要因を分析し改善を行うなどにより，医療安全を推進する組織的取組みを進めていくことが必要である。

日本では，1999（平成11）年に発生した二つの医療事故――横浜市立大学病院事件（肺手術と心臓手術の患者を取り違えて手術）及び都立広尾病院事件（ヘパリンナトリウム生理食塩水と消毒液を取り違えて静脈内に投与し患者が死亡）などをきっかけに医療安全の問題への社会的関心が高まった。また，2004（平成16）年に発生した福島県立大野病院事件（帝王切開中の出血により妊婦が死亡）で，2年後に産科医が業務上過失致死・医師法違反容疑で逮捕されたことは，医療現場に衝撃を与え，診療行為に関連した死亡に関する死因究明のあり方の議論の契機となった[137]。

医療法においては，国，都道府県，保健所設置市・特別区は，医療の安全に関する情報の提供，研修の実施，意識の啓発その他の医療の安全の確保に関し必要な措置を講ずるよう努めなければならないとし，都道府県，保健所設置市・特別区には，その事務を担当する医療安全支援センターを設けるよう努めなければならないと定めている（第6条の9及び第6条の11）。医療安全支援センターは，①患者・家族からの医療に関する苦情や相談への対応，②医療安全の確保に対する情報提供，③病院，診療所等に対する医療安全に関する研修等の普及啓発，④医療安全推進協議会の設置開催などを行う。2011（平成23）年12月1日現在で，医療安全支援センターは全国372か所に設置されており，うち，都道府県センター47か所，保健所設置市区センター57か所，二次医療圏センター268か所である。

また，病院等の管理者は，医療の安全を確保するための指針の策定，従業者に対する研修の実施その他の当該病院等における医療の安全を確保するための措置を講じなければならない（第6条の10）。具体的には，安全管理委員会を設置し，指針の策定・変更や重大な問題が発生した場合の原因分析，改善策の立案・周知，安全管理のための職員研修の定期的な実施，安全管理委員会等への事故報告，院内感染の防止策，医薬品の安全管理体制の整備，医療機器の保守点検・安全使用の体制整備などを行う。

国は都道府県等に対し医療安全の情報提供，医療安全支援センターの援助を行う。医療事

---

[136] 厚生労働省医政局長通知「医業若しくは歯科医業または病院若しくは診療所に関して広告し得る事項等及び広告適正化のための指導等に関する指針（医療広告ガイドライン）について」（平成19年3月30日医政発第0330014号）参照。

[137] 主要な論点については，「医療事故に係る調査の仕組み等のあり方に関する検討部会」（座長：山本和彦一橋大学大学院法学研究所教授）資料「医療事故に係る調査の仕組み等に関する基本的なあり方と論点」（平成25年4月18日）参照。

故情報の収集に関しては，医療機関からの医療事故情報や，ヒヤリ・ハット事例（医療に誤りがあったが患者に実施される前に発見された事例や，実施されても患者への影響が認められなかった事例など）を収集分析し情報提供を行う医療事故情報収集事業[138]が実施されている。

これらに加え，2014年改正において，医療事故が発生した場合の報告・調査や，医療事故調査・支援センターに関する規定が新たに整備された（2015〈平成27〉年10月1日施行）。医療事故が発生した場合には，病院等の管理者は，医療事故調査・支援センターに対し，遅滞なく，当該医療事故の日時，場所及び状況等の事項を報告しなければならない。「医療事故」とは，当該病院等に勤務する医療従事者が提供した医療に起因し，または起因すると疑われる死亡または死産であって，当該管理者が当該死亡または死産を予期しなかったものとして厚生労働省令で定めるものをいう。報告にあたっては，遺族に対し，あらかじめ一定の事項の説明が必要である（第6条の10）。加えて，病院等の管理者は，医療事故が発生した場合には，速やかにその原因を明らかにするための医療事故調査を行わなければならず，調査を終了したときは，遺族に対し説明した上で医療事故調査・支援センターに報告しなければならない。

医療事故調査・支援センターは，医療事故調査を行うこと及び医療事故が発生した病院等の管理者が行う医療事故への支援を行うことにより医療の安全の確保に資することを目的とする一般社団または財団法人で，その申請に基づき厚生労働大臣が指定する（第6条の15）。医療事故調査・支援センターは，医療事故が発生した病院等の管理者または遺族から，当該医療事故について調査の依頼があったときは，必要な調査を行うことができる。その際，病院等の管理者に対し説明や資料提出その他の協力を求めることができ，管理者はこれを拒んではならない。センターは，調査を終了したときは管理者及び遺族に報告しなければならない（第6条の17）。センターの役職員等は，調査等業務の秘密漏えいが禁止される。そのほか，センターは，①報告により収集した情報の整理・分析と結果報告，②医療事故調査に従事する者の研修，③医療事故調査の実施に関する相談・情報提供・支援，④医療事故の再発防止に関する普及啓発等の業務を行う（第6条の16）。

医事関係訴訟事件の件数を診療科別に見ると，産婦人科の訴訟リスクがほかの診療科に比べて高い。出産の際には，医療機関に過失がなくても，新生児が重度の障害を負う事例が少なくないことがその背景にあるとされている。2009（平成21）年から公益財団法人日本医療機能評価機構が実施している産科医療補償制度は，重度脳性まひとなった出生児に対する一時金・分割金の補償金の支払いを行うとともに，重度脳性まひの発症原因の分析・再発防止等を目指している。同制度実施に際し，医療保険の出産育児一時金について，分娩機関の掛金に相当する3万円の加算措置が設けられた[139]。また，2015年1月に制度の見直しが行

---

[138] 医療法施行規則第12条に定める事故等分析事業を行う登録分析機関として公益財団法人日本医療機能評価機構が実施している。
[139] 産科医療補償制度の対象となる場合

われ，補償の対象となる脳性まひの範囲の拡大，1分娩あたりの掛金の額改定などが実施された[140]。

7 医療計画

　医療計画は，各都道府県が，厚生労働大臣の定める医療提供体制の確保に関する基本方針（平成19年厚生労働省告示第70号）に即して，かつ，地域の実情に応じて，当該都道府県における医療提供体制の確保を図るために策定する計画である（第30条の4）。

　地域の医療需要は，人口構造や生活習慣等により大きく異なっており，患者が日常的にアクセス可能な地域内で多様な医療需要に応じていくためには，それぞれの地域の諸条件を踏まえて，医療機関や介護サービスも含めたサービス提供機関の機能分化と連携により必要なサービスを提供していく体制を計画的に整備していくことが必要である（第1章3参照）。医療計画は，このような観点から，医療機能の分化・連携を推進し，急性期から回復期，在宅医療に至るまで地域全体で切れ目なく必要な医療が提供される地域完結型医療を構築するのがねらいであり，そのために地域の実情に応じた数値目標を設定し，PDCAの政策循環を実施する。医療計画については，定期的にその達成状況等の調査・分析・評価を行い必要な見直しを行う仕組みになっており，これまでは概ね5年ごとに医療計画の変更が行われてきたが，2014年改正により，都道府県が医療計画を変更する頻度が6年ごと（居宅等における医療の確保の達成状況等については3年ごと）に改められている（第30条の6。2014年10月1日施行）。

　医療計画の主な記載事項は，①生活習慣病その他の国民の健康の確保を図るため特に広範かつ継続的な医療の提供が認められる疾病（がん，脳卒中，急性心筋梗塞，糖尿病及び精神疾患）及び救急医療，災害時医療，へき地医療，周産期医療，小児医療（小児救急医療を含む）の確保に必要な事業（両者をあわせて「5疾病5事業」と呼ぶ）及び居宅等における医療の確保の目標，②5疾病5事業及び居宅等における医療の確保に係る医療連携体制（医療提供施設間の機能の分担及び業務の連携を確保するための体制），③医療連携体制における医療機能に関する情報提供の推進，④5疾病5事業及び居宅等における医療の確保，⑤地域における病床の機能の分化及び連携を推進するための基準として定める区域における将来の医療提供体制に関する構想（地域医療構想），⑥地域医療構想の達成に向けた病床の機能の分化及び連携の推進，⑦病床の機能に関する情報の提供の推進，⑧医療従事者の確保，⑨医療安全の確保，⑩二次医療圏及び三次医療圏の区域設定，⑪基準病床数等である。

　医療圏は，医療を提供する区域であり，概念上，一次医療圏，二次医療圏，三次医療圏の3段階で構成されている。一次医療圏は，身近な医療が提供される区域であり，一般的には

---

140) 1分娩あたりの掛金は3万円から1.6万円に引き下げられたが，出産費用の状況等を踏まえ，出産育児一時金の額は，原則42万円で据え置かれた。

市町村の区域である[141]。二次医療圏は，主として一般の入院医療に対応する病院・診療所の病床の整備を図るべき地域単位として設定される区域である。三次医療圏は複数の二次医療圏を併せた区域で，主として特殊な医療[142]を提供する病院の病床の整備を図るべき地域的単位として設定される区域である（第30条の4）。各都道府県の医療計画において，地理的条件等の自然的条件，日常生活需要の充足状況や交通事情等の社会的条件を考慮して全国で344圏域の二次医療圏が設定されている。三次医療圏は基本的に都道府県の区域であるが，区域が著しく広い北海道のみ6医療圏にわかれ，全国で52医療圏が設定されている（2013〈平成25〉年4月現在）。

　基準病床数の制度は，医療計画による病床規制と呼ばれているものである。病床規制は，医療施設の量的な整備が全国的にほぼ達成された1985（昭和60）年の医療法改正で導入された。病床の整備を病床過剰地域（既存病床数が基準病床数を超える地域）から非過剰地域へ誘導することを通じて，病床の地域的偏在を是正し，全国的に一定水準以上の医療を確保することを目的としている。一般病床及び療養病床の基準病床数は，都道府県が，性別・年齢階級別人口，性別・年齢階級別退院率，平均在院日数，流入・流出患者数，病床利用率等による算定式に従い二次医療圏ごとに，精神病床，結核病床及び感染症病床は算定式に従い都道府県の区域ごとに算定する。都道府県知事は，病院の開設の許可または病床数の増加・種別変更等に際し，その医療圏の既存病床数が基準病床数に達しているか，超えることになる場合には，公的医療機関等に対しては開設許可を与えないことができる（第7条の2）。また，公的医療機関等以外については，医療計画の達成のため特に必要な場合には，都道府県医療審議会の意見を聴いて，病院の開設や病床数の増加・種別変更について開設者・管理者に対し勧告することができる（第30条の11）。勧告に強制力はないが，勧告に従わない場合には，健康保険法に基づき保険医療機関の指定を行わないことができる[143]（健康保険法第65条第4項第2号）ため，実質的には開設等は制限されている。

　このような開設等の制限について職業の自由の観点から争われた判例がある。保険医療機関の指定拒否は違法であり日本国憲法第22条第1項の職業の自由に反するものとして指定拒否処分の取消しを求めた事件について，最高裁は，指定が医療保険の運営の効率化の観点から著しく不適当と認めることは健康保険法に違反するものではなく，指定拒否は公共の福祉に適合する目的のために行われる必要かつ合理的な措置であり職業の自由に対する不当な制約であるということはできないとした[144]。

---

141) 医療法には，一次医療圏の規定はない。
142) 特殊な医療とは，①臓器移植等の先進的技術を必要とする医療，②高圧酸素療法等特殊な医療機器の使用を必要とする医療，③先天性胆道閉鎖症等発生頻度が低い疾病に関する医療，④広範囲熱傷，指肢切断，急性中毒等の特に専門性の高い救急医療等である。
143) 保険医療機関・保険薬局の指導監督の事務は，2008（平成20）年10月から厚生労働省の地方厚生局で行われている。
144) 最高裁平17.9.8第一小法廷判決。勧告を理由に全部または一部の病床の指定を行わないことができることを明示した健康保険法第65条第4項第2号の規定は，本件事件（1996〈平成8〉年）発生後の1998（平成10）年，法改正により設けられたものである。

基準病床数制度においては，救急医療のための病床や治験のための病床，がん・循環器疾患専門病床など，さらなる整備が必要となる一定の病床については，病床過剰地域であっても整備することができる特例（特例病床）が設けられている。また，一般住民への医療を行わない病床を既存病床数から除外する補正も行われる。

　医療法に基づく基準病床数制度については，その目的の妥当性や効果についてさまざまな議論がなされてきた。基準病床数制度が病床整備に与えた影響を見ると，制度が創設された直後は，規制導入前に着工したいわゆる駆け込み増床により病床数が増加したが，1993（平成5）年に頭打ちとなり，減少傾向に転じている。

　また，一般病床が減少し，代わりに療養病床が増える傾向が2003（平成15）年ごろまで続いており，機能分化が進んだ（図表4-5）。地域偏在の是正という観点から見ると，1993（平成5）年度に病床数が基準病床数を120％以上上回っていた県については，2008（平成20）年度までに病床数が減少（基準病床数に対する割合126.3％→117.7％），逆に病床数が基準病床数を下回っていた県については増加（基準病床数に対する割合94.5％→99.9％）しており，一定の効果が認められる[145]。しかしながら，基準病床数制度に対しては，①病床数の増加抑制効果は駆け込み増床により相殺されており，医療圏ごとの過不足の基本的な状況は変わっていない[146]，②病床の過剰が医療保険の効率的な運営を阻害することは確かであるが，どの医療機関の病床が過剰であるかは一概に判断できない以上，常にその責めを新規参入者に負わせることが職業選択の自由を制限する態様として本当に合理的といえるのか[147]，③二次医療圏は必ずしも生活圏に対応できていないうえ，二次医療圏における責任と権限が不明確である[148]，との批判もある。

　厚生労働省は，2012（平成24）年，「医療計画の見直し等に関する検討会」（座長：武藤正樹国際医療福祉大学大学院教授）の意見等を受けて，二次医療圏のうち，人口が少なくて流出患者割合が高い医療圏を主な流出先の医療圏と一体化するなど，二次医療圏の圏域の見直しを都道府県に求めている。二次医療圏は主として一般の入院医療に対応する病院・診療所の病床の整備を図るべき地域単位として設定される区域であるが，実際にはがん患者，虚血性疾患患者，脳卒中患者など，疾病によって患者の移動する範囲は異なっており，疾病ごとに一定の圏域が存在すると見ることができる。このため，医療計画における数値目標の設定や，医療機関の機能分担と連携は，患者の動態をはじめとする地域の医療の実態を把握して行う必要がある。DPC／PDPSの普及に伴い，現在では疾患別の患者の動態など地域医療の実態の可視化や，疾病ごとの医療資源必要量の推計が試みられており[149]，今後の医療

145）第15回社会保障審議会医療部会（平成22年12月22日）資料
146）池上直己（2006）「地域医療計画の課題と新たな展開」田中滋・二木立編著『講座医療経済・政策学3保健・医療提供制度』勁草書房，32頁
147）加藤智章・菊池馨実・倉田聡・前田雅子（2007）『社会保障法第4版』有斐閣，145頁
148）池上直己（2006）前掲32頁
149）伏見清秀（2012）「地域医療資源の分析」松田晋哉・伏見清秀編『診療情報による医療評価――DPCデータから見る医療の質』東京大学出版会，149頁以降参照

■ 図表4-5　一般病床・療養病床の病床数の推移

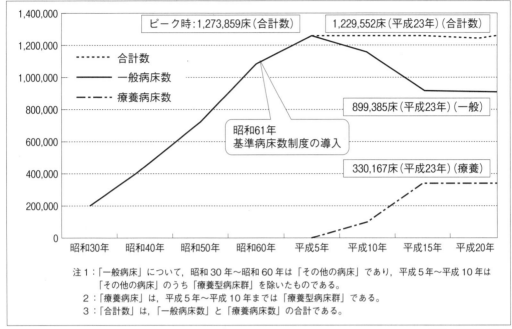

注1：「一般病床」について，昭和30年～昭和60年は「その他の病床」であり，平成5年～平成10年は「その他の病床」のうち「療養型病床群」を除いたものである。
2：「療養病床」は，平成5年～平成10年までは「療養型病床群」である。
3：「合計数」は，「一般病床数」と「療養病床数」の合計である。

出典：医療施設調査
資料：第15回社会保障審議会医療部会（平成22年12月22日）資料を基に筆者作成

計画の実効性の向上に資することが期待されている[150]。

　今後の医療提供体制の整備にあたっては，地域包括ケアシステム（地域の実情に応じて，高齢者が，可能な限り，住み慣れた地域でその有する能力に応じ自立した日常生活を営むことができるよう，医療，介護，介護予防，住まい及び自立した日常生活の支援が包括的に確保される体制[151]）の構築の観点が重要である。2012（平成24）年度には診療報酬・介護報酬同時改定[152]が行われ，医療と介護の役割分担と連携の強化促進策が講じられた[153]。医療提供体制の整備においても，この観点にたって，病院・病床機能の分化・強化，在宅医療の推進，医師確保対策，チーム医療の推進などを進めていく必要がある。2012（平成24）年以降の医療計画の策定に際しては，厚生労働大臣の定めた基本方針が改正され，新たに医

150）松田晋哉・村松圭司・伏見清秀・藤森研司・石川ベンジャミン光一（2014）「データに基づく地域医療計画策定①～④」社会保険旬報 No. 2583～2586
151）地域包括ケアシステムの定義は，持続可能な社会保障制度の確立を図るための改革の推進に関する法律第4条第3項及び地域における医療及び介護の総合的な確保の促進に関する法律第2条第1項に規定されている。介護予防とは，要介護状態または要支援状態となることの予防，要介護状態または要支援状態の軽減・悪化の防止をいう。
152）診療報酬改定は2年に1度，介護報酬改定は3年に1度行われるため，医療介護同時改定は6年おきとなり，次は2018（平成30）年に医療介護同時改定となると見込まれる。
153）地域包括ケアシステム構築に向けた2012年医療・介護報酬同時改定については，岩渕豊（2013）「医療・介護制度の展開と社会保障・税一体改革」西村周三監修，国立社会保障・人口問題研究所編『地域包括システム――「住み慣れた地域で老いる」社会をめざして』慶應義塾大学出版会，84～89頁参照。

療計画に定める疾病として追加した精神疾患に係る医療の体制整備とともに，在宅医療について都道府県が達成すべき数値目標や施策を記載するなどにより在宅医療の充実を進めることとされた[154]。これらに加え，2014年改正においては，地域における医療及び介護の総合的な確保の促進に関する法律（平成元年法律第64号。医療介護総合確保法）の規定を整備し，地域において効率的かつ質の高い医療提供体制を構築するとともに，地域包括ケアシステムを構築することを通じ，地域における医療及び介護の総合的な確保を促進する措置を講ずることとした[155]ほか，同様の観点から，医療法等の関係規定の改正を行った。

⑧ 病床機能報告制度と地域医療構想

2014年改正では，医療法に，病床機能報告制度と地域医療構想という新たな制度が創設された。地域における病床の機能の分化及び連携の推進のために設けられた仕組みである。

病床機能報告制度は，一般病床または療養病床を有する病院または診療所の管理者は，病床の機能区分に従い，①基準日における病床の機能，②基準日から一定期間が経過した日における病床の機能（基準日後病床機能）の予定，③入院患者に提供する医療の内容，④その他厚生労働省令で定める事項を都道府県知事に報告しなければならないこととするものである（第30条の13第1項。2014年10月1日施行）。病床機能報告制度において病院等が報告を行う際の病床の機能の区分は，次の4区分である（医療法施行規則第30条の33の2）。

①**高度急性期機能** 急性期の患者に対し，当該患者の状態の早期安定化に向けて，診療密度の特に高い医療を提供するもの
②**急性期機能** 急性期の患者に対し，当該患者の状態の早期安定化に向けて，医療を提供するもの（①に該当するものを除く）
③**回復期機能** 急性期を経過した患者に対し，在宅復帰に向けた医療またはリハビリテーションの提供を行うもの（急性期を経過した脳血管疾患，大腿骨頸部骨折その他の疾患の患者に対し，ADL〈日常生活における基本的動作を行う能力をいう〉の向上及び在宅復帰を目的としたリハビリテーションの提供を集中的に行うものを含む）
④**慢性期機能** 長期にわたり療養が必要な患者（長期にわたり療養が必要な重度の障害者〈重度の意識障害者を含む〉，筋ジストロフィー患者，難病患者その他の疾患の患者を含む）を入院させるもの

---

154) 地域包括ケアシステムにおける在宅医療，訪問看護等については，髙橋紘士編（2012）『地域包括ケアシステム』オーム社が詳しい。地域包括ケアの先進的な取組みとして知られる尾道市医師会モデルやイギリスやフランスにおける医療・介護サービスの総合的な提供の仕組みづくりについては，松田晋哉・片山壽（2013）「地域包括ケアをどのように具体化するか」社会保険旬報 No. 2525 を参照。
155) 医療介護総合確保法の全体像については，第7章参照。

病院等の管理者は，当該病院等の病床が，①高度急性期機能，②急性期機能，③回復期機能，④慢性期機能のいずれを担っているのかについて，病棟単位で選択して報告する。病棟単位とは，保険医療機関の各病棟における看護単位の1単位をもって病棟とするのが原則である[156]。また，看護単位は，看護責任者の下に看護チームの交替制勤務が組まれて看護が行われ，ナースステーション等が備えられている単位を指しており，規模としては50床弱程度が一般的である[157]。報告は毎年7月1日を基準日とし，併せて基準日から6年経過後の将来の病床機能（基準日後病床機能）の予定も報告する。また，これらに加えて，実際の病棟にはさまざまな病気の患者が入院していることから，提供している医療の内容が明らかとなるよう具体的な医療の内容に関する項目及び構造設備・人員配置等に関する項目を報告することとされた。

　これまで病院等の病床の機能については，外から見えにくく，地域における医療機能の現状の把握ができていなかったが，病床機能報告制度により，都道府県は現状の把握を進めることができる。そしてその情報を活用し，地域における医療機能の分化を一層進めていくために設けられたのが地域医療構想の策定の制度である。

　地域医療構想は，医療計画の新たな記載事項の一つとして制度化されたもので，都道府県が，地域医療構想の構想区域を設定し[158]，構想区域における病床の機能区分ごとの将来の病床数の必要量等を盛り込んだ将来の医療提供体制に関する構想である。地域医療構想には，2025年における医療需要（入院・外来別・疾患別患者数等），2025年に目指すべき医療提供体制（構想区域における病床機能区分ごとの将来の病床数の必要量[159]，構想区域における病床の機能の分化及び連携のために必要なものとして厚生労働省令で定める事項（構想区域における将来の居宅等における医療が必要な量など）を含めた将来の医療提供体制の構想を記載する（第30条の4第2項）。都道府県は，地域医療構想の策定にあたり，病床機能報告の内容，人口構造の変化の見通しその他の医療の需要の動向，医療従事者及び医療提供施設の配置の状況の見通し等を勘案しなければならない（第30条の4第5項）。

　地域医療構想策定にあたっては，他の関連する計画や施策との連携を図ること，都道府県境界付近の医療の需給の実情に照らして必要に応じ関係都道府県と連絡調整を行うこと，診療または調剤に関する学識経験者の団体の意見聴取や，都道府県医療審議会の意見聴取，市

---

[156] 診療報酬において特定疾患入院医療医学管理料などの特定入院料を算定する治療室・病室の場合を除く。平成26年度病床機能報告様式記入要領（平成26年9月24日版）
[157] 診療報酬改定結果検証に係る特別調査（2013〈平成25〉年度中医協調査）によると，一般病棟（7対1）では平均46.5床であり，40～49床が35.8%，50～59床が31.0%。
[158] 構想区域は，二次医療圏を原則としつつ，①人口規模，②患者の受療動向，③疾病構造の変化，④基幹病院までのアクセス時間等の要素を勘案して柔軟に設定するものとされている。
[159] 医療機能区分別に，構想区域の2013年度の性・年齢階級別入院受療率×当該構想区域の2025年の性・年齢階級別人口の総和を2025年の医療需要として推計（慢性期機能の医療需要については入院受療率の地域差縮小の目標設定）し，病床稼働率で除した数を必要病床数として推計する。入院受療率の基礎データには，NDB（National Data Base：レセプト情報・特定健診データベース）のレセプト・データ及びDPCデータを用いる。詳細は「地域医療構想策定ガイドライン等について」厚生労働省医政局長通知（医政発0331第53号平成27年3月31日）参照。

町村及び高齢者の医療の確保に関する法律に基づく保険者協議会の意見聴取などの手続きが必要である。なお，保険者協議会は，保険者と後期高齢者医療広域連合が協働して加入者の高齢期における健康保持のために必要な事項の推進，高齢者医療制度の円滑な運営・協力のため，都道府県ごとに設置されるものであり，特定健診の実施，高齢者医療制度の運営等の関係者間の調整，保険者への助言・援助，医療費の調査分析等を行う（高齢者の医療の確保に関する法律〈昭和57年法律第80号〉第157条の2）。2014年改正で新たに法定されたものであり，地域の医療提供体制の改善に保険者等の声を反映させることを狙っている。

次に，策定した地域医療構想を実現するため，都道府県は，構想区域等ごとに，診療に関する学識経験者の団体その他の医療関係者，医療保険者等の関係者との協議の場を設け，地域医療構想の達成の推進に必要な事項について，協議を行う（医療法第30条の14第1項関係）。これに加え，医療関係者等の協議では進まない場合に，都道府県が講ずることができる措置が次のとおり設けられている。

①病院の開設等の許可の条件

都道府県知事は，病院の開設等の許可に際し，構想区域における既存病床数が将来の病床数の必要量に達していない病床機能に係る医療を提供すること等の必要な条件を付することができること（第7条第5項）

②過剰な病床機能への転換に対する対応

都道府県知事は，病床機能報告において，基準日病床機能と基準日後病床機能が異なる場合等で，構想区域での転換後の病床数が将来の必要量に既に達しているときは，病院等に理由等の提出や都道府県医療審議会での説明等を求めることができ，その理由がやむを得ないと認められないときは，医療審議会の意見を聴いて，変更しないこと等を要請（公的医療機関にあっては命令）できること（第30条の15）

③必要な病床機能のための対応

都道府県知事は，地域医療構想の達成の推進に必要な事項について協議が整わない場合等に，都道府県医療審議会の意見を聴いて，病院等の開設者または管理者に対し，構想区域の既存病床数が将来の病床数の必要量に達していない病床機能に係る医療を提供すること等の必要な措置を要請（公的医療機関にあっては指示）できること（第30条の16）

④稼働していない病床への対応

都道府県知事は，構想区域内における療養病床及び一般病床の数が基準病床数を超えている場合に，病院等が正当な理由なく許可を受けた病床の業務を行っていないときは，開設者または管理者に対し，病床数削減の措置をとるべきことを要請（公的医療機関にあっては命令）できること（第7条の2第3項，第30条の12）

⑤勧告，公表，承認取消などの対応

病院等の開設者または管理者が正当な理由なく②〜④の要請に応じない場合は，都道府県知事は，都道府県医療審議会の意見を聴いて，開設者または管理者に関し勧告を行うことができるものとし，当該勧告（または命令・指示）に従わない場合には，その旨を公表するこ

Column 11　コンビニ受診と地域活動

　コンビニ受診という言葉をよく聞くようになった。コンビニで医師の診察を受けるという意味ではない。医療機関の休日や夜間の救急外来に，日中は仕事があるからといった理由で緊急性のない軽症患者が受診することをいう。休日や夜間の医療機関の救急外来は，緊急対応が必要な患者のために用意されているものであり，診療時間内に比べ，医師その他のスタッフも限られている。そのような状況でコンビニ受診の患者が休日夜間に押し寄せると，本来の救急患者の対応に支障が生じる。また，医師等の疲弊，その結果として医師の辞職や，病院の救急医療からの撤退につながり，地域医療に損失をもたらすおそれがある。

　これに対し，子育て中の母親などの地域の市民活動により，コンビニ受診の減少をはじめとする地域医療を守る取組みが各地で見られるようになった。兵庫県の「県立柏原病院の小児科を守る会」は，小児科医の疲弊を見た母親たちが，①コンビニ受診を控えよう，②かかりつけ医を持とう，③お医者さんに感謝の気持ちを伝えよう，をスローガンとして医師を大切にする地域づくりに取り組んだ。また，千葉県東金市の NPO 法人地域医療を育てる会は，①住民は「〜してくれ」と誰かに依存するだけでいいのか，②行政や医療関係者だけが対策を考えなくてはならないのか，③住民に「理解とご協力を」という専門機関は，はたして必要な情報を住民に伝えているのか，と問いかける。住民，行政，医療，さらには福祉や保健などが同じ土俵のうえで互いに力を出し合うための対話が重要と考え，「対話する地域医療」を育てる活動をしている。学習会，対話集会，懇談会などさまざまな対話の場づくりや情報紙の発行などに加え，理事長の藤本晴枝さんは，地域医療再生をテーマとした絵本を出した。「くませんせいのSOS」と題し，医療を受ける側が心がけなくてはならないことを小さな子どもや親に一緒に考えてもらいたい，との願いがこもっている。

＊県立柏原病院の小児科を守る会ホームページ（mamorusyounika.com）及び NPO 法人地域医療を育てる会ホームページ（iryou-sodateru.com）より

とができること。また，地域医療支援病院や特定機能病院の承認を取り消すこと等ができること（第29条第3項及び第4項，第30条の17，第30条の18等）

　このほか，各種補助金の交付対象や福祉医療機構の融資対象からの除外の措置を講ずることができること

⑨ 救急医療

　救急医療は，医療計画の主な記載事項である5事業の一つにあたる。救急医療の体制は，①休日夜間に比較的軽症の救急患者を受け入れるための在宅当番医制（622地区）や休日夜間急患センター（553か所）などの初期救急医療機関，②休日夜間に入院治療を必要とする重症の救急患者を受け入れるための，病院群輪番制病院（392地区，2893か所）や共同利

用型病院（11か所）などの二次救急医療機関（以上2013〈平成25〉年3月），③重症及び複数の診療科領域にわたる重篤な救急患者を24時間体制で受け入れる救命救急医療を担う三次救急医療機関（救命救急センター，266か所）と，救急搬送を担う救急車，ドクター・ヘリ（43か所）等で構成される（以上2014〈平成26〉年1月）[160]。それぞれの救急医療機関の体制の整備と，出口問題といわれる救急措置後の転院先の確保などが課題となっている。また，2012（平成24）年における年間の救急出動件数は580万2455件，搬送人員は525万302人で，10年間に救急出動件数は約30％，搬送人員は約24％増加している[161]。このため，救急車の到着までの時間や，病院に着くまでの時間が長くなる傾向が生じている。高齢者が増加するとともに，軽症の救急患者の割合が高まる傾向がある。地域ごとに搬送受入ルールを定めるなどによる適切な振り分け，搬送受入れを進めるとともに，コンビニ受診といわれる必要性の乏しい夜間の救急外来受診を減らすなど救急利用の適正化に関する地域住民と一緒になった普及啓発活動も重要である。このほか，休日，夜間の急な子どもの病気にどう対処したらいいのか，病院の診療を受けた方がいいのかなど判断に迷った時に，小児科医師・看護師への電話により相談する全国統一の短縮番号＃8000（小児緊急電話相談事業）がすべての都道府県で実施されている[162]。

⑩ 医療法人

医療法人制度は，1950（昭和25）年の医療法改正により設けられた。医療法人制度創設の趣旨は，①医療事業の法人格を付与するにあたり，株式会社等商法（明治32年法律第48号）上の会社組織によることは医業の非営利性から望ましくないこと，②民法（明治29年法律第89号）上の公益法人は，積極的に一般社会の利益を図ることを目的とするので，積極的に公益を図るものではない医業経営については特別の制度が必要であること，③法人格取得の途をひらくことで医業の資金集積が容易になるとともに，医療機関の経営に永続性が付与されることにより個人による医療機関の経営の困難を緩和するということにある。

病院，医師・歯科医師が常時勤務する診療所または介護老人保健施設を開設しようとする社団または財団は，医療法人を設立することができる（第39条）。設立には都道府県知事の認可が必要である[163]（第44条）。医療法人の役員は理事3人以上，監事1人以上で，理事のうち1人は理事長とし，医師または歯科医師である理事のうちから選出する（ただし，都道府県知事等の認可があれば例外可）。医療法人の業務については，医業のほか，保健衛生や社会福祉等の附帯業務以外の業務を行ってはならない。医療法人は，剰余金の配当[164]

---

160) 平成25年度全国医政関係主管課長会議資料
161) 総務省消防庁「2012（平成24）年救急救助の現況」
162) 2011（平成23）年度の相談件数526,810件。相談時間の拡充等が課題となっている。
163) 2015年4月1日に，二以上の都道府県の区域にわたる医療法人の監督権限が国から主たる事務所の所在地の都道府県に移譲された。
164) 損益計算上の利益金を社員に対して分配すること。

Column 12　救急医療の機能強化

　2012（平成24）年の救急車の出動件数と搬送人員は過去最高水準であり，増加傾向は続いている。救急車は約5.4秒に1回の割合で出動し，国民の約24人に1人が搬送されたことになる。救急医療の現場では，救急患者の状態に応じた適切な医療機関への搬送及び受入れを速やかに的確に行うことが，救命率の向上や後遺症の軽減等につながる。しかしながら，現実には，搬送先の医療機関がなかなか決まらない受入困難事例が増加している。2011（平成23）年において，搬送先医療機関を決めるための照会件数が4回以上の事案は重症以上傷病者の3.9％，現場滞在時間が30分以上の事案は重症以上傷病者の4.9％であり，ともにここ数年増加傾向が続いている。こうした事態を減らすため，2009（平成21）年には消防法（昭和23年法律第186号）改正により都道府県に医療機関，消防機関等が参画する協議会を設置し，地域ごとに搬送・受入ルールを策定するなどの取組みがなされた。

　厚生労働省の「救急医療体制等のあり方に関する検討会」（座長：有賀徹昭和大学病院院長）は，2013（平成25）年2月から，新たな救急医療の機能強化の検討を開始した。検討事項の一つ目は，救急医療情報を整備活用することである。救急医療情報とは，救急医療で適切な対応をするための，患者の氏名・生年月日・治療中の病気・服用している薬・かかりつけ医療機関・緊急連絡先・医師に伝えたいこと等の情報のことである。救急医療情報の活用事例としては，①アメリカのオレゴン州ポートランドではじまって全米に普及しつつある救急医療情報キット（筒状のケースに救急医療情報，写真，健康保険証〈写〉，薬剤情報提供書・お薬手帳〈写〉を入れたもの）を冷蔵庫に保管し玄関ドア等に表示する取組みや，②岐阜大学で実施しているICカードによる救急医療情報の管理（病院で書き込み，病院及び救急医療隊員がもつ専用端末でしか読めない），③八王子市における，医療機関，高齢者施設，自治会，市，消防署等で構成される高齢者救急医療体制広域連絡会による救急医療情報作成の取組みなどが実践されている。これらの取組みは，比較的安価であり，かつ救急搬送時間の短縮等が期待されている。検討事項の二つ目は，ICTを用いた搬送先医療機関の選定である。救急医療機関の診療情報を消防機関に伝える救急医療情報システムでは，情報が適切に更新されていないために必ずしも有効に活用されていない現状があり，リアルタイムで情報を共有できる体制等の整備が課題となっている。事例として，佐賀県の「99さがネット」は，iPadをすべての救急車に配備し，病院が救急情報システムに受入可否情報を入力することで救急隊員間・病院間でリアルタイムに情報共有するなどの実践を行っている。ICT技術の進歩により，従前より低コストで情報共有のためのシステムの導入を行うことが可能となりつつある。

　救急医療体制等のあり方に関する検討会は，2014（平成26）年2月に報告書をとりまとめ公表した。同報告書は，①救急患者搬送・受入体制の機能強化，②救急医療機関・救急医療体制の充実強化，③救急患者の搬送等，④小児救急医療における救急医療機関との連携，⑤母体救命に関する救急医療機関との連携，⑥精神疾患を有する患者の受入れ及び対応後の精神科との連携体制構築などについて今後検討すべき事項と方向性を示すとともに，救急医療を担う医療従事者の確保や育成に，国，地方自治体，関係団体，関係学会等が地域住民と協力して取り組んでいく必要があること，救急搬送患者の約半数が軽症患者である現状を踏まえると，国民に対して救急医療体制を適正利用するために必要な啓発をしていくことが必要であることなどを指摘している。

を行ってはならない。医療法人制度創設の趣旨の一つである医業への資金集積の観点から，収益を生じた場合には，施設の整備・改善，法人の職員に対する給与の改善等にあてるほか，積立金として留保すべきという考え方によるものである。医療法人の設立には，制度創設当初は常時3人以上の医師または歯科医師が勤務していることが必要であったが，1985（昭和60）年の法改正により，1人または2人の医師または歯科医師が勤務する診療所について法人設立が認められ，開業医の医療法人化が進んだ。これを1人医師医療法人という。また，医療法人には財団と社団があり，社団については，さらに出資持分の定めのある法人と，持分の定めのない法人がある。医療法人の非営利性を強化する観点から，2007（平成19）年以降は，出資持分の定めのある医療法人の設立は認められていない。

医療法人は，自主的にその運営基盤の強化を図るとともに，その提供する医療の質の向上及びその運営の透明化の確保を図り，その地域における医療の重要な担い手としての役割を積極的に果たすよう努めなければならない（第40条の2）。

また，医療法に定める特別の医療法人類型として，社会医療法人がある。医療法人のうち，医療計画に記された，①救急医療，②災害時医療，③へき地医療，④周産期医療，⑤小児医療を実施するなどの要件を満たすものは，都道府県知事の認定を受けて，社会医療法人になることができる（第42条の2）。社会医療法人は，公立病院改革が進むなかで，民間の高い活力を活かしながら，地域住民にとって不可欠な救急医療等確保事業を担う公益性の高い医療法人として制度化されたものである。社会医療法人には，医療保健業について法人税が非課税[165]とされるなどの措置が講じられている。2012（平成24）年3月末の医療法人総数は4万7825法人，うち1人医師医療法人は3万9947法人と8割以上を占めている。財団は391法人，持分のある社団が4万2245法人，持ち分のない社団が5189法人である。社会医療法人は2007（平成19）年以降徐々に増加し，225法人になっている（2014〈平成26〉年4月）。2014年改正では，医療法人社団と医療法人財団の合併の規定の整備，持分なし医療法人への移行計画の認定制度（融資や税制で移行支援）整備などが行われた（2014〈平成26〉年10月1日施行）。

---

[165] なお，一般の医療法人の法人税率は株式会社等と同一（25.5％）だが，医療法人のうち，公益性に関する要件を満たすものとして国税庁長官が承認した「特定医療法人」については，公益法人並みの軽減税率（19％）が適用されている（2014〈平成26〉年度）。

3 医療を支える人材に関する法律

　医療は，医師，歯科医師，薬剤師，看護師等の医療関係資格を有する職種と，看護補助者・介護職員等，そして管理・事務職員により支えられている。2014（平成26）年の医療・福祉産業の労働者数は約757万人（労働力調査），病院及び診療所の就業者数は約295万人（常勤換算）である（医療施設調査）。医療関係資格の職種別に見ると，最も多いのは看護職員で，看護師約107万人，准看護師約38万人，次いで医師約30万人，薬剤師約28万人，歯科医師約10万人となっている（図表4-6）。

　医療関係資格に関しては，それぞれの資格法により，任務及び業務，免許，試験，研修，業務独占・名称独占等が定められている。

1 医師法

　医療関係資格法のなかで基本となるのが医師法（昭和23年法律第201号）である。

　医師は，医療及び保健指導をつかさどることによって公衆衛生の向上及び増進に寄与し，もって国民の健康な生活を確保することを任務とする（第1条）。医師になろうとする者は，医師国家試験に合格し，厚生労働大臣の免許を受けなければならない（第2条）。免許は，医師国家試験に合格した者の申請により医籍に登録することによって行う（第6条）。また，免許を与えない絶対的欠格事由（①未成年者，②成年被後見人，③被保佐人）と，免許を与えないことがある相対的欠格事由（①心身の障害により医師の業務を適正に行うことができない者として厚生労働省令で定めるもの，②麻薬，大麻またはあへんの中毒者，③罰金以上の刑に処せられた者，④医事に関し犯罪または不正の行為のあった者）が定められている（第3条及び第4条）。厚生労働大臣は，医師が絶対的欠格事由に該当したときには免許を取り消す。また，相対的欠格事由に該当したときまたは医師としての品位を損するような行為があったときは，医道審議会の意見を聴いたうえで，①戒告，②3年以内の医業停止，③免許の取消しの処分をすることができる（第7条）。処分を受けた医師等に対しては，再教育研修の受講を命ずることができる（第7条の2）。

　医師国家試験を受験できる者は，①大学において医学の正規の課程を修めて卒業した者，②医師国家試験予備試験に合格後1年以上の診療及び公衆衛生の実地修練を経たもの，または③外国の医学校を卒業し，または外国で医師免許を得た者で，厚生労働大臣が①②と同等以上の学力及び技能を有し，かつ適当と認定したものである（第11条）。診療に従事しようとする医師は，医師国家試験に合格し，医籍に登録して厚生労働大臣の免許を受けた後，2年以上，大学附属病院または厚生労働大臣の指定する病院で，臨床研修を受けなければならない（第16条の2）。臨床研修を修了した医師は，申請によりその旨医籍に登録される

■ 図表4-6　医療関係従事者数

```
・医師              303,268 人
・歯科医師           102,551 人
・薬剤師            280,052 人
```

資料：厚生労働省大臣官房統計情報部「平成24年医師・歯科医師・薬剤師調査」

```
・保健師              57,112 人
・助産師              35,185 人
・看護師           1,067,760 人
・准看護師           377,756 人
```

資料：厚生労働省医政局調べ。（H24）

```
・理学療法士（PT）     61,620.8 人
・作業療法士（OT）     35,427.3 人
・視能訓練士           6,818.7 人
・言語聴覚士          11,456.2 人
・義肢装具士            138.0 人
・診療放射線技師      49,105.9 人
・臨床検査技師        62,458.5 人
・臨床工学技士        20,001.0 人
```

資料：厚生労働省大臣官房統計情報部「平成23年医療施設調査・病院報告」
　　　※常勤換算の数値

```
・就業歯科衛生士         108,123 人
・就業歯科技工士          34,613 人
・就業あん摩マッサージ指圧師  109,309 人
・就業はり師             100,881 人
・就業きゅう師            99,118 人
・就業柔道整復師          58,573 人
```

資料：厚生労働省大臣官房統計情報部「平成24年衛生行政報告例」

```
・救急救命士             37,567 人
```

資料：厚生労働省医政局調べ。（H21.12.31現在）

（臨床研修等修了医師。第16条の4）。

　医師でなければ医業をなしてはならない（業務独占。第17条）。医業とは医行為を業とすることである。この場合の医行為とは，当該行為を行うにあたり医師の医学的判断及び技術をもってするのでなければ人体に危害を及ぼし，または危害を及ぼすおそれのある行為である。業とすることとは，反復継続する意思をもって行うことであり，有償か無償かは問わない。さらに，医師でなければ，医師またはこれに紛らわしい名称を用いてはならない（名称独占。第18条）。医師でない者が医業をなした場合，医師に類似した名称を用いて医業をなした場合については，罰則がある。

　診療に従事する医師は，診察治療の求めがあった場合には，正当な事由がなければ，これを拒んではならない（第19条第1項）。これを応招義務という。医師は，自ら診察しないで治療をしてはならない（第20条）。医師は，死体または妊娠四月以上の死産児を検案して異状があると認めたときは，24時間以内に所轄警察署に届け出なければならない（第21条）[166]。医師は，診療をしたときは，遅滞なく診療に関する事項を診療録に記載しなければならず，医師（勤務医については病院または診療所の管理者）は，診療録を5年間保存しなければならない（第24条）。この他，医師には，診断書，検案書，出生証明書，死産証書，処方せんの交付義務，療養方法等の指導義務，住所及び医業に従事する場所の届出義務が課されている。

　先に述べたとおり，医師が罰金以上の刑に処せられた場合，医事に関し犯罪または不正の行為を行った場合，医師としての品位を損するような行為を行った場合などには，厚生労働大臣は，医道審議会の意見を聴いたうえで，行政処分をすることができる。最近の医師に対する行政処分の事例としては，診療報酬不正受給事件での詐欺や，準強制わいせつで有罪判決が確定した医師に対する免許取消処分，麻薬及び向精神薬取締法（昭和28年法律第14号）違反で有罪判決が確定した医師等に対する業務停止3年の処分などがある。処分については医籍に登録される。また，医師でない者が医師の名称を用いて医業を行う，いわゆる偽医師については，3年以下の懲役もしくは100万円以下の罰金（医師または類似した名称を用いた場合200万円）または併科の罰則が設けられており，最近では，偽造した「医師資格認定証」を使用して投薬等を行った無資格者に対し懲役3年の判決の事例がある[167]。

　医師臨床研修制度については，旧制度では医師免許取得後2年以上の臨床研修を行うように努める（努力義務）とされていたものを2004（平成16）年より内容の見直しを行うとと

---

166) 第21条の届出の趣旨は，死体または死産児については，殺人，傷害致死，死体損壊，堕胎等のためにそれらの異状を発見した場合の届出義務を規定したものであって，「異状」とは，病理学的な異状ではなくて法医学的のそれを意味するものと解されている（厚生省健康政策局総務課編〈1994〉『医療法・医師法〈歯科医師法〉解第16版』医学通信社，432頁）。都立広尾病院事件の最高裁判決（平16.4.13）において，医療事故により自己がその死因等につき診療行為における業務上過失致死等の罪責を問われるおそれがある場合にも届出義務を負うことは憲法第38条第1項に反しないとされた。診療行為に関連した患者の死亡に関しては，第21条の異状死の届出の取扱いや，診療行為に関連した患者の死亡についての院内及び第三者機関による調査のあり方，紛争解決の仕組み等について多くの論点がある（116頁参照）。
167) 医師の資格確認を容易にするため，厚生労働省の医師等資格確認検索システムにおいて医師の氏名，性別，登録年，処分の情報が公開されている。

Column 13　医師の養成数の変遷

　臨床医になるためには，難関の入学試験を突破して医学部に入り，6年間医学教育を受けたのちに医師国家試験に合格して免許を取得した後，医師法に基づく2年間の臨床研修を修了しなければならない。診療に従事する医師の法律上の要件はこれで満たされるが，実際にはさらに臨床現場で専門的な研修を修めるのが一般的であり，研修終了後も，医学の進歩に追いつくため，生涯にわたって自己研鑽に努めなければならない。医師には常に高い専門性が求められ，日々緊張のなかで患者の生命・健康を直接に左右する重大な責任を果たしていかなければならない。世界のあらゆる国で，医師が尊敬される職業であるのは当然のことである。

　このように大切な医師を，どのように，どれだけ養成していくかは社会にとって重要な課題である。医師養成数を決定するのは医学部の入学定員数であるので，その推移をみよう（図表4-7）。終戦後，医師不足解消のため，医師養成数は拡大を続け，1973（昭和48）年の「無医大県解消」閣議決定を経て8280人まで増加するが，1982（昭和57）年に「全体として過剰を招かないように配慮」する閣議決定がなされて抑制に転換し，2000年代初頭は7625人で推移する。2007（平成19）年に医療現場における医師不足の実態を踏まえて政府与党が緊急医師確保対策を決定し，以後，2015（平成27）年度（9134人〈予定〉）まで8年連続で入学定員が増加し，増員開始前と比べると1509人，ほぼ2割増となっている。これまでのところは新設ではなく，既存の医学部の定員を増加させる形での増員であり，また，医師不足が深刻な地域医療への従事を条件とした都道府県の奨学金と組み合わせた地域医療等に従事する明確な意思をもつ学生の選抜枠を設定する「地域枠」による拡充が中心となっている。地域枠の学生は，医師免許取得後，一定期間各都道府県内の指定の地域医療機関などに従事すると奨学金の返済を免除される仕組みである。2010（平成22）年度入学生から始まった制度であり，2016（平成28）年度以降，順次医師と

■ 図表4-7　医師養成数の推移

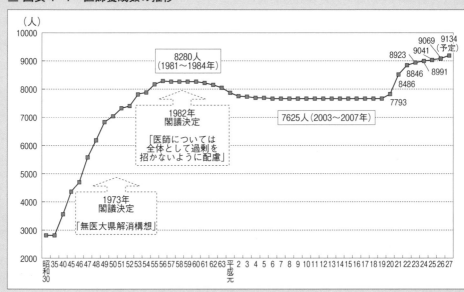

資料：平成24年度全国厚生労働関係部局長会議（平成25年2月19・20日）資料を一部改変

して地域医療で貢献していくことが期待されている。このほか，東日本大震災後，震災からの復興，東北地方の医師不足，原子力事故からの再生といった要請を踏まえて，2013年11月には，「東北地方における医学部設置認可に関する基本方針について」が決定され，将来の医師需給や地域医療への影響も勘案し，東北地方に1校に限定して，一定の条件を満たす場合に医学部新設について認可を行うことが可能となった。2014年9月には，東北地方における医学部設置に係る構想審査会において「東北医科薬科大学」の構想が選定され，設置認可申請に向けた準備が進められている。

もに必修化した。現在の医師臨床研究制度は，医師としての人格を涵養し，将来専門とする分野にかかわらず，一般的な診療において頻繁に関わる負傷または疾病に適切に対応できるよう基本的な診療能力を身につけることを基本理念としている。2004（平成16）年の制度見直しの背景には，当時研修医の多くが出身大学の附属病院で臨床研修を受け地域医療との接点が少なく専門の診療科に偏りがあったこと，処遇が不十分でアルバイトに依存するなどの問題があった。必修化後の医師臨床研修制度では，一般的な診療において頻繁にかかわる傷病に適切に対応できるよう基本的な診療能力を身につけるプログラムが実施されたが，一方で研修医が都市部の臨床研修病院に集まり大学病院の医師派遣機能が低下して地域における医師不足問題が顕在化するなどが生じ，研修プログラムの弾力化や募集定員の適正化等一部見直しが行われた。2015（平成27）年度にも，研修の質の向上，地域医療の安定的確保の観点から見直しが行われた。

2 歯科医師法

歯科医師の資格については，歯科医師法（昭和23年法律第202号）に定められている。歯科医師は歯科診療及び保健指導をつかさどることによって，公衆衛生の向上及び増進に寄与し，もって国民の健康な生活を確保することを任務とする（第1条）。歯科医師になろうとする者は，歯科医師国家試験を受けなければならない（第2条）。歯科医師でなければ，歯科医業をなしてはならない（第17条）。また，歯科医師でなければ，歯科医師またはこれに紛らわしい名称を用いてはならない（第18条）。このほか，歯科医師法においては，免許，欠格事由，歯科医籍，免許の取消，再教育研修，歯科医師国家試験，臨床研修，応招義務，処方せんの交付義務，無診察診療の禁止等に関し，医師法とほぼ同趣旨の規定が設けられている。歯科医師の臨床研修は2006（平成18）年から必修化され，その期間は1年以上である（第16条の2）。歯科医師臨床研修に関しても，基礎疾患を有する高齢者の歯科診療の受診機会の増加や在宅歯科診療のニーズの増加など，歯科医療のあり方の変化に対応できるよう，厚生労働省の「歯科専門職の資質向上検討会」（座長：大塚吉兵衛日本大学総

Column 14　専門医と総合診療医

　医師は，医師法に従って臨床研修を修了すれば，法律上はどの分野の診療に携わることもできる。しかし，その医師の得意とする専門性について，患者としては是非知りたいところである。診療科名や医師の専門性については，どのようなルールがあるのだろうか。

　内科，外科など，医療機関が一定の広告できる診療科名については，医療法第6条の6及び医療法施行令第3条の2がその範囲とルールを定め，その範囲内で医師は自由に診療科名を選択し，標榜することができる（内科，外科，精神科等の科目のほか，内科または外科と，胸部，呼吸器，消化器などの人体の部位・器官等の組み合わせ等が可能。例：消化器外科）。また，医師は臨床研修終了後，特定の専門分野について5年間程度の専門研修を受けて，学会の実施する資格審査・試験に合格することにより学会により認定されて専門医となる場合が多い。この場合，診療科名とは別に，厚生労働大臣告示で定める基準に従った団体と専門医資格名の広告が可能になっている（例：公益社団法人日本整形外科学会認定整形外科専門医）。

　専門医資格については，認定が学会ごとに行われ認定基準が統一されていないことや，専門医の領域が患者から見てわかりやすいものになっていない等の問題があり，専門医の質の一層の向上の観点から，学会から独立した中立的な第三者機関を設立し，専門医の認定と養成プログラムの評価・認定を統一的に行うことを，厚生労働省の「専門医のあり方等に関する検討会」が提言した[168]。

　次に，総合的な診療能力を有する医師について，日本では法令上の制度はない。しかしながら，①特定の臓器や疾患に限定することなく幅広い視野で患者を診る医師が必要なこと，②複数の問題を抱える患者にとっては，複数の臓器別専門医による診療よりも総合的な診療能力を有する医師による診療のほうが，適切な場合もあること，③地域では，慢性疾患や心理社会的な問題に継続的なケアを必要としている患者が多いこと，④高齢化に伴い，臓器や領域を超えた多様な問題を抱える患者が今後も増えること，などの視点から，その重要性が認識されており，総合的な診療能力を有する医師の名称を総合診療医とすることや，その養成方法などについて提言されている*。

　総合診療医には，日常的に頻度が高く幅広い領域の疾病と傷病等について，医療提供体制のなかで適切な初期対応と必要に応じた継続医療を全人的に提供することが求められている。今後は，新たな専門医の研修を2017（平成29）年度から実施し，2020（平成32）年度から中立的な第三者機関における専門医の認定が目指されている。

＊厚生労働省「専門医の在り方に関する検討会報告書」（2013〈平成25〉年4月22日）座長：高久史麿日本医学会長

[168] これを受けて2014（平成26）年5月に一般社団法人日本専門医機構が設立された。

長）において検討が行われた。2014（平成26）年3月に報告書が取りまとめられ，研修プログラムの改善や臨床研修施設群・指導管理体制の見直しを提言している。歯科医療に関しては，小児の虫歯の本数や有病率が減少し，20歯以上有する者の割合が上昇，一方で高齢者の歯周病の罹患率が上昇するなど歯科医療ニーズの変化に対応していくことが課題になっている。また，1986（昭和61）年以降，歯科医師養成数の削減が行われてきたが，人口構造の変化，疾病構造の変化のなかで歯科医師の需給問題が再び課題となっている。

③ 薬剤師法

　薬剤師については，薬剤師法（昭和35年法律第146号）に定められている。薬剤師は，調剤，医薬品の供給その他薬事衛生をつかさどることによって，公衆衛生の向上及び増進に寄与し，もって国民の健康な生活を確保することを任務とする（第1条）。薬剤師になろうとする者は，薬剤師国家試験に合格し，厚生労働大臣の免許を受けなければならない（第2条及び第3条）。薬剤師でない者は，販売または授与の目的で調剤してはならない（医師，歯科医師が患者等の申し出等により自己の処方せんにより自ら調剤する場合等及び獣医師が自己の処方せんにより自ら調剤する場合等を除く。業務独占。第19条）。薬剤師でなければ，薬剤師またはこれに紛らわしい名称を用いてはならない（名称独占。第20条）。薬剤師は，薬局，病院等の調剤所以外の場所で販売または授与の目的で調剤をしてはならない（医療を受ける者の居宅等で調剤する場合を除く。第22条）。薬剤師は，医師，歯科医師または獣医師の処方せんによらなければ販売または授与の目的で調剤してはならない（第23条）。薬剤師は，処方せん中に疑わしい点があるときは，その処方せんを交付した医師等に問い合わせて，その疑わしい点を確かめた後でなければ，調剤してはならない（第24条）。薬剤師は，調剤した薬剤の容器等に，患者の氏名，用法，用量等を記載しなければならない（第25条）。薬剤師は，患者等に対し，調剤した薬剤の適正な使用のために必要な情報を提供しなければならない（第25条の2）。薬剤師は，調剤したときは調剤済み等処方せんに記入し，かつ記名押印または署名しなければならない（第26条）。薬剤師法においても，免許，欠格事由，薬剤師名簿，免許の取消等，再教育研修，試験等に関し医師法とほぼ同趣旨の規定が設けられているほか，薬局開設者の処方せんの保存，調剤録，厚生労働大臣による薬剤師の氏名等の公表等の規定が設けられている。

④ 保健師助産師看護師法

　保健師，助産師，看護師及び准看護師については，保健師助産師看護師法（昭和23年法律第203号）に定められている。
　看護師とは，厚生労働大臣の免許を受けて傷病者もしくはじよく婦に対する療養上の世話または診療の補助を行うことを業とする者をいう（第5条）。看護師になろうとする者は，

■ 図表 4-8 看護師の業務範囲に関する法的整理

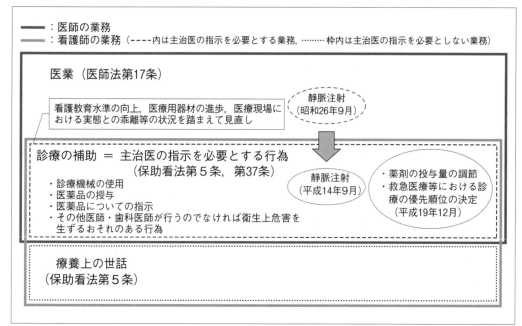

資料：厚生労働省「第2回チーム医療の推進に関する検討会」
（平成21年10月5日）事務局提出資料を一部改変

厚生労働大臣が行う看護師国家試験に合格し，厚生労働大臣の免許を受けなければならない（第7条）。看護師国家試験を受けるためには，大学において必要な学科を修めるか，学校・看護師養成所において3年以上必要な学科を修め，または卒業しなければならない[169]（第21条）。看護師でない者は，看護師の業である療養上の世話または診療の補助をなしてはならない（業務独占）。ただし，医師法または歯科医師法の規定に基づいて行う場合を除く。また，保健師及び助産師は看護師の業を行うことができる（第31条）。看護師でない者は，看護師またはこれに紛らわしい名称を使用してはならない（名称独占。第42条の3）。看護師は，主治の医師または歯科医師の指示があった場合を除くほか，診療機械を使用し，医薬品を授与し，医薬品について指示をし，その他医師または歯科医師が行うのでなければ衛生上危害を生ずるおそれのある行為をしてはならない（臨時応急の手当は除く。第37条）。

看護師の業務が，療養上の世話または診療の補助を行うことであるため，医師の行う医業と看護師の業務との関係がしばしば議論になる。両者の範囲の関係を示したのが，図表4-8である。看護師の業務範囲のうち，療養上の世話は，医業でなく，医師の指示を要しない。一方，診療機械の使用，医薬品の授与，医薬品についての指示，その他医師・歯科医師が行うのでなければ衛生上危害を生ずるおそれのある行為等は診療の補助であり，主治医の指示

---

[169] 免許を得たのち3年以上業務に従事している，または高校を卒業しているなど一定の要件を満たす准看護師で学校・養成所で2年以上看護師の学科を修業したものは，看護師国家試験を受験することができる（第21条第4号）。

を必要とする行為である。

　医業のうち具体的にどの行為が，医師でなければなすことができない行為であり，どの行為が診療の補助として看護師がなすことができるのかは，看護教育水準の向上，医療用器材の進歩，医療現場における実態等を踏まえて変わり得るものである。例えば，以前は医師でなければなすことができない行為とされてきた静脈注射の実施や，看護師が行うことができる行為か否か不明確であった薬剤投与量の調節，救急医療等における診療優先順位の決定は，現在では，主治医の指示を受けて看護師がなし得る行為に位置づけられている。

　看護師の国家試験受験資格については，2009（平成21）年に議員提案により成立した保健師助産師看護師法及び看護師等の人材確保の促進に関する法律の一部を改正する法律（平成21年法律第78号）において，看護師国家試験の受験資格に文部科学大臣の指定した大学において看護師になるのに必要な学科を修めて卒業した者を明記するとともに[170]，免許を受けた後臨床研修その他の研修を受け資質の向上を図るように努めなければならないことなどの規定を設ける改正が行われた。

　保健師は，厚生労働大臣の免許を受けて，保健師の名称を用いて，保健指導に従事することを業とする者をいう（第2条）。保健師になろうとする者は，厚生労働大臣が行う保健師国家試験及び看護師国家試験の両方に合格し，厚生労働大臣の免許を受けなければならない（第7条第1項）。保健師国家試験を受験するためには，学校・保健師養成所において1年以上必要な学科を修め，または卒業しなければならない（第19条）。また保健師は，看護師の業をなすことができる（第31条）ため，看護師国家試験にも合格しなければならないことから，その受験資格も満たさねばならない。保健師でない者は，保健師またはこれに類似する名称を使用してはならず（名称独占。第42条の3），また保健師またはこれに類似する名称を用いて，保健師の業を行ってはならない（第29条）。

　助産師は，厚生労働大臣の免許を受けて，助産または妊婦，じよく婦もしくは新生児の保健指導を行うことを業とする女子をいう（第3条）。ほかの看護職員と異なり，助産師は女子に限られている。助産師になろうとする者は，厚生労働大臣が行う助産師国家試験及び看護師国家試験の両方に合格し，厚生労働大臣の免許を受けなければならない（第7条）。助産師国家試験を受けるためには，学校・助産師養成所において1年以上助産に関する学科を修め，または卒業しなければならない（第20条）。助産師は看護師の業をなすことができる（第31条）ため，看護師国家試験にも合格しなければならないことから，その受験資格も満たさなければならない。助産師でない者は，助産師の業を行ってはならない（医師法の規定に基づいて行う場合を除く。業務独占。第30条）。助産師でない者は，助産師またはこれに類似する名称を使用してはならない（名称独占。第42条の3）。助産師についても看護師と同様に特定行為の制限が定められているが，助産師がへその緒を切り，浣腸を施し

170）同改正前にも第21条第2号の規定に基づき大学において必要な学科を修めた者には受験資格があったが，「看護職をより一層魅力ある専門職とすることにより，医療現場の最前線を支える志ある有能な看護職員を確保する」（参議院厚生労働委員長趣旨説明）との観点から大学を明示したものである。

その他助産師の業務に当然に付随する行為をする場合は除外されている（第37条）。助産師は，妊婦，産婦，じょく婦，胎児または新生児に異常があると認めたときは，医師の診療を求めさせることを要し，自らこれらの者に対して処置をしてはならない（臨時応急の手当を除く。第38条）。その他，助産師には，応招義務，証明書等の交付義務，交付制限，異常死産児の届出義務，助産録の記載及び保存等が定められている。

准看護師は，都道府県知事の免許を受けて，医師，歯科医師または看護師の指示を受けて，傷病者もしくはじょく婦に対する療養上の世話または診療の補助を行うことを業とする者をいう（第6条）。准看護師になろうとする者は，都道府県知事が行う准看護師試験に合格し，都道府県知事の免許を受けなければならない（第8条）。准看護師試験を受けるためには，学校・准看護師養成所において，2年の看護に関する学科を修め，または卒業しなければならない（第22条）。

その他の医療関係職種の資格法としては，歯科衛生士法（昭和23年法律第204号），診療放射線技師法（昭和26年法律第226号），歯科技工士法（昭和30年法律第168号），臨床検査技師等に関する法律（昭和33年法律第76号），理学療法士及び作業療法士法（昭和40年法律第137号），視能訓練士法（昭和46年法律第64号），臨床工学技士法（昭和62年法律第60号），義肢装具士法（昭和62年法律第61号），救急救命士法（平成3年法律第36号），言語聴覚士法（平成9年法律第132号）がある。

これらの医療関係職種と看護師の業務独占との関係には留意する必要がある。すなわち，看護師・准看護師はその業務を独占しているため，ほかの医療関係資格法の多くは，「保健師助産師看護師法第31条第1項及び第32条の規定にかかわらず，診療の補助として理学療法及び作業療法を行なうことを業とすることができる」（理学療法士及び作業療法士法第15条第1項）のように保健師助産師看護師法に対する特例規定を設けている（歯科衛生士，臨床検査技師，視能訓練士，言語聴覚士，臨床工学技士，義肢装具士，救急救命士）。ただし，診療放射線技師については，診療放射線技師法第24条は，「医師，歯科医師または診療放射線技師でなければ，第2条第2項に規定する業をしてはならない」と規定しており，看護師等の業務との関係規定はない。放射線を人体に照射する業務は診療の補助ではないからである[171]。また，歯科技工士についても，歯科技工士法第17条は「歯科医師または歯科技工士でなければ，業務として歯科技工を行ってはならない」と規定し，看護師等の業務との関係規定はない。

近年，医療現場におけるチーム医療の進展等を背景に，医師以外の医療・介護職種の業務範囲の見直しを求める議論がなされてきた。

具体的には，第一に医師の指示のもとに看護師等の実施可能な医行為の範囲を拡大するかどうか，第二に，医師の指示を受けずに医行為を行う職種を創設するかどうか，第三に介護

---

[171] 医療関係職種と看護師及び医師の業務独占との関係については，岩渕豊・大原光博・田村やよひ（2002）「医療提供体制」尾形裕也・田村やよひ編著『看護経済学——マネジメントのための基礎』法研，124〜132頁参照。

■ 図表4-9　特定行為に係る研修の対象となる場合

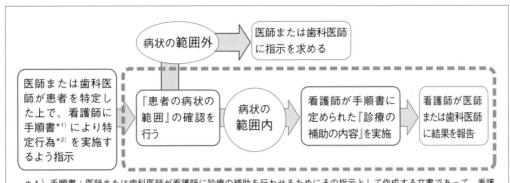

*1）手順書：医師または歯科医師が看護師に診療の補助を行わせるためにその指示として作成する文書であって、看護師に診療の補助を行わせる『患者の病状の範囲』及び『診療の補助の内容』その他の事項が定められているもの。
*2）特定行為：診療の補助であって、看護師が手順書により行う場合には、実践的な理解力、思考力及び判断力並びに高度かつ専門的な知識及び技能が特に必要とされるもの。
▷現行と同様、医師または歯科医師の指示の下に、手順書によらないで看護師が特定行為を行うことに制限は生じない。
▷本制度を導入した場合でも、患者の病伏や看護師の能力を勘案し、医師または歯科医師が直接対応するか、どのような指　示により看護師に診療の補助を行わせるかの判断は医師または歯科医師が行うことに変わりはない。

資料：医療介護総合確保推進法に関する全国会議（2014年7月18日）資料

職員にたんの吸引等の取扱いを認めるかどうか、などが主な論点となってきた。このうち第一の点に関しては、2007（平成19）年に看護師による薬剤の投与量の調節、静脈注射、救急医療における診療の優先順位の決定等が、また、2010（平成22）年には薬剤師、理学療法士、作業療法士等の実施できる一定の行為が行政解釈により明示された[172]。第二の点に関しては、チーム医療の推進に関する検討会議等において慎重な意見が報告されており[173]、具体化していない。第三の点に関しては、2011（平成23）年に成立した「介護サービスの基盤強化のための介護保険法等の一部を改正する法律」（平成23年法律第72号）により、介護福祉士や研修を受けた介護職員等によるたんの吸引等の実施が新たに認められることになった。

さらに、2014年改正による保健師助産師看護師法改正によって、保健師助産師看護師法に基づく、特定行為に係る看護師の研修制度が創設された。これは、在宅医療等の一層の推進を図っていくため、医師または歯科医師の判断を待たずに、手順書により一定の診療の補助（例えば、脱水時の点滴〈脱水の程度の判断と輸液による補正〉など）を行う看護師を養成・確保していくことを目指したものである（図表4-9）。

特定行為は、「診療の補助であって、看護師が手順書により行う場合には、実践的な理解力、思考力及び判断力並びに高度かつ専門的な知識及び技能が特に必要とされるものとして

---

[172] 厚生労働省医政局長通知「医師及び医療関係職と事務職員等との間等での役割分担の推進について」（平成19年12月28日医政発第1228001号）、同「医療スタッフの協議・連携によるチーム医療の推進について」（平成22年4月30日医政発0430第1号）
[173] 厚生労働省「チーム医療の推進に関する検討会報告書」（平成22年3月29日）

厚生労働省令で定めるもの」と定義され，特定行為を手順書により行う看護師は，厚生労働大臣が指定する研修機関において，当該特定行為の特定行為区分に係る特定行為研修を受けなければならない。特定行為研修は，看護師が手順書により特定行為を行う場合に特に必要とされる実践的な理解力，思考力及び判断力並びに高度かつ専門的な知識及び技能の向上を図るものである（保健師助産師看護師法第37条の2。2015〈平成27〉年10月1日施行）。

手順書は，医師または歯科医師が看護師に診療の補助を行わせるためにその指示として作成するものであり，①看護師に診療の補助を行わせる病状の範囲，②診療の補助の内容，③当該手順書に係る特定行為の対象となる患者，④特定行為を行うときに確認すべき事項，⑤医療の安全を確保するために医師または歯科医師と連絡が必要となった場合の連絡体制，⑥特定行為を行った後の医師または歯科医師に対する報告の方法を記載する。特定行為及び特定行為区分としては，例示した栄養・水分管理に係る薬剤投与関連（特定行為）の脱水の程度の判断と輸液による補正（特定行為区分に含まれる行為）を含め，38行為，21区分が定められている[174]。

5 看護師等の人材確保の促進に関する法律

看護師等の看護職員については，医療関係職種のなかで唯一，人材確保の促進のための特別の法律が設けられている。看護師等の人材確保の促進に関する法律（平成4年法律第86号）である。

このような法律が看護職員についてのみ制定された背景には，高齢化，医療の高度化等に伴う医療・介護分野での看護職員の継続的な需要拡大がある。特に，同法が制定された1992（平成4）年は，医療計画による基準病床数制度導入に伴う，いわゆる駆け込み増床後の時期であり，また，医療分野に加えゴールドプランの推進に伴い介護分野における看護職員の需要が増加した時期でもあった。看護師等の人材確保の促進に関する法律は，看護職員の確保という政策目的のため，厚生労働大臣及び文部科学大臣が共同して基本指針を定め，離職の防止，養成力の確保，再就業の支援等の総合的な看護職員確保対策を行うことなどを定めている。

さらに，2014年改正における看護師等の人材確保の促進に関する法律の改正では，都道府県ナースセンターについて，同センターが中心となって看護職員の復職支援の強化を図る観点から，関連規定の整備を行った。

具体的には，①看護師等に対し，その就業の促進に関する情報の提供，相談その他の援助を行うことを都道府県ナースセンターの業務に追加し，②看護師等に，病院等を離職した場合等の都道府県ナースセンターへの住所，氏名等の届出の努力義務を規定し，③都道府県ナ

---

[174] 保健師助産師看護師法第37条の2第2項第1号に規定する特定行為及び同項第4号に規定する特定行為研修に関する省令（平成27年厚生労働省令第33号）。第7章図表7-6参照。

> **Column 15** チーム医療の取組み――栄養サポートチーム
>
> 　チーム医療の取組みの病院における実践の例として,「栄養サポートチーム」がある。
> 　栄養サポートチームは,医師,看護師,管理栄養士,薬剤師,リハビリテーションスタッフ,臨床検査技師,歯科医師,歯科衛生士等多職種で構成される。病棟に配属された管理栄養士が中心となって入院患者の栄養状態を評価し栄養計画を作成,担当医の承認のもとに看護師をはじめ,さまざまな職種がそれぞれの角度から協働し,薬剤や口腔機能面も含め,入院患者の栄養状態の改善を行う。効果としては,肺炎等の合併症の減少,薬剤の使用削減,在院日数の短縮などが認められるとともに,勤務医の負担の軽減にもつながるものである[*1]。
> 　こうした実践も踏まえ,2010(平成22)年の診療報酬改定では,急性期の入院医療を行う一般病棟において,栄養障害を生じている患者または栄養障害を生じるリスクの高い患者に対して,一定の研修を修了した栄養サポートチームを編成し栄養状態改善の取組みが行われた場合に栄養サポートチーム加算(週1回200点を加算)が設けられた。
> 　医療現場においてチーム医療を有効に活かすためには,チーム構成員の間での情報共有,業務の分担と連携をいかに効率的・効果的に行う仕組みとするかが重要である。ピラミッド型から水平型,ネットワーク型へ医療関係職種の関係を変えていくことが課題となっている[*2]。
>
> [*1] チーム医療推進方策検討ワーキンググループ(チーム医療推進会議)(2011)「チーム医療推進のための基本的考えと実践的事例集」
> [*2] 今井澄(2002)第1章注3,231頁参照

ースセンターが官公署に対し情報提供を求めることができる旨の規定を整備し,④都道府県ナースセンター役職員等の守秘義務規定を整備した(第15条～第16条の5。2015〈平成27〉年10月1日施行)。

6　外国の医療関係資格者への対応

　外国の医療関係資格者への対応に関し,第一に日本の免許を有する外国人の受入れ,第二に外国の医療関係資格を有する者の国内への受入れ,第三に経済連携協定(EPA)[175]に基づく外国人看護師候補者の受入れの3点にわけて述べる。

　第一に,日本の免許を有する外国人の受入れについてである。医師法等の医療関係資格法においては,日本の国籍を有しない者であっても免許を取得することができる。また,出入国管理及び難民認定法(昭和26年政令第319号)に基づき,就労が認められる在留資格の

---

175) 経済連携協定(EPA)は,いわゆる自由貿易協定(物品やサービスの貿易障壁の削減・撤廃を目的とする)の要素に加え,投資,人の移動,知的財産保護,協力等の広範な分野を対象とするもの。

一つとして「医療」が定められており，日本の医師等免許を有する外国人は，当該在留資格を得て，「医師，歯科医師その他法律上資格を有する者が行うこととされている医療に関する業務に従事する活動」を行うことができる。従前は医師について年数制限が設けられていたが，2006（平成18）年に撤廃された。また，2010（平成22）年には，歯科医師と看護師・保健師・助産師の年数制限が撤廃されている。

　第二に，日本の免許は有しないが外国の医師等免許を有する者の受入れについては，外国医師等が行う臨床修練等に係る医師法第17条等の特例等に関する法律（昭和62年法律第29号）による外国人臨床修練制度が設けられている。同制度は，医療に関する知識及び技能の修得等を目的として本邦に入国した外国の医療関係資格を有する者が，日本国内で医業・歯科医業・保健師助産師看護師法第5条の業等を行うことができることとする医師法第17条等の特例の規定を設けたものである。対象となるのは，①外国医師（外国において医師に相当する資格を有する者），②外国歯科医師（外国において歯科医師に相当する資格を有する者），③外国看護師等（外国において助産師，看護師，歯科衛生士，診療放射線技師，歯科技工士，臨床検査技師，理学療法士，作業療法士，視能訓練士，臨床工学技士，義肢装具士，言語聴覚士，救急救命士に相当する資格を有する者）である。この制度の趣旨は，医療研修を目的として来日した外国の医師等に対し，当該研修で診療を行うことを認めるということにあり，①医療に関する知識・技能の取得を目的として本邦に入国していること，②臨床修練を行うのに支障のない日本語等の能力を有すること，③外国の医師等の資格を取得後，3年以上の診療経験を有すること等の要件を満たした者は，厚生労働大臣の許可を得て厚生労働大臣の指定する病院において，臨床修練指導医等の実地の指導監督の下に2年以内の期間，医業等の臨床修練を行うことができる（第3条）。

　以上に加えて，2014年改正において，（旧）外国医師等が行う臨床修練に係る医師法第17条等の特例等に関する法律を改正[176]し，許可の有効期間年限や手続き等の弾力化と受入病院に対する報告徴収や立ち入り検査の権限の整備を行うとともに，新たに教授や臨床研究を目的とした診療を認める等の制度の見直しが行われた。

　具体的には，①法の目的に教授または医学・歯科医学の研究を目的とした外国医師等の特例を加え，②臨床修練に加えて臨床教授等（医療に関する知識及び技能の教授または医学若しくは歯科医学の研究を目的として入国した外国医師等が診療を行うこと）に係る規定を整備し，③正当な理由があると認めるときは，2年を限度として有効期間を更新できるようにする等の改正がなされている（第1条～第26条。2014〈平成26〉年10月1日施行）。

　第三に，臨床修練制度とは別に，経済連携協定（EPA）に基づく外国人看護師候補者の受入れがある。日本との間で締結・発効済みのEPAのうち，インドネシア・フィリピンの2か国についてEPA協定に基づく看護師候補者の特例的受入れが実施されてきた（いずれも2008〈平成20〉年発効）。それぞれの国においては看護師の資格を取得しているが，日

---

176) 法律の名称は「外国医師等が行う臨床修練等に係る医師法第17条等の特例等に関する法律」に改められた。

本の免許は保有していない看護師候補者について，二国間の協定に基づき公的な枠組みで受け入れるものである[177]。外国人看護師候補者は，看護師の国家資格を取得することを目的として，日本において3年間受入れ施設で就労しながら国家試験の合格を目指した研修に従事する。候補者と受入れ機関との契約は雇用契約であり，日本人が従事する場合に受ける報酬と同等以上の報酬を支払う必要がある。資格取得後は看護師として滞在・就労が可能となる。インドネシア・フィリピンの看護師候補者の特例的受入れについては，日本語の語学力等の要因で合格率が低いこと，受入れ施設の負担が大きいことなどが課題となっている。

以上の2か国に加え，2012（平成24）年6月には日・ベトナムEPA協定に基づくベトナムの看護師候補者の受入れについて両国間で合意され，2014（平成26）年から受入れが開始された。インドネシア・フィリピンからの受入れの経験を踏まえ，ベトナムからの受入れに関しては，日本語能力について制度を見直し，訪日前日本語研修を12か月行って日本語能力試験N3以上取得者のみ入国を認める仕組みに改められた[178]。

---

[177] いずれも協定締結交渉の過程で相手国からの強い要望に基づき規定された。
[178] 日本語能力試験は国際交流基金と日本国際教育支援協会が実施している試験であり，N1～N5の5段階がある。N3は，日常的な場面で使われる日本語をある程度理解することができるレベル。

Column 16　ICTを活用した地域の医療・介護連携

　高齢化の進展による疾病構造の変化により、医療はかつての「病院完結型」から、地域や自宅での生活のための医療、地域全体で治し支える「地域完結型」の医療と介護に転換していくことが求められている[179]。そのためには、医療・介護を必要としている者にかかわる地域の医療機関や介護の事業所が、健診結果や医療・介護サービスの内容に関する情報を共有し、相互に連携をとって、適切なサービスを効率的に提供していくことが重要であり、ICTを活用した地域の医療介護連携の取組みが各地で進められている。

　長崎県長崎市にある特定非営利活動法人長崎地域医療連携ネットワークシステム協議会が運用する「あじさいネット」は、2004年にスタートした、この分野の先駆的な取組みである。地域の医療機関が暗号化されたインターネット・ネットワークで結ばれており、かかりつけの診療所等でネットによる連携について患者に説明し同意が得られた場合には、その日から、かかりつけの診療所等で、連携している拠点病院で受けた診療情報の閲覧が可能になる。かかりつけの診療所等は、当該患者の検査結果などを参照し、病状・病歴をより正確に把握することができ、患者は、かかりつけの診療所等において、拠点病院で受けた検査結果、治療歴、服薬状況、CT・MRI画像などの詳細な説明を受けることができる。また、かかりつけ薬局でも診療情報を閲覧することによって、よりきめ細かな服薬の説明や、副作用の説明をすることができる。2014（平成26）年7月現在で、長崎県・佐賀県内をあわせ、情報を提供する拠点病院が27、情報を閲覧する医療機関が約200、薬局が40参加しており、毎月700名分前後の診療情報が患者の同意を得て新規に共有されている。あじさいネットでは、離島との間での高画質画像診断システムにもネットワークを活用しているほか、今後、在宅医療、病病連携・高度病診連携・診診連携などの分野での活用を企画しているという[180]。

　また、広島県の尾道医療圏では、尾道市医師会方式といわれる先駆的な地域医療連携が早くから進められてきたが、2011年から特定非営利活動法人天かけるが運営主体となって、地域中核病院・診療所・薬局・介護施設等の間で、患者の医療・介護情報を共有・活用するシステムを構築している。ネットワークに加入している医療機関や介護施設が、システムを活用した情報共有により、医療・看護・介護サービスの質の向上と効率化に取り組んでいる[181]。

---

179) 社会保障制度改革国民会議報告書（平成25年8月6日）, 21頁
180) あじさいネットホームページ　http://www.ajisai-net.org/ajisai/
181) 「ITによる医療連携成功事例を知る――医療・連携事業『天かける』（広島県・尾道市他）」新医療2012年7月号, 130〜135頁

諸外国の医療制度
日本の医療政策の特徴を理解するために

　本章では，日本の医療政策の特徴を理解するために，諸外国の医療保障制度について概説する。日本の制度との対比で特徴ある医療政策をもつ国として，国民一般向けの公的医療保障制度が存在しないアメリカ，社会保険方式をとりつつも制度が変貌しつつあるドイツ及びフランス，税財源による普遍的医療のイギリス，国民皆保険であるがその役割が比較的小さい韓国，の5か国を選んだ。これら5か国の制度について，①制度の特徴，②自己負担，③保険料，④国庫負担，⑤保健医療支出の対 GDP 比率，⑥保健医療支出に占める自己負担額の割合の6点から比較した一覧表を図表5-1にまとめたので参考とされたい。

■ 図表5-1　諸外国の医療保障制度の概要

	アメリカ	ドイツ	フランス	イギリス	韓国
制度の特徴	民間保険中心，高齢者・低所得者等に公的保障 ・現役世代は民間保険に加入するか，無保険(4860万人)(2011年)。 ・65歳以上の高齢者及び障害者等を対象とするメディケア（社会保険） ・一定の要件を満たした低所得者を対象とするメディケイド（税方式）	社会保険方式 ・被用者は職域もしくは地域ごとに公的医療保険に加入。 ・一定所得以上の被用者，自営業者，公務員等は強制適用ではない。 ・強制適用の対象でない者に対しては民間保険等への加入義務付け。	社会保険方式 ・職域ごとに被用者保険制度，自営業者保険制度等に加入。 ・強制適用の対象とならない者は，普遍的医療給付制度を適用。	税による国民保健サービス(NHS)	社会保険方式 ・国民健康保険公団の運営する国民健康保険に加入（職域保険と地域保険を統合） ・民間保険の併用が一般的（8割程度が加入，保険料規模は国民健康保険と同程度）
自己負担	メディケアの場合 ・入院（パートA：強制加入）60日まで1,184ドルまで自己負担 61日～90日：1日当たり296ドル 91日～150日：1日当たり592ドル 151日以上：全額自己負担 ・外来（パートB：任意加入）年間147ドル＋医療費の20% ・薬剤（パートD：任意加入）年間325ドル未満全額自己負担，325～2970ドル：25%負担，2970～4750ドル：ブランド薬は47.5%・ジェネリック薬は79%負担，4750ドル以上：5%定率負担又は1処方当たりジェネリック薬は2.65ドル，それ以外6.60ドル定額負担	・入院：1日当たり10ユーロ（年28日限度） ・外来：2013年に自己負担を撤廃 ・薬剤：10%定率負担（負担の上限10ユーロ，下限5ユーロ）	・入院：20% ・外来：30% ・薬剤：原則35%（種類により0～100%） ・自己負担分を補てんする補足疾病保険が普及。	入院及び外来：原則自己負担なし 薬剤：外来処方薬につき1処方当たり定額負担	入院：20% 外来：医療機関の種類により30～60%（上級総合病院は診察料総額及び残りの療養給付費用の60%，総合病院は45～50%，病院は35～40%，医院は30%） 薬剤：30～50%（重症患者5%，難病10%）
保険料	メディケアの場合 ・入院（パートA）給与の2.9%（労使折半。自営業者は全額本人負担） ・外来（パートB）月約104.9ドル（全額本人負担）	・報酬の15.5%（本人：8.2%，事業主7.3%）全被保険者共通，自営業者は本人全額負担。	・賃金総額の13.85%（本人0.75%，事業主13.1%）	なし（費用の2割強は国民保険〈年金〉拠出金から充当）	職域保険の場合，5.89%を労使折半
国庫負担	メディケアの場合 ・入院（パートA）社会保障税を財源 ・外来（パートB）費用の約75%	・保険給付になじまない給付（被扶養者に対する給付等）に充当する等の目的で連邦補助140億ユーロ（2012年）	被用者保険の財源のうち，一般社会拠出金37%，その他目的税5%	租税	一般税（保険料予想収入額の14%。4兆3434億ウオン） 国民健康増進基金（タバコ負担金。保険料予想収入額の6%。1兆73億ウオン）（2012年）
保健医療支出の対GDP比率	16.9%（2012年）*	11.3%（2012年）*	11.6%（2012年）*	9.3%（2012年）*	7.6%（2012年）*
保健医療支出に占める自己負担額の比率	12.0%（2012年）*	13.0%（2012年）*	7.5%（2012年）*	9.0%（2012年）*	35.9%（2012年）*

＊OECDヘルスデータ2014

出典：本章脚注を参照。

1 アメリカ

　アメリカは，国民一般向けの公的医療保障制度が存在しない点で，日本や多くの先進諸国と大きく異なっている。公的医療保障制度は，①高齢者（65歳以上）及び障害者を対象とするメディケア（Medicare），②低所得者に対する公的扶助であるメディケイド（Medicaid）（CHIP児童医療保険プログラムが補完），③連邦公務員，軍人等を対象とする諸制度がある。公的医療保障制度の対象となっていない者は，民間医療保険に加入するか，無保険である[182]。

　メディケアは，連邦保健・福祉省が運営しており，対象者は，65歳以上の者（社会保障年金受給資格を有する等の要件有），障害年金受給者，慢性腎臓病患者等である。制度は，強制加入の基本部分であるパートA（入院サービス，ナーシングホーム等）と，任意加入のパートB（医師サービス，検査等）及びパートD（外来患者の処方薬対象）等から構成される。パートAの財源は，雇用主，被用者及び自営業者の社会保障税（給与の2.9％，被用者は労使折半，自営業者は2.9％負担）である。自己負担は，入院から60日間は1184ドルまで，61～90日は1日296ドル，91～150日は1日592ドル，151日以上は全額となっている。パートB及びDは，財源は保険料（Bに一部連邦政府一般財源繰入れ），利用時にも自己負担がある。このほか，パートCの制度があるが，これは，パートAの受給資格を持ち，パートBに加入している受給者が，メディケアと契約を結んだ民間保険プランを選択できる仕組みである。メディケア対象者数は，5066万人，総医療費に占める割合は21％である（2012年）。

　メディケイドは，州政府が運営しており，対象者は低所得者（要扶養児童家族扶助・補足所得保障の受給資格を有する者等）である。入院，外来等サービスを現物給付するものであり，財源は連邦政府及び州政府で分担する。メディケイド対象者数は，5570万人，総医療費に占める割合19％である（2012年）。

　公的医療保障の対象にならない現役世代は，その多くが，雇用主が提供する民間医療保険に加入するか，または個人が民間医療保険に加入している。ただし，解雇や失業により保障を失う可能性があり，また，保険料高騰で中小企業が労働者に医療保険を提供しない場合も増えている。このほか，メディケアを補足する民間保険もある。民間医療保険の総医療費

---

182) アメリカについては，厚生労働省（2014）「2013年海外情勢報告」及び厚生労働省（2013）「2011～2013年海外情勢報告」，厚生労働省（2012）「2010～2011年海外情勢報告」，「主要国の医療保障制度概要」（以下，「厚生労働省海外情勢報告等」という），西村周三・京極髙宣・金子能宏編著（2014）『社会保障の国際比較研究―制度再考にむけた学際的・政策科学的アプローチ』ミネルヴァ書房，関ふ佐子（2014）「アメリカにおける医療保障改革」『論究ジュリスト』2014秋号 No.11，天野拓（2013）『オバマの医療改革―国民皆保険制度への苦闘』勁草書房，加藤智章・西田和弘（2013）『世界の医療保障』法律文化社，中浜隆（2006）『アメリカの民間医療保険』日本経済評論社，長谷川千春（2011）「アメリカ医療保険改革―雇用主提供医療保険の空洞化との関連で」健保連海外医療保障 No.91 を参考とした。

に占める割合は33％である（2012年）。これらのいずれの医療保障でもカバーされない無保険者は，4860万人（2011年）にのぼる。アメリカの医療費は世界で最も高い水準にあり，高額医療が必要になったときに医療が受けられず，あるいは医療費負担で家計が破たんすることが問題となっている。

2011年におけるアメリカ病院協会登録病院数は，5724病院，うち急性期病院を含むコミュニティ・ケア病院が4973病院（民間非営利2903，自治体1045，民間営利1025），長期病院が112病院，病床数は92万床である。

2010年3月に成立したオバマ政権による医療制度改革法（オバマケア）は，①アメリカ国民及び合法居住者に医療保険加入を義務づける（罰金あり），②メディケイドの適用条件を緩和し対象者を拡大する，③州レベルで的確な医療保険プランの承認・取消，情報提供を行う医療保険取引所（Exchange）を設立し，保険料や自己負担分の補助を行う，④民間医療保険会社に引き受け拒否の禁止等の規制強化を行う，⑤メディケアの医療費を抑制する等を内容とするものである。オバマケアは，民間医療保険の加入やメディケイド拡大を進めること等により無保険者を減少させることを目指すものであり，公的な国民皆保険制度の導入ではない。2014年にかけて段階的に施行しているが，オバマケアに対する国民の支持は必ずしも高くない。個人の医療保険加入義務付けやメディケイドの拡充について州により違憲訴訟が提起され（2012年連邦最高裁が合憲判決，ただしメディケイド拡充に応じない州政府に連邦負担分を拠出しないことは違憲），メディケイドの拡充が州によっては実施されない可能性が出ている。また，従業員50人以上規模企業への医療保険プランの提供義務付けは，2014年施行予定から1年先送りされることになるなど，オバマケアの本格実施に向けては不安定な側面がある。

アメリカの状況は，公的医療保障制度の整備が遅れ，いったん国民の間に民間医療保険による優良な保険集団が形成されると，病気がちの者や低所得者など民間医療保険に加入できない者の医療アクセスに重大な支障が生じること，その後になって公的医療保障制度を設けてこの問題を解決するのは大変困難を伴うことを示している。

Column 17　アメリカの医療費と医療保険加入の「実験」

　アメリカの医療費は非常に高い。OECDの国際比較によると、2012年のアメリカの1人あたり保健医療支出は8745ドルで加盟国中最も高く、2位のノルウェー（6140ドル）を大きく引き離し、OECD平均（3484ドル）や日本（3649ドル）の2.5倍程度となっている（OECDヘルスデータ2014、購買力平価）。

　実際に医療機関を受診する場合の費用は、ニューヨークのマンハッタンでは一般の初診料150ドル～300ドル、専門医を受診すると200ドル～500ドル、入院した場合室料だけで1日約2000ドル～3000ドル程度、急性虫垂炎で入院・手術（1日入院）を受けた場合には1万ドル以上、歯科医療では歯一本の治療について約1000ドルという[*1]。アメリカの病院の平均在院日数が短い要因の一つにこの高い医療費があるといわれている。健康保険に加入していない者が重い病気になると、医療費で家計が破たんすることになりかねない。

　一方、民間の医療保険に加入しようとすると、当然のことながら、医療費が高いため医療保険の保険料も非常に高い。保険料は4人家族で1万2000ドル程度とされており、雇用主が医療保険を提供しない場合、自ら保険料を全額支払って医療保険に加入することは、一般家庭にとっても容易でない。したがって無保険者が非常に多くなるのである。また医療保険に加入していても、医療機関の選択や医療の内容に制限があって必要な治療が受けられないこともある。こうしたアメリカ医療の深刻な問題をユーモラスに描いたのがマイケル・ムーア監督の映画「シッコ（SiCKO）」であり、一見をお勧めする。

　このように長年にわたり公的な医療保障を欠いた状態にあるのは先進諸国のなかではアメリカだけであり、国民皆保険が定着している日本から見ると理解しにくいところがある。しかしながら、オバマ医療制度改革に対する根強い反対や違憲訴訟を見ると、アメリカ国民の間に国による医療保障の制度化への抵抗感があることがわかる。

　2008年にアメリカのオレゴン州で、医療保険加入の効果の壮大な実験が行われている。オレゴン州においては財政的制約から長年メディケイド加入者の新規募集を行っていなかったが、2008年に募集を行うこととした。しかし財政事情から約9万人の応募者のなかから抽選で3万人を選び、そのなかから条件を満たした約1万人がメディケイドに加入することになった。これ自体、日本では考えられない出来事であるが、抽選によるランダムな選択で形成されたがゆえに、この集団を対象にマサチューセッツ工科大学の研究チーム（Katherine Baicker, Amy Finkelsteinら）が医療保険の有無の効果の実証研究を行ったのである。研究の結果は、第1に医療保険の加入により医療サービス（外来）の利用が増加するが、第2に健康状態が改善されるという明確な根拠はなく、第3に医療費支出のリスク拡散効果は存在する、というものであった。そして、この実証研究結果に基づき、オバマケア反対派は健康状態の改善効果がほとんどみられなかったことを強調してメディケイド拡大に反対し、オバマケア賛成派は医療費支出のリスクから無保険者を守ることができることを強調してメディケイドの有用性を主張しているという[*2]。

＊1　厚生労働省資料「公的医療保険って何だろう」及び在ニューヨーク日本国総領事館HP医療情報による。
＊2　飯塚敏晃「アメリカの医療保険制度改革－オレゴン州の「実験」からわかること」『経済セミナー』676、42～47頁。著者の論点はエビデンスに基づく政策決定の重要性にあると思われるが、ここでは日米国民の医療保険に関する意識の相違を示す事例として紹介させていただいた。

2 ドイツ

　ドイツの医療保障制度は，社会保険方式であり，地区，企業などを単位に設置される疾病金庫が運営している（166金庫）。一定所得以上の被用者，自営業者，公務員等は強制適用ではないため公的医療保険のカバー率は全国民の約9割であるが，2007年に成立した公的医療保険競争強化法により，2009年以降，公的医療保険に加入していない者については，原則として公的医療保険または民間医療保険に加入することとされた。財源は，保険料で，報酬の15.5％（本人8.2％，事業主7.3％），保険給付になじまない給付等について税財源による連邦補助がある。自己負担は，外来は2013年に自己負担が撤廃され，入院は1日につき10ユーロ（年28日を限度），薬剤は10％定率負担（上下限度額あり）である[183]。

　1992年の医療保障構造法（GSG）は，「リスク構造調整」（被保険者の年齢及び性別構成，家族被保険者数，障害年金受給の有無ならびに基礎収入の要因が疾病金庫の財政に及ぼす影響を調整）を導入するとともに，被保険者による疾病金庫選択権を大幅に拡大し，疾病金庫間の競争促進による保険料率の引下げを狙った。2001年のリスク構造調整改革により，罹患率をも考慮した財政調整が導入された。また，2007年の公的医療保険競争強化法に基づき，2009年から保険料率が従来疾病金庫ごとに異なっていたのを改め，健康基金を創設して公的医療保険財政を統一し，保険料率も統一した。徴収された保険料は健康基金に集められ，健康基金は，各被保険者の年齢，性別及び疾病罹患状況に応じた金額を算定して各疾病金庫に交付金を分配することとした。交付金によって賄いきれない給付費を支出する疾病金庫は不足分を賄うために独自に被保険者から追加保険料を徴収する。逆の場合には，被保険者に保険料の一部を還付する。2011年からは，連邦の統一の医療保険一般保険料率が法律で15.5％に定められた。この結果，事業主が負担する保険料率は7.3％で固定され，人口の高齢化や医療技術の進歩により支出が賄えない場合には被保険者のみが負担する追加保険料の引き上げで対応することになった。

　2011年における病院数は，2045病院（公立529，公益635，私立579），医師数は約34万2000人である。

　ドイツは，日本が範とした，職域などの単位で形成する疾病保険を基本としているが，近年の制度改革を通じて保険者間の競争による医療の質と経済性の向上を目指しており，その結果，保険者が分立しつつもリスク構造調整等により疾病金庫間の保険料率の格差が縮小

183）ドイツについては，厚生労働省海外情勢報告等，松本勝明（2014）「メルケル政権下の医療制度改革―医療制度における競争」海外社会保障研究 No.186，西村・京極・金子（2014）前掲，加藤・西田（2013）前掲，松本勝明（2008）「ドイツにおける2007年医療制度改革―競争強化の視点から」海外社会保障研究 No.165，松本勝明（2006）「シュレーダー政権下での医療保険改革の評価と今後の展望」海外社会保障研究 No.155，島崎謙治（2011）『日本の医療―制度と政策』東京大学出版会，を参考とした。

し，さらには統一保険料率が定められるなど実質的に制度間の条件の平準化の傾向が強まっていること，また，事業主の負担する労働コストの負担の上昇を懸念してその水準を固定したことにより，被保険者の負担割合が拡大し保険料の労使折半原則から離れつつあること等が特徴である。

3 フランス

　フランスは日本と同様に社会保険方式による国民皆保険の国である。原則として職域ごとに，①商工業の被用者を対象とする一般制度，②特定職域の被用者を対象とする特別制度，③自営業者等を対象とする自営業者社会制度，及び④農業制度のいずれかに加入する。また，これらの強制適用の各制度の対象とならないフランスに常住するフランス人及び外国人は，普遍的医療制度（CMU）により一般制度の対象となる。フランスには地域保険がないため，退職後も就労時に加入していた職域保険に加入し続ける[184]。

　一般制度の保険料は賃金総額の13.85％（本人0.75％，事業主13.1％）（2013年現在）で，労使折半ではなく，事業主の負担割合が非常に大きい。低所得者には保険料が免除される。保険料に加え，社会保障目的税である一般化社会拠出金（CSG），国庫補助，目的税（タバコ，酒等）が医療保険の財源として重要になっており，一般制度の全国被用者疾病保険金庫（CNAMTS）の場合，2010年の収入のうち，社会保険料が40.8％，一般社会拠出金（CSG）・租税・目的税が39.9％を占めている[185]。

　受診時の自己負担割合は，医療行為や制度によって異なっているが，一般制度では例えば開業医の医師報酬は30％，薬剤は原則35％（種類によっては0～85％），入院費用については20％等となっている。長期かつ高額な治療が必要とされる30疾病等については，長期高額疾病（ALD）として自己負担が免除される。これらの定率負担のほかに外来診療負担金（1日1ユーロ，暦年で50ユーロが上限），入院定額負担金（1日18ユーロ）がある。なお，開業医療については償還払いが原則であるが，電子償還システムの普及により償還日数が大幅に短縮されているほか，低所得者等については自己負担分のみを支払う仕組みも設けられている。医療保険の給付対象となる具体的な医療行為の範囲や価格は，高等保健機構（HAS）及び補足医療保険組織全国連合会（UNOCAM）の意見を聴いた上で，医療保険全国金庫連合会（UNCAM）が決定する。

　また，フランスでは，大部分の国民が，社会保険の自己負担分を補てんする補足医療保険

---

[184] フランスについては，厚生労働省海外情勢報告等，柴田洋二郎（2014）「フランスにおける補足医療保険改革の動向―社会的地位か市場原理か？」健保連海外医療保障 No.104，稲森公嘉（2014）「フランスの医療保険の給付範囲」健保連海外医療保障 No.101，西村・京極・金子（2014）前掲，松本由美（2014）「フランスにおける保健事業―健康増進・予防をめぐる政策的取組み―」健保連海外医療情報 No.102，加藤・西田（2013）前掲，笠木映里（2012），加藤智章（2012）「フランスにおけるかかりつけ医制度と医療提供体制」健保連海外医療保障 No.93，みずほ情報総研株式会社（2012）「フランスにおける診療報酬の審査等に関する調査報告書」，篠田道子（2011）「フランスにおける医師と看護師の役割分担―看護師の「固有の役割」を中心に」海外社会保障研究 No.174，笠木映里（2008）「フランスの医療制度」クォータリー生活福祉研究 No.17（1）及び笠木映里（2007）「医療制度―近年の動向・現状・課題」海外社会保障研究 No.161 を参考とした。

[185] みずほ情報総研株式会社（2012）前掲5，10頁

に加入しており，二重の保険でカバーする仕組みになっている[186]。最近では立法措置により被用者に対する補足的医療保険の一般化を進める動きがある[187]。

病院には公立病院と民間病院があり，2010年における公立病院は956施設，病床数26万642床，民間病院は1754施設，病床数15万6068床である。医師数は2013年1月現在21万8296人（うち開業医13万106人，勤務医8万8190人）である。基本的に外来診療は開業医が担当し，入院診療は病院が担当する。2005年からかかりつけ医制度が導入されており，16歳以上の者は，かかりつけ医を選択して所属する医療保険金庫に通知する。まずかかりつけ医に受診してその指示を受ける。かかりつけ医でない医師を受診した場合には，緊急の場合等を除き一部負担金が高くなる。なお，医療費適正化の観点から，補足的医療保険の給付対象について，1ユーロの定額負担金，かかりつけ医を通さない受診に伴う負担増加分を対象としないよう税制上の措置をとっている[188]。

フランスの医療提供体制については，2009年に制定された「病院改革と患者，保健医療及び地域に関する2009年7月21日の法律」に基づく改革により，地方行政区画である地域圏（本土22，海外5）ごとに創設された地域圏保健庁（ARS）が保健医療サービス供給のコントロールと公衆衛生施策を統一的に所管し，地域圏保健計画を策定・実施している。また，医療保険の保険者はARSの機関である監視委員会のメンバーを構成する等により公衆衛生施策に関与するほか，被保険者に対する予防・疾病教育等の取組みを行っている[189]。

このほか，フランスには1970年から導入されている在宅入院制度（HAD）がある。在宅入院制度は，患者・家族の同意のもとで，病院勤務医及び開業医によって処方される患者の居宅における入院であり，あらかじめ限定された期間，医師及びメディカル職のコーディネートにより継続性を有する治療を居宅で提供する。在院日数を短縮し，再入院を回避しつつ，患者の在宅生活を支援するもので，多職種チームがかかわり，管理看護師が医師の処方に基づいてケアプランを作成するなどキーパーソンになる[190]。

フランスは，日本と同じように社会保険方式による国民皆保険であり，定率自己負担も日本に類似しているが，一方で，保険料負担が労使折半ではなく事業主負担割合が非常に大きいこと，職域ごとの保険に加入できなかった者を公費投入して一般制度に吸収することにより国民皆保険を実現したこと，及び社会保険に加えて自己負担分を賄う補足的医療保険が普及していることが特徴である。

---

186) 2004年度において94％のフランス人が何らかの補足的医療保険に加入している。そのうち7.5％は補足的CMU制度の適用を受け，その財源には税による基金があてられる。笠木（2012）前掲，28頁
187) 柴田（2014）前掲，8頁
188) 加藤・西田（2013）前掲，55頁
189) 松本（2014）前掲，3，6頁
190) 篠田（2011）前掲，38頁

4 イギリス

　イギリスは，国民保健サービス（NHS）による医療サービスを，全居住者を対象に原則として無料で提供している。財源は租税が約8割で保険料負担はないが，退職年金等の現金給付にあてられる国民保険からの拠出金が約2割を占めている。患者一部負担は原則としてないが，歯科治療や処方薬においては定額負担があり，また，後述のNICEのガイドラインで使用推奨がされないサービスについては私費医療になる場合もある[191]。

　患者は，あらかじめ登録した診療所で総合医（General Practitioner）を受診し，必要に応じて総合医の紹介を通して病院で医療を受ける。急患の場合や全額自費診療の場合を除いて直接病院で受診することはできない。総合医の報酬は，登録住民の数に応じた包括報酬が基本で，これに追加的なサービスの報酬が加わる。病院はかつて国営であったが，サッチャー・メージャー保守党政権下で公共企業体であるNHSトラストに移管するなどNHS改革が行われた。一方で同改革の医療費抑制策により，医療の待機期間の長期化や医療施設設備の老朽化，医療従事者の意欲低下などの問題が生じた。

　労働党のブレア政権（1997～2007）は，これらを改善するため「NHSプラン」を策定して予算を大幅に拡大，医療費を欧州諸国平均まで増加するとともに，地域医療の確保に責任をもつプライマリケア・トラスト（PCT）創設や，NHSトラストからより独立性の高いファウンデーション・トラスト（FT）への移行，包括予算から実績払いへの診療報酬支払方式の変更，NICE（費用対効果を踏まえた診療ガイドラインの作成や技術評価を行う機関[192]）の設立などを行った。入院までの待機期間は，1988年には平均20週を超えていたが，2008年までに5週程度に短縮した。

　2012年現在，約1万500のGP診療所，約2300のNHS病院がある。

　保守党・自由民主党連立のキャメロン政権（2010～）は，「NHSの自由化」を掲げ，中央集権的であったNHS組織の分権化を推進することや，医療の質を維持しつつ効率化により医療費の伸びを抑えるなどの改革を目指した。2012年には，「2012年医療及び社会的ケア法」が制定され，例えばイングランドでは，①PCTを廃止し，代わりに，より患者に近いところで意思決定を行うため，総合医，看護師等が運営する法人である診療委託グループ（Clinical Commissioning Groups）を設ける，②PCTの監督等を行ってきた保健省の地方支

---

191) イギリスについては，厚生労働省海外情勢報告等，堀真奈美（2014）「英国NHSの給付のあり方について」健保連海外医療保障 No.101，西村・京極・金子（2014）前掲，堀真奈美（2013）「イギリスにおける民間医療保険の範囲」健保連海外医療保障 No.98，伊藤暁子（2013）「イギリス及びスウェーデンの医療制度と医療技術評価」レファレンス 2013.10，加藤・西田（2013）前掲，一圓光彌・田畑雄紀（2012）「イギリスの家庭医制度」健保連海外医療保障 No.93，及び田極春美・家子直幸（2012）「イギリスNHS改革のこれまでと最新の動向」健保連海外医療保障 No.93 を参考とした。
192) Column 6参照

分部局（SHA）を廃止し，代わりに全国組織である NHS 委託委員会（NHS Commissioning Board。2013 年より NHS England に名称変更）を設ける，③地方自治体に「ヘルス・ウォッチ」という機関を設けて患者や職員の意見のフィードバックや医療へのアクセス・選択を支援するとともに，全国レベルの「ヘルス・ウォッチ・イングランド」により助言等の必要な支援をする等の組織改革を行った。

　イギリスは，日本と比較すると，NHS という公的な医療提供体制をとっていること，医療費の財源が社会保険でなく税で，原則自己負担がないこと，医療機関への受診がフリー・アクセスではなく，登録制の総合医による紹介制度をとっていること及び NICE による費用対効果を踏まえた診療ガイドラインの作成や技術評価を取り入れていることなどが大きな特徴である。

5 韓国

　韓国は，日本と同様に社会保険方式による国民皆保険の国である。強制加入の被用者保険が1977年に実施され，地域保険が段階的に整備されるなどの過程を経て1989年に国民皆保険となった。2000年には被用者保険と地域保険の運営組織を一元化し，2003年には財政も一元化した。現在は，国民健康保険公団という単一保険者により公的医療保険が運営されている。保険料率については，職場加入者は報酬月額の5.89％（2013年）を労使折半するが，地域加入者については所得と財産，自動車に賦課するという，統合前からの別々の賦課方式が続いており，公平性の観点から単一保険料賦課基準の実施が課題となっている。患者一部負担は，入院は原則20％，外来は医療機関の種別により30％～60％で，規模が大きいほど高くなる仕組みであり，特に上級総合病院については診察料の総額，残りの療養給付費用の60％となっている。薬剤は30～50％である。保険財政への公的負担は一般税（保険料予想収入額の14％）と国民健康増進基金（タバコ負担金。保険料予想収入額の6％）による[193]。

　韓国の公的医療保険制度は混合診療を併用している。国民健康保険の療養の給付準則に基づく医療とともに，差額ベッド代等の法定非給付及び任意非給付と呼ばれる保険外医療が全額患者負担で行われ，その費用は高く規模が大きい。そのため保険外医療を賄う民間保険が世帯の8割程度まで普及しており，その保険料が33兆ウォンと，国民健康保険の保険給付費に匹敵する（2009年）[194]。金大中・盧武鉉両政権は，「医療の保障性の強化」を掲げて私的負担を軽減させる措置をとってきたが，OECDヘルスデータ2012によれば，韓国の自己負担額が保健医療支出に占める割合は35.9％でOECD平均の約2倍と高い水準にある（第1章図表1-10参照）。朴槿恵政権も，医療費負担による貧困予防を掲げ，がん，心臓・脳血管疾患，難病など4大重大疾患に対する保障性の強化をめざしている。

　2013年には一次医療機関として病院1437，医院2万8297，公共医療機関等3467，保健医療院15，二次医療機関として総合病院281，三次医療機関として上級総合病院43がある。2012年の医師数は8万6761人である。このほかに韓方病院，韓医師の制度がある。医療提供体制に関しては，大病院に多くの外来患者が集まる，患者の大病院集中が深刻化しており，地域偏在と診療所の経営悪化が問題になっている。また，医療紛争の社会問題化を背

---

[193] 韓国については，厚生労働省海外情勢報告等，西村・京極・金子（2014）前掲，金賢植・金道勲・前橋章（2013）「韓国における高齢者対策の動向」健保連海外医療保障No.100，株本千鶴（2013）「韓国における医療費対策の動向」健保連海外医療保障No.99，加藤・西田（2013）前掲，鄭在哲（2011）「韓国医療制度の一本化後の現状と課題」健保連海外医療保障No.92，李庸吉（2011）「韓国における『医療事故被害救済及び医療紛争調停等に関する法律』」龍谷法学No.44-3，李蓮花（2011）『東アジアにおける後発近代化と社会政策―韓国と台湾の医療保険政策』ミネルヴァ書房を参考とした。

[194] 鄭（2011）前掲，12頁

景に，2011年には，「医療事故被害救済及び医療紛争調停等に関する法律」が制定され，医療紛争を解決するための韓国医療紛争調停仲裁院を設置し，紛争の調停・仲裁を行うとともに，保健医療人が注意義務を果たしたにもかかわらず不可抗力的に発生した分娩による事故について被害を補償する制度が創設された。また，2009年以降，外国人患者誘致を進めるなど保健医療産業を育成する政策をとっている。

　韓国は，台湾とともに，分立していた公的医療保険制度を一元化したまれな国であること，患者負担による保険外診療と公的医療保険との併用が一般的で自己負担割合が高く，国民皆保険でありながら医療全体における公的医療保険の役割が比較的小さいことが特徴である。

第6章

社会保障と税の一体改革の進展

　第3章では，健康保険法の制定から国民皆保険，高齢者医療や高額療養費などの日本の医療保険制度の発展過程を，また第4章では，医療法が制定以来大きく6回の改正を経て医療提供体制の確保のための基本的な法律に発展してきた過程を取り上げた。以下では，2006（平成18）年医療制度改革以降の医療制度改革の動向に焦点をあてる。

　最近の医療制度改革の方向性を決めたのは社会保障・税一体改革の潮流であり，本章においては，2012（平成24）年の社会保障制度改革推進法の制定及び社会保障制度改革国民会議の報告書，それに続く2013（平成25）年の社会保障改革プログラム法制定及び社会保障制度改革推進本部・社会保障制度改革推進会議の動向までの社会保障・税一体改革の進展を解説する。

2006（平成18）年医療制度改革

　医療保険の制度間，本人・被扶養者間での患者自己負担割合の統一を行った2002（平成14）年の健康保険法改正法の附則には，将来にわたり医療保険給付率7割を維持する旨が法定されるとともに[195]，政府が将来にわたって医療保険制度の安定的運営を図るための改革について所要の措置を講ずるよう明文の規定が設けられた[196]。
　このような経緯のもとに実施されたのが，2006（平成18）年医療制度改革である[197]。
　2006（平成18）年医療制度改革は，健康保険法等の一部を改正する法律（平成18年法律第83号）と，良質な医療を提供する体制の確立を図るための医療法等の一部を改正する法律（平成18年法律第84号）の二つの法律で構成された。
　健康保険法等の一部を改正する法律は，医療保険制度の将来にわたる持続的かつ安定的な運営を確保するため，医療費適正化の総合的な推進，新たな高齢者医療制度の創設，保険者の再編・統合等の措置を講ずるための改正法であった。
　主な改正内容は，①生活習慣病や長期入院是正のための医療費適正化計画の策定（中長期的医療費適正化対策），②現役並み所得の高齢者一部負担の引上げ（2割→3割），③介護保険との均衡を踏まえた療養病床に入院する高齢者の食費・居住費の負担見直し，④70～74歳の高齢者の患者負担の見直し（1割→2割）[198]，⑤乳幼児の患者負担軽減（2割）措置の拡大（3歳未満→義務教育就学前），⑥後期高齢者医療制度の創設（75歳以上），⑦前期高齢者医療費の財政調整制度の創設（65～74歳），⑧協会けんぽ創設・政府管掌健康保険の移行，都道府県別保険料率の導入，⑨国保の財政基盤強化策の継続・保険財政共同安定化事業等であり，主要部分は2008（平成20）年に施行した。
　良質な医療を提供する体制の確立を図るための医療法等の一部を改正する法律は，患者等に対する情報提供の推進，医療計画制度の見直し等を通じた医療機能の分化・連携の推進，地域や診療科による医師不足問題への対応，医療安全の確保等の措置を講ずることをねらっ

---

195) 健康保険法等の一部を改正する法律（平成14年法律第102号）の附則第2条第1項は，「医療保険各法に規定する被保険者及び被扶養者の医療に係る給付の割合については，将来にわたり100分の70を維持するものとする」と定めた。
196) 健康保険法等の一部を改正する法律附則第2条第2項は「政府は，将来にわたって医療保険制度の安定的運営を図るため，平成14年度中に，次に掲げる事項について，その具体的内容，手順及び年次計画を明らかにした基本方針を策定するものとする。政府は，当該基本方針に基づいて，できるだけ速やかに（第2号に掲げる事項〈筆者注：新しい高齢者医療制度の創設〉については概ね2年を目途に），所要の措置を講ずるものとする。1 保険者の統合及び再編を含む医療保険制度の体系の在り方　2 新しい高齢者医療制度の創設　3 診療報酬の体系の見直し」と定めた。
197) 2006（平成18）年の医療制度改革に関し，その背景，ねらい，改正内容，経過について，直接政策の立案に携わった栄畑潤による解説がある。栄畑潤（2007）『医療保険の構造改革―平成18年改革の軌跡とポイント』法研を参照されたい。
198) 23頁参照

ていた。

　主な改正内容は，①都道府県が医療機関等の情報を集約・提供・相談に応じる仕組みの制度化，②入退院時の文書による説明の位置づけ，③広告できる事項の拡大，④医療計画に脳卒中，がん，小児救急等事業別の医療連携体制，数値目標等を明示，⑤都道府県の医療対策協議会設置，⑥医療安全支援センターの制度化等であった。2006（平成18）年以降順次施行した。

　2006（平成18）年医療制度改革のうち，後期高齢者医療制度については，民主党政権下の2009（平成21）年に後期高齢者医療制度の廃止の方針が表明され，それに代わる新たな制度の検討が行われたが法案とりまとめには至らなかった。その後，高齢者の医療の確保に関する法律及び後期高齢者医療制度については，後期高齢者支援金の負担の配分方法の変更等はあったものの，現在まで基本的な枠組みは変わっていない。

2 社会保障・税一体改革

1 社会保障・税一体改革の経緯

　社会保障と税の一体改革は，2008（平成20）年の福田内閣の下，内閣総理大臣主催で設置された社会保障国民会議（座長：吉川洋東京大学大学院経済学研究科教授）報告を始めとし，その後の民主党政権，そして第二次安倍政権へと，二度の政権交代の時期を通じて進展してきた，社会保障分野の制度改革を貫いている基本的な潮流である。

　社会保障国民会議報告は，社会経済構造の変化に対応して必要なサービスを保障し，国民の安心と安全を確保するための社会保障の機能強化に重点をおいた改革が必要であるとして，医療・介護サービスの不足・非効率な提供システムなどを改善した医療・介護サービスのあるべき姿の提示と必要な費用の将来推計を行い，そのために必要な安定的財源の確保のための改革の道筋を示し，国民の理解を得ながら改革に着手していくべきとした。

　政府は2008年12月に「持続可能な社会保障構築とその安定財源確保に向けた中期プログラム」を閣議決定し，「社会保障安定財源については，給付に見合った負担という視点及び国民が広く受益する社会保障の費用をあらゆる世代が広く公平に分かち合う観点から，消費税を主要な財源として確保する」との方針を明示した。これを受けて制定された平成21年度税制改正法附則第104条は，「政府は，基礎年金の国庫負担割合の二分の一への引上げのための財源措置並びに年金，医療及び介護の社会保障給付並びに少子化に対処するための施策に要する費用の見通しを踏まえつつ（中略）消費税を含む税制の抜本的な改革を行うため，平成23年度までに必要な法制上の措置を講ずる」ことを定めた。

　2010（平成22）年12月，総理を本部長とする政府・与党社会保障改革検討本部は，「社会保障の安定・強化のための具体的な制度改革案とその必要財源を明らかにするとともに，必要財源の安定的確保と財政健全化を同時に達成するための税制改革について一体的に検討を進め，その実現に向けた工程表とあわせ，23年半ばまでに成案を得，国民的な合意を得た上でその実現を図る」こととし，「社会保障改革の推進について」として閣議決定した。さらに，同本部の下に置かれた「社会保障改革に関する集中検討会議」での検討などを経て，2012（平成24）年2月に「社会保障・税一体改革大綱」を閣議決定した。これにより，医療提供体制及び医療保険制度改革の方向などを示すとともに，社会保障財源の確保と同時に財政健全化を進めるため，消費税について2014（平成26）年4月に8％，2015（平成27）年10月に10％へと，段階的に税率引上げを行うこと，それに伴い，従前は高齢者3経費（基礎年金，老人医療，介護）に限られていた国の消費税の使途を，地方交付税法の定めるところのほか，制度として確立された年金，医療及び介護の社会保障給付並びに少子化に対処するための施策に要する経費（社会保障4経費）にあてる方針が決定した。

2　社会保障制度改革推進法と社会保障制度改革国民会議

　2012（平成24）年1月に開会した第180回通常国会では，内閣提出の社会保障・税一体改革関連法案のうち，医療分野では国民健康保険法の一部を改正する法律[199]が成立した。また，被用者保険の適用拡大等を含む公的年金制度の財政基盤及び最低保障機能の強化等のための国民年金法等の一部を改正する法律[200]が可決成立するが，その審議過程で，新たに民主・自民・公明3党共同の議員提案による社会保障制度改革推進法（平成24年法律第64号）が可決成立した[201]。

　社会保障制度改革推進法は，消費税率引上げにより安定財源を確保しつつ受益と負担の均衡がとれた持続可能な社会保障制度の確立を図るため，医療保険制度の改革を含む社会保障制度改革の基本方針を定めるとともに，社会保障制度改革国民会議の設置などを定める法律である。

　社会保障制度改革の基本的な考え方を定めた同法第2条は，年金，医療及び介護について，「社会保険制度を基本とし，国及び地方公共団体の負担は，社会保険料に係る国民の負担の適正化に充てることを基本とする」とした。また，同法第6条は，医療保険制度改革の基本方針を，「医療保険制度に原則として全ての国民が加入する仕組みを維持する」とともに，次に掲げる措置その他の必要な改革を行うこととした。

①健康の維持増進，疾病の予防及び早期発見等を積極的に促進するとともに，医療従事者，医療施設等の確保及び有効活用等を図ることにより，国民負担の増大を抑制しつつ必要な医療を確保すること。

②医療保険制度については，財政基盤の安定化，保険料に係る国民の負担に関する公平の確保，保険給付の対象となる療養の範囲の適正化等を図ること。

③医療のあり方については，個人の尊厳が重んぜられ，患者の意思がより尊重されるよう必要な見直しを行い，特に人生の最終段階を穏やかに過ごすことができる環境を整備すること。

④今後の高齢者医療制度については，状況等を踏まえ，必要に応じて，社会保障制度改革国民会議において検討し，結論を得ること。

　同法第9条に基づき新たに設置される社会保障制度改革国民会議は，委員は20人以内で内閣総理大臣が任命するもので，国会議員を兼ねることもできるとされた。その設置期限は2013（平成25）年8月21日までとなった（社会保障制度改革推進法第13条の政令で定め

---

[199] 82～84頁を参照
[200] 56, 62頁を参照
[201] 2013（平成25）年，内閣は「行政手続における特定の個人を識別するための番号の利用等に関する法律案」を第183回通常国会に提出し，成立した（平成25年法律第27号）。同法は，行政機関等における個人番号及び法人番号による効率的な情報管理・利用・情報授受等について定めるものであり，個人番号の利用範囲として，医療保険の保険者による保険給付の支給・保険料等の徴収に関する事務等が掲げられている（2015〈平成27〉年10月から個人番号の通知開始を予定）。

■ 図表6-1　社会保障制度改革国民会議委員名簿　　　2013（平成25）年4月19日現在

伊藤　元重	東京大学大学院経済学研究科教授
○遠藤　久夫	学習院大学経済学部教授
大島　伸一	国立長寿医療研究センター総長
大日向雅美	恵泉女学園大学大学院平和学研究科教授
権丈　善一	慶應義塾大学商学部教授
駒村　康平	慶應義塾大学経済学部教授
榊原　智子	読売新聞東京本社編集局社会保障部次長
神野　直彦	東京大学名誉教授
◎清家　篤	慶應義塾長
永井　良三	自治医科大学学長
西沢　和彦	日本総合研究所調査部上席主任研究員
増田　寛也	野村総合研究所顧問
宮武　剛	目白大学大学院生涯福祉研究科客員教授
宮本　太郎	北海道大学大学院法学研究科教授
山崎　泰彦	神奈川県立保健福祉大学名誉教授

◎は会長　○は会長代理

出典：内閣官房ホームページ

る日を定める政令〈平成24年政令第225号〉）。

　医療制度改革に重要な役割を担うこととなった社会保障制度改革国民会議は，2012（平成24）年11月30日，15名の委員で発足した。清家篤会長（慶應義塾長），遠藤久夫会長代理（学習院大学経済学部教授）をはじめとした学識者で構成されており，支払側や診療側等の当事者代表は委員に入らなかった。また，国会議員も委員に任命されなかった。学識者の顔ぶれを見ると，社会保障審議会の遠藤久夫医療保険部会長，神野直彦年金部会長，山崎泰彦介護保険部会長などが委員となっている（図表6-1）。

　社会保障制度改革国民会議は，同年11月30日に第1回が開催され，12月26日の第二次安倍政権発足を挟んで，計20回の審議を行い，2013（平成25）年8月6日に「社会保障制度改革国民会議報告書～確かな社会保障を将来世代に伝えるための道筋～」をとりまとめた。

　社会保障制度改革国民会議では，福田・麻生政権時の社会保障国民会議以来の社会保障制度改革の流れを踏まえつつ，社会保障制度改革推進法に規定する基本的な考え方に立った検討が行われた。基本的な考え方とは，①自助，共助及び公助が最も適切に組み合わされるようにすること，②社会保障の機能の充実と給付の重点化・効率化を同時に行い，負担の増大を抑制しつつ持続可能な制度を実現すること，③年金，医療及び介護においては社会保険制度を基本とし，国及び地方公共団体の負担は，社会保険料に係る国民の負担の適正化に充てることを基本とすること，④社会保障給付に要する費用をあらゆる世代が広く公平に分かち合う観点等から社会保障給付に要する費用の国及び地方公共団体の負担の主要な財源には，

消費税及び地方消費税の収入を充てること（社会保障制度改革推進法第2条）。

同報告書は，少子化対策，医療・介護分野，年金分野，の社会保障4分野について具体的な改革を提言しているが，医療・介護分野の改革についての要点は次のとおりである。

第1に，高齢化の進展により，疾病構造の変化を通じ，必要とされる医療の内容は，「病院完結型」から，地域全体で治し，支える「地域完結型」に変わらざるを得ないが，医療システムは変わっておらず，医療・介護サービスの提供体制改革の実現が課題である。日本の皆保険制度の良さを変えずに守り，必要なサービスを将来にわたって確実に確保していくためには，医療・介護資源のより患者のニーズに適合した効率的な利用を図り，国民の負担を適正な範囲に抑えていく努力が必要である。

第2に，医療改革は提供者と利用者側が一体となって実現されるものであり，すべての国民の協力と国民の意識の変化が求められる。必要なときに必要な医療にアクセスできるというフリーアクセスを守るためには，緩やかなゲートキーパー機能を備えた「かかりつけ医」の普及は必須である。急性期医療を中心に人的・物的資源を集中投入し，早期の家庭復帰・社会復帰を実現するとともに，受け皿となる地域の病床や在宅医療・介護を充実して川上から川下までの提供者間のネットワーク化が必要である。また，QOLを高め，社会の支え手を増やす観点から，健康の維持増進・疾病の予防に取り組むべきであり，ICTを活用してレセプト等データを分析し，疾病予防を促進すべきである。

第3に，医療提供体制の改革の具体的措置については次のとおりである。

①医療機能に係る情報の都道府県への報告制度（病床機能報告制度）を導入し，報告制度により把握される地域ごとの医療機能の現状や地域の将来的な医療ニーズの客観的データに基づく見通しを踏まえ，その地域にふさわしいバランスのとれた医療機能ごとの医療の必要量を示す地域医療ビジョンを都道府県が策定すること。

②国民健康保険に係る財政運営の責任を担う主体（保険者）を都道府県としつつ，国民健康保険の運営に関する業務について，都道府県と市町村が適切に役割分担を行い，保険料収納や医療費適正化のインセンティブを損なうことのない分権的な仕組みを目指すなど，都道府県の役割強化と国民健康保険の保険者の都道府県移行を進めること。

③医療・介護サービスのネットワーク化を図るため，医療法人等が容易に再編・統合できるよう制度の見直しを行うことが重要であり，機能の分化・連携の推進に資するよう，法人間の合併や権利の移転等を速やかに行うことができるようにすること。

④医療から介護へ，病院・施設から地域・在宅へ，の観点から，医療の見直しと介護の見直しは一体となって行う必要があり，医療と介護の連携と地域包括ケアシステムというネットワークの構築を推進すること。

⑤必要な財源については消費税増収分の活用が検討されるべきであり，具体的には，病院・病床機能の分化・連携への支援，急性期医療を中心とする人的・物的資源の集中投入，在宅医療・在宅介護の推進，さらには地域包括ケアシステムの構築に向けた医療と介護の連携，生活支援・介護予防の基盤整備，認知症施策，人材確保などに活用

すべきであること。診療報酬・介護報酬については,「地域完結型」の医療・介護サービスに資するよう,体系的見直しを進める必要があること。地域ごとの様々な実情に応じた医療・介護サービスの提供体制の再構築には,別の財政支援（基金方式）が不可欠であり,診療報酬・介護報酬と適切に組み合わせて改革を実現すること。

⑥医療のあり方については,総合診療医の養成と国民への周知,医療職種の職務の見直しやチーム医療の確立,医療機関の勤務環境を改善する支援体制の構築等の医療従事者の定着・離職防止等（看護職員養成拡大や登録義務化を含む）を推進すること。また,人生の最終段階における医療のあり方について,国民的な合意を形成していくことが重要であること。医療行為による予後の改善や費用対効果を検証すべく,継続的にデータ収集し,常に再評価される仕組みの構築を検討すべきこと。

⑦改革を実現するエンジンとして,主として医療・介護サービスの提供体制改革を推進するための体制を設け,厚生労働省,都道府県,市町村における改革の実行と連動させるべきであること。

第4に,医療保険制度分野の改革の具体的措置は次のとおりである。

①財政基盤の安定化,保険料に係る国民の負担に関する公平の確保については,国民健康保険が抱える財政的な構造問題や保険者のあり方に関する課題を解決していかなければならないこと。国保の保険者の都道府県への移行は,国保の財政の構造問題の解決が図られることが前提条件であり,その財源には,後期高齢者支援金に対する負担方法を全面総報酬割にすることにより生ずる財源をも考慮に入れるべきであること。国保への財政支援の拡充措置と併せて,国保の低所得者に対する保険料軽減措置の拡充を図るべきであること。国保の保険料の賦課限度額,被用者保険の標準報酬月額上限を引上げるべきであること。後期高齢者支援金の負担について,平成27年度から全面的に総報酬割とすべきであること。協会けんぽの国庫補助率については,健保法改正法附則に則って,高齢者の医療に要する費用の負担のあり方も含め検討すること。所得の高い国保組合に対する定率補助について,廃止に向けた取り組みを進める必要があること。後期高齢者医療制度については,現在では十分定着しており,現行制度を基本としながら,実施状況等を踏まえ必要な改善を行うことが適当であること。

②医療給付の重点化・効率化（療養の範囲の適正化等）については,紹介状のない大病院の外来受診について,一定の定額自己負担を求めるような仕組みを検討すべきこと。入院療養における給食給付等の自己負担のあり方について,在宅医療との公平の観点から見直しを検討すること。70～74歳の医療費自己負担について,法律上は2割負担となっており,世代間の公平を図る観点から1割負担となっている特例措置を段階的に止めるべきこと。高額療養費の所得区分について,よりきめ細やかな対応が可能となるよう細分化し,負担能力に応じた負担となるよう限度額を見直すこと。後発医薬品の使用促進に加え,中長期的に医療保険制度の持続可能性を高める観点から,引き続き給付の重点化・効率化に取り組む必要があること。

Column 18　社会保障制度改革国民会議清家会長の「国民へのメッセージ」

　日本はいま，世界に類を見ない人口の少子高齢化を経験しています。65歳以上の高齢人口の比率は既に総人口の4分の1となりました。これに伴って年金，医療，介護などの社会保障給付は，既に年間100兆円を超える水準に達しています。

　この給付を賄うため，現役世代の保険料や税負担は増大し，また，そのかなりの部分は国債などによって賄われるため，将来世代の負担となっています。そのこともあり，日本の公的債務残高はＧＤＰの2倍を超える水準に達しており，社会保障制度自体の持続可能性も問われているのです。

　しかしこの日本の人口高齢化は，多くの国民が長生きをするようになった結果でもあります。言うまでもなく長寿は人類長年の願いでもありました。戦後の日本は，生活水準の目覚しい向上によって，これを実現しました。そしてこれに大きく寄与したのが，実は社会保障制度の充実でした。医療保険，介護保険が行き渡り，誰でも適切な医療や介護を受けることができるようになったことが人々の寿命を延ばし，年金保険による所得保障が高齢期の生活を支え長寿の生活を可能にしたのです。

　日本が人類の夢であった長寿社会を実現したのは社会保障制度の充実のおかげでもあったことを忘れてはなりません。社会保障制度の成功の証が長寿社会です。その成功の結果が高齢化をもたらし，今度はその制度の持続可能性を問われることになったのです。私たちはこの素晴らしい社会保障制度を必ず将来世代に伝えていかなければなりません。そのために社会保障制度改革が必要なのです。

　社会保障制度の持続可能性を高め，その機能がさらに高度に発揮されるようにする。そのためには，社会保険料と並ぶ主要な財源として国・地方の消費税収をしっかりと確保し，能力に応じた負担の仕組みを整備すると同時に，社会保障がそれを必要としている人たちにしっかりと給付されるような改革を行う必要があります。また，何よりも社会保障制度を支える現役世代，特に若い世代の活力を高めることが重要です。子育て支援などの取組は，社会保障制度の持続可能性を高めるためだけではなく，日本の社会全体の発展のためにも不可欠です。全世代型の社会保障が求められる所以であり，納得性の高い社会保障制度のもとで，国民がそれぞれの時点でのニーズに合った給付を受けられるようにしていくことが大切です。

　福沢諭吉は「学者は国の奴雁なり」と書いています。奴雁とは雁の群れが一心に餌を啄ばんでいるとき一羽首を高く揚げて遠くを見渡し難にそなえる雁のことで，学者もまた「今世の有様に注意して（現状を冷静に分析し），以って後日の得失を論ずる（将来にとって何が良いかを考える）」役割を担う，という意味です。私たちもまた，社会保障の専門家として，社会保障制度の将来のために何が良いかを，論理的，実証的に論議してまいりました。この報告書は，日本を世界一の長寿国にした世界に冠たる社会保障制度を，将来の世代にしっかりと伝えるために，現在の世代はどのような努力をしたらよいのか，ということを考え抜いた私たち国民会議の結論であります。

平成25年8月6日

社会保障制度改革国民会議会長　清家　篤

③難病対策等の改革に総合的かつ一体的に取り組む必要があり，医療費助成を制度として位置づけ，対象疾患の拡大や都道府県の超過負担の解消を図るべきであること。

　報告書の冒頭には，清家会長による「国民へのメッセージ」が掲げられており，長寿社会を実現したのは社会保障の充実のおかげであること，社会保障制度の持続可能性を高め，その機能がさらに高度に発揮されるようにするために財源を確保し，負担と給付を改革していく必要があること，現役世代，特に若い世代の活力を高めるため，全世代型の社会保障制度が求められていることなどが掲げられている（Column 18 に全文掲載）。社会保障制度改革国民会議は，この報告書をとりまとめた後，2013（平成25）年8月21日に，社会保障制度改革推進法の施行から1年の設置期限を迎えて廃止された。

3 社会保障改革プログラム法と社会保障制度改革推進会議

　社会保障制度改革推進法は，政府は基本方針に基づき社会保障制度改革を行うこと，それに必要な法制上の措置については，同法施行後1年以内に社会保障制度改革国民会議における審議の結果等を踏まえて講ずるものとすると定めていた（第4条）。そのため，政府は，社会保障制度改革国民会議の報告書を踏まえて「社会保障制度改革推進法第4条の規定に基づく「法制上の措置」の骨子について」を閣議決定（2013〈平成25〉年8月21日）し，10月15日には「持続可能な社会保障制度の確立を図るための改革の推進に関する法律案」を閣議決定，第185回臨時国会に提出した。同法案は12月5日に可決成立し，12月13日に公布された（平成25年法律第112号）。

　持続可能な社会保障制度の確立を図るための改革の推進に関する法律は，社会保障制度改革推進法第4条の規定に基づく法制上の措置として，社会保障改革の全体像・進め方を明示するものである。社会保障制度改革国民会議報告書の内容を反映し，少子化対策，医療制度，介護保険制度及び公的年金制度の改革の措置内容を示すとともに，医療サービスの提供体制，介護保険制度及び難病対策等については2014（平成26）年通常国会に，医療保険制度については2015（平成27）年通常国会に必要な法律案を提出することを目指すものと規定している。このため，同法は「社会保障改革プログラム法」と略称されている。

　社会保障改革プログラム法は，社会保障制度改革推進法の基本的な考え方，基本方針及び社会保障制度改革国民会議における審議の結果等を踏まえ，社会保障制度改革の全体像及び進め方を明らかにするとともに，社会保障制度改革推進本部及び社会保障制度改革推進会議の設置等により，社会保障制度改革を総合的かつ集中的に推進し，受益と負担の均衡がとれた持続可能な社会保障制度の確立を図るための改革を推進することを目的としている（第1条）。

　社会保障制度改革にあたっての政府の役割については，政府は改革を推進するとともに，個人がその自助努力を喚起される仕組み及び個人が多様なサービスを選択することができる仕組みの導入その他の高齢者も若者等，健康で年齢等にかかわりなく働くことができ，持てる力を最大限に発揮して生きることができる環境の整備など，自助・自立のための環境整備等に努めるものとしている。また，住民相互の助け合いの重要性を認識し，自助・自立のための環境整備等の推進を図るものとするとしている（第2条）。

　講ずべき社会保障制度改革の措置等については，少子化対策，医療制度，介護保険制度，公的年金制度の4分野について記されている（第3条〜第6条）が，このうち医療分野における改革の措置の内容については，法の定める措置すべき時期及び実施状況と併せて図表6-2に掲げた。

図表6-2 社会保障改革プログラム法に定める医療分野の改革の措置と実施状況

分　野	改革の措置	措置すべき時期	実施状況
医療制度 (医療提供体制及び地域包括ケアシステム)	1. 医療保険制度及び後期高齢者医療制度に原則としてすべての国民が加入する仕組みを維持することを旨として医療制度改革。 2. 個人の選択を尊重しつつ, 個人の健康管理, 疾病予防等の自助努力が喚起される仕組みの検討を行い個人の主体的な健康維持増進への取組奨励。 3. ICT, レセプトを適正に活用し多様な主体による保健事業の推進, 後発医薬品の使用及び外来受診の適正化の促進その他の必要な措置を講ずる。 4. 次の事項及び診療報酬に係る適切な対応の在り方を検討し, 必要な措置を講ずる。 ①病床機能報告制度の創設 ②都道府県による地域医療構想の策定, 都道府県の役割強化等の実現に必要な方策 ③病床の機能分化及び連携等に伴う介護サービスの充実, 地域における医療従事者確保・医療機関の整備の新たな財政支援制度の創設 (基金) ④医療法人間の合併及び権利移転の制度見直し ⑤地域における医療従事者の確保及び勤務環境改善 ⑥医療従事者の業務範囲及び業務の実施体制の見直し 5. 個人の尊厳が重んぜられ患者の意思がより尊重され人生の最終段階を穏やかに過ごすことができる環境整備	2017年度までを目途に順次措置 2014年通常国会に必要な法律案提出 (4. ①〜⑥)	地域における医療及び介護の総合的な確保を推進するための関係法律の整備等に関する法律は2014年成立, 順次施行。
医療制度 (医療保険制度等)	持続可能な医療保険制度等を構築するため, 次の事項を検討し, 必要な措置 ①国民健康保険に対する財政支援の拡充 ②国民健康保険の運営について, 財政運営をはじめとして都道府県が担うことを基本とし, 保険料賦課及び徴収, 保険事業の実施等の市町村の役割が積極的に果たされるよう, 都道府県と市町村において適切に役割を分担するために必要な方策 ③全国健康保険協会の国庫補助率についての所要の措置 ④国民健康保険の保険料及び後期高齢者医療の保険料の低所得者負担軽減 ⑤被用者保険保険者に係る後期高齢者支援金の全面総報酬割 ⑥所得水準の高い国民健康保険組合の国庫補助見直し ⑦国民健康保険の保険料賦課限度額及び被用者保険の標準報酬等の上限引上げ ⑧療養の範囲の適正化等 (ア. 低所得者の負担に配慮しつつ行う70歳から74歳までの一部負担金の取り扱い, イ. (アと併せた) 負担能力に応じた負担を求める高額療養費の見直し, ウ. 医療提供施設相互間の機能分担を推進する観点からの外来給付の見直し及び在宅療養との公平を確保する観点からの入院給付の見直し) ⑨以上の措置の実施状況等を踏まえ, 高齢者医療制度の在り方について, 必要に応じ見直しに向けた検討 ⑩難病及び小児慢性特定疾患にかかる助成について, 難病対策に係る都道府県の超過負担の解消を図るとともに, 新たな公平かつ安定的な医療費助成の制度を確立するため, ア. 制度として確立された医療の社会保障給付の創設, イ. 対象疾患拡大, ウ. 患者認定基準見直し, エ. 自己負担の見直しについて検討し, 必要な措置	①〜⑧について2014年度から2017年度まで順次措置 2015年通常国会に必要な法案提出 ⑩について2014年度を目途に措置 2014年通常国会に必要な法案提出	持続可能な医療保険制度を構築するための国民健康保険法等の一部を改正する法律は2015年成立、順次施行。 難病の患者に対する医療等に関する法律は2014年成立, 2015年1月施行。
社会保障制度改革推進本部	受益と負担の均衡がとれた持続可能な社会保障制度の確立を図るため, 内閣に, 社会保障制度改革推進本部設置	社会保障改革プログラム法に規定	2014年1月施行, 2月に第1回開催
社会保障制度改革推進会議	受益と負担の均衡がとれた持続可能な社会保障制度の確立を図るため, 内閣に, 社会保障制度改革推進会議設置	社会保障改革プログラム法に規定	2014年6月施行, 7月に第1回開催

資料：筆者作成

社会保障改革プログラム法は，以上の改革の措置内容を定めたほか，改革を推進するための政府の組織体制についても規定した。

　第1に，内閣に社会保障制度改革推進本部を設置した。推進本部は，本部長である内閣総理大臣と，副本部長（社会保障・税一体改革担当国務大臣），内閣官房長官，総務大臣，財務大臣，厚生労働大臣及び少子化対策担当国務大臣で構成されており，受益と負担の均衡がとれた持続可能な社会保障制度の確立を図るため，社会保障制度改革の措置について，①円滑な実施の総合的計画的推進，②実施状況の総合的検証，③検証結果または社会保障制度改革推進会議の意見に基づく必要な改革の企画立案・総合調整を行う（第7条～第17条）。同本部の事務局は，内閣官房の社会保障改革担当室である。

　また，同本部の下に，医療・介護情報の活用による改革の推進に関する専門調査会（座長：永井良三自治医科大学学長）が設置され，地域医療構想の策定等の医療提供体制改革や医療費適正化計画の見直しなどに向けた医療・介護情報の活用方策，その活用のための制度設計の方向性，地域横断的な医療・介護情報の活用方策等の具体化やデータの加工・分析の手法・枠組みの標準化等の議論を進めていくことになった[202]。

　社会保障制度改革推進本部は2014（平成26）年2月14日に第1回会合が開催された。2015（平成27）年1月13日に開催された第3回会合では，医療保険制度改革骨子案を決定するとともに，消費税率引上げ時期の変更を踏まえた社会保障改革のスケジュール変更を了承した。変更点は，年金分野において年金生活者支援給付金の支給及び年金受給資格期間の短縮を2017（平成29）年4月から実施することとしたこと，及び介護分野において介護保険第一号被保険者の保険料の低所得者に係る軽減強化について，2015（平成27）年4月は一部実施，2017（平成27）年4月に完全実施としたことであり，医療分野について変更はない（図表6-3）。

　社会保障改革プログラム法に基づく組織体制の第2として，内閣に社会保障制度改革推進会議が設置された。推進会議は，内閣総理大臣が任命した有識者の委員20人以内で構成されており，①中長期的に受益と負担の均衡がとれた持続可能な社会保障制度の確立を図るための改革について，改革措置の進捗状況を把握するとともに，2025（平成37）年を展望しつつ，総合的に検討を行い，その結果に基づいて内閣総理大臣に意見を述べること，②内閣総理大臣の諮問に応じ，受益と負担の均衡がとれた持続可能な社会保障制度の確立を図るための改革について，調査審議し，その結果に基づいて内閣総理大臣に意見を述べることが，その役割である。委員には11名の有識者が任命され，清家篤慶応義塾長が議長に，増田寛也東京大学公共政策大学院客員教授が議長代理に就任した。清家議長を始め11名中8名は社会保障制度改革国民会議（2013〈平成25〉年8月廃止）の委員でもあった。また，2014（平成26）年12月には，委員のほか，医療・介護分野の専門委員11名が任命されている

---

202) 2015年6月15日に「医療・介護情報の活用による改革の推進に関する専門調査会第1次報告～医療機能別病床数の推計及び地域医療構想の策定に当たって～」が取りまとめられた。

■ 図表6-3 社会保障・税一体改革による社会保障の充実に係る実施スケジュール

	平成26年度	平成27年度	平成28年度	平成29年度	平成30年度
消費税	●8%への引上げ	○		●10%への引上げ	
子ども・子育て支援		●育児休業中の経済的支援の強化 ●予定通り27年4月から実施 → 子ども・子育て支援新制度			
医療・介護	●診療報酬改定 （医療分） （介護分）	●介護報酬改定 ●国保等の低所得者保険料軽減措置の拡大 ●高額療養費の見直し ●難病・小児慢性特定疾病に係る公平かつ安定的な制度の確立 等 一部実施 → 完全実施	●診療報酬改定 地域医療介護総合確保基金 地域支援事業の充実 介護保険1号保険料の低所得者軽減強化 国保への財政支援の拡充	○後期高齢者の保険料軽減特例の見直し	●診療報酬改定 ●介護報酬改定
年金	●遺族基礎年金の父子家庭への拡大	消費税率引上げ延期を踏まえ、29年4月から実施 →		●年金生活者支援給付金 ●受給資格期間の短縮	

資料：第3回社会保障制度改革推進本部（2015年1月13日）資料

■ 図表6-4　社会保障制度改革推進会議委員名簿　　2015（平成27）年4月1日現在

伊藤　元重	東京大学大学院経済学研究科教授	
遠藤　久夫	学習院大学経済学部教授	
大日向雅美	恵泉女学園大学大学院平和学研究科教授	
権丈　善一	慶應義塾大学商学部教授	
神野　直彦	東京大学名誉教授	
◎清家　篤	慶應義塾長	
武田　洋子	三菱総合研究所政策・経済研究センター主席研究員／チーフエコノミスト	
土居　丈朗	慶應義塾大学経済学部教授	
○増田　寛也	東京大学公共政策大学院客員教授	
宮島　香澄	日本テレビ報道局解説委員	
山崎　泰彦	神奈川県立保健福祉大学名誉教授	

◎は議長，○は議長代理

出典：内閣官房ホームページ

■ 図表6-5　社会保障制度改革推進会議専門委員（医療・介護分野※）名簿
2015（平成27）年4月1日現在

荒井　正吾	奈良県知事
磯　彰格	全国社会福祉法人経営者協議会副会長
今村　聡	公益社団法人日本医師会副会長
大島　伸一	国立研究開発法人国立長寿医療研究センター名誉総長
坂本　すが	公益社団法人日本看護協会会長
鈴木　準	株式会社大和総研主席研究員
鷲見よしみ	一般社団法人日本介護支援専門員協会会長
田近　栄治	成城大学経済学部特任教授
山本　信夫	公益社団法人日本薬剤師会会長
和田　明人	公益社団法人日本歯科医師会副会長

※医療・介護分野（特に医療・介護サービス提供体制の改革）を担当。

出典：内閣官房ホームページ

（図表6-4及び図表6-5）。

　社会保障制度改革推進会議は，2014（平成26）年7月22日に第1回会合が開催され，2015（平成27）年4月の第4回会合までは，社会保障改革プログラム法に沿った，社会保障4分野の改革の進捗状況などについての意見交換が行われている。社会保障制度改革推進会議は，社会保障改革プログラム法の関係規定が施行された2014（平成26）年1月12日から5年以内存続する機関であり，当面同法の改革の措置の進捗状況を把握するとともに，今後は，2025（平成37）年を展望し，中長期的に受益と負担の均衡がとれた持続可能な社会保障制度のあり方について総合的な議論を進めていくことになる。

第 7 章

医療介護総合確保推進法による改正
2014 年医療制度改革

　2014（平成 26）年には，地域における医療及び介護の総合的な確保を推進するための関係法律の整備等に関する法律（医療介護総合確保推進法）が成立し，医療・介護両分野にわたる総合的な制度改革が行われた。本章では，2014 年医療制度改革の全体像について，医療法改正（第 6 次改正）とともに，旧「地域における公的介護施設等の計画的な整備等の促進に関する法律」の改正（医療介護総合確保法関係）及び医療従事者に関する諸法の改正も含め解説する。

1 医療介護総合確保推進法の成立

　団塊の世代が75歳以上になる2025年以降に向けた医療提供体制の改革については，厚生労働省の社会保障審議会医療部会（部会長：永井良三自治医科大学学長）において2013（平成25）年に議論が行われ，同年12月には「医療法等改正に関する意見（平成25年12月27日）」が取りまとめられた。政府は当該意見と，2013（平成25）年8月の社会保障制度改革国民会議報告書及び同年12月の社会保障改革プログラム法制定などを踏まえて新たな医療制度改革の検討を進め，2014（平成26）年2月12日に「地域における医療及び介護の総合的な確保を推進するための関係法律の整備等に関する法律案」を閣議決定し，第186回通常国会に提出した。2014（平成26）年4月1日には衆議院本会議における趣旨説明質疑が行われ，5月14日には衆議院厚生労働委員会で可決，翌15日衆議院本会議で可決，6月17日に参議院厚生労働委員会で可決，翌18日に参議院本会議で可決成立し，6月25日に地域における医療及び介護の総合的な確保を推進するための関係法律の整備等に関する法律（平成26年法律第83号）として公布された。

　地域における医療及び介護の総合的な確保を推進するための関係法律の整備等に関する法律は，一般に「医療介護総合確保推進法」と略称されている。同法は，医療法をはじめとする医療・介護関係の諸法の規定を一括して改正し整備する法律であって，新法を制定したものではない。また，同法により，平成元年に制定された旧「地域における公的介護施設等の計画的な整備等の促進に関する法律（平成元年法律第64号）」の題名が「地域における医療及び介護の総合的な確保の促進に関する法律[203]」に改められており，こちらは「医療介護総合確保法」と略称されている。やや紛らわしいので留意されたい。

　医療介護総合確保推進法により改正された関係法には，医療法（昭和23年法律第205号）の改正（いわゆる第6次医療法改正）のほかに，地域における公的介護施設等の計画的な整備等の促進に関する法律（平成元年法律第64号）の改正，介護保険法（平成9年法律第123号）の改正，保健師助産師看護師法（昭和23年法律第203号），歯科衛生士法（昭和23年法律第204号），診療放射線技師法（昭和26年法律第226号），歯科技工士法（昭和23年法律第76号），臨床検査技師法（昭和33年法律第76号），外国医師等が行う臨床修練に係る医師法第17条等の特例等に関する法律（昭和62年法律第29号），看護師等の人材確保の促進に関する法律（平成4年法律第86号）などの医療従事者に関する諸法の改正がある。

　医療介護総合確保推進法の趣旨は，高齢化の進展に伴い，慢性的な疾病や複数の疾病を抱える患者の増加が見込まれるなか，急性期の医療から在宅医療，介護までの一連のサービス

---

[203] 法律の題名は変わったが，法律番号は変わらず同一法として存続している。

を地域において確保し，患者の早期の社会復帰を進めるとともに，高齢者が住みなれた地域において継続的に生活できるようにしていく必要があるため，持続可能な社会保障制度の確立を図るための改革の推進に関する法律に基づく措置として，効率的かつ質の高い医療提供体制や，地域包括ケアシステムの構築を通じ，地域における医療，介護の総合的な確保を推進するというものである[204]。

このため，医療介護総合確保推進法による関係法律の改正・整備は，下記のとおり，医療・介護両分野にわたる総合的な制度改革となっている。

① 都道府県による新たな基金を活用した医療・介護サービスの提供体制の総合的，計画的な整備等の推進
② 地域での効率的かつ質の高い医療の確保に向けた，医療機能の分化・連携推進のための病床機能報告制度の整備と，都道府県による，各医療機能の必要量等を含む地域の医療提供体制の将来のあるべき姿を示す地域医療構想の策定，医療機関相互の協議の場の設置や都道府県の役割強化などの地域医療構想実現のための措置
③ 医療従事者の確保や医療機関における勤務環境の改善，看護師の研修制度の創設等のチーム医療の推進，医療事故に係る調査の仕組みの創設等
④ 地域包括ケアシステムの構築に向けた，介護保険制度における，在宅医療・介護連携の推進，認知症施策の推進，生活支援サービスの充実等の措置，予防給付のうち通所介護と訪問介護の地域支援事業への移行などの見直しや，特別養護老人ホームを在宅での生活が困難な中重度の要介護者を支える施設としての機能に重点化，低所得者の保険料の軽減強化，一定以上の所得を有する者の給付割合の見直し，補足給付の支給要件の見直し等

以下では，医療介護総合確保推進法による関係法律の整備・改正（以下この章において「2014年改正」）のうち，①医療法の関係規定の改正整備（第6次医療法改正），②旧「地域における公的介護施設等の計画的な整備等の促進に関する法律」の関係規定の改正整備（医療介護総合確保法関係），③医療従事者に関する諸法の関係規定の改正整備の3点について，その内容を解説する。なお，本章では改正に至る経緯，改正の要点，公布後施行に向けた展開などを中心に記している（図表7-1及び図表7-2）。第3章の各法解説の該当部分は，2014年改正後の条項に基づき記述しているので必要に応じ参照されたい。

---

[204] 2014（平成26）年4月1日衆議院本会議における田村憲久厚生労働大臣による趣旨説明

■ **図表 7-1** 地域における医療及び介護の総合的な確保を推進するための関係法律の整備等に関する法律（平成 26 年法律第 83 号）の概要

趣旨

持続可能な社会保障制度の確立を図るための改革の推進に関する法律に基づく措置として，効率的かつ質の高い医療提供体制を構築するとともに，地域包括ケアシステムを構築することを通じ，地域における医療及び介護の総合的な確保を推進するため、医療法、介護保険法等の関係法律について所要の整備等を行う。

概要

1. 新たな基金の創設と医療・介護の連携強化（地域介護施設整備促進法等関係）
   ①都道府県の事業計画に記載した医療・介護の事業（病床の機能分化・連携，在宅医療・介護の推進等）のため，消費税増収分を活用した新たな基金を都道府県に設置
   ②医療と介護の連携を強化するため，厚生労働大臣が基本的な方針を策定

2. 地域における効率的かつ効果的な医療提供体制の確保（医療法関係）
   ①医療機関が都道府県知事に病床の医療機能（高度急性期，急性期，回復期，慢性期）等を報告し，都道府県は，それをもとに地域医療構想（ビジョン）（地域の医療提供体制の将来のあるべき姿）を医療計画において策定
   ②医師確保支援を行う地域医療支援センターの機能を法律に位置づけ

3. 地域包括ケアシステムの構築と費用負担の公平化（介護保険法関係）
   ①在宅医療・介護連携の推進などの地域支援事業の充実とあわせ，全国一律の予防給付（訪問介護・通所介護）を地域支援事業に移行し，多様化
   ※地域支援事業：介護保険財源で市町村が取り組む事業
   ②特別養護老人ホームについて，在宅での生活が困難な中重度の要介護者を支える機能に重点化
   ③低所得者の保険料軽減を拡充
   ④一定以上の所得のある利用者の自己負担を 2 割へ引き上げ（ただし，月額上限あり）
   ⑤低所得の施設利用者の食費・居住費を補填する「補足給付」の要件に資産などを追加

4. その他
   ①診療の補助のうちの特定行為を明確化し，それを手順書により行う看護師の研修制度を新設
   ②医療事故に係る調査の仕組みを位置づけ
   ③医療法人社団と医療法人財団の合併、持分なし医療法人への移行促進策を措置
   ④介護人材確保対策の検討（介護福祉士の資格取得方法見直しの施行時期を 27 年度から 28 年度に延期）

施行期日（予定）

公布日。ただし、医療法関係は平成 26 年 10 月以降、介護保険法関係は平成 27 年 4 月以降など，順次施行。

資料：厚生労働省資料

■ 図表7-2 地域における医療及び介護の総合的な確保を推進するための関係法律の
　　　　　整備等に関する法律（医療介護総合確保推進法）の主な施行期日

施 行 期 日	改 正 事 項
① 公布の日 （平成26年6月25日）	○ 厚生労働大臣による総合確保方針の策定，都道府県に設置する基金（地域における公的介護施設等の計画的な整備等の促進に関する法律の一部改正） ○ 診療放射線技師の業務実施体制の見直し（診療放射線技師法の一部改正）
② 平成26年 10月1日	○ 病床機能報告制度の創設，在宅医療の推進，病院・有床診療所等の役割，地域医療支援センターの機能の位置づけ，医療機関の勤務環境改善，社団たる医療法人と財団たる医療法人の合併（医療法の一部改正） ○ 持分なし医療法人への移行促進（良質な医療を提供する体制の確立を図るための医療法等の一部を改正する法律の一部改正） ○ 臨床修練制度の見直し（外国医師等が行う臨床修練に係る医師法第17条等の特例等に関する法律の一部改正）
③ 平成27年 4月1日	○ 地域医療構想の策定とその実現のために必要な措置，臨床研究中核病院（医療法の一部改正） ○ 診療放射線技師，臨床検査技師，歯科衛生士の業務範囲の拡大・業務実施体制の見直し（診療放射線技師法，臨床検査技師等に関する法律，歯科衛生士法の一部改正） ○ 国による歯科技工士試験の実施（歯科技工士法の一部改正）
④ 平成27年 10月1日	○ 看護師免許保持者等の届出制度の創設 （看護師等の人材確保の促進に関する法律の一部改正） ○ 看護師の特定行為の研修制度の創設（保健師助産師看護師法の一部改正） ○ 医療事故の調査に係る仕組みの創設（医療法の一部改正）

資料：厚生労働省資料

2 医療法の改正（第6次医療法改正）

この節では，2014年改正のうち，医療法の関係規定の改正（第6次医療法改正）について解説する。

1 病床機能報告制度の創設

医療法は，医療提供の理念に関する規定において，医療は医療提供施設の機能に応じ効率的に，かつ福祉サービスその他の関連するサービスとの有機的な連携を図りつつ提供されなければならないことを明示している（第1条の2）。2014年改正においては，地域における病床の機能の分化及び連携の推進のため，病床機能報告制度と地域医療構想の策定という新たな仕組みが医療法に規定された。

医療提供施設間の機能分化と連携は，医療提供体制改革の大きな課題であり，これまでの医療法改正においても，地域医療支援病院，特定機能病院等の病院類型の創設，一般病床・療養病床など病床区分の見直し，医療計画における位置づけなど，段階的に進められてきた。

2006（平成18）年の第5次医療法改正以降，どのような形でこの課題に取り組んでいくかについては，2010（平成22）年10月頃から，社会保障審議会医療部会において議論が始められた。2011（平成23）年12月22日の同部会のとりまとめ「医療提供体制の改革に関する意見」は，①一般病床について機能分化を進め，急性期医療への人的資源の集中を図るなど，病床の機能分化・強化を図り，もって医療機関が自ら担う機能を選択し，その機能を国民・患者に明らかにしていく必要がある，②機能分化の推進にあたっては，病院の機能の見える化が重要であり，その機能に着目した評価を行うことが重要，③病床区分のあり方を検討するにあたっては，地域の実情を踏まえ地域に必要な医療機能とは何かという観点からも検討する必要がある等の改革の方向性を示した。この段階では，機能分化の観点から，医療法に定める病床区分のあり方をも含めた議論がなされていた。

さらに具体的な検討を委ねられた急性期医療に関する作業グループ（座長：田中滋慶應義塾大学経営大学院教授）のとりまとめた「一般病床の機能分化の推進についての整理」（2012〈平成24〉年6月15日）は，①医療機関が担っている医療機能を自主的に選択し病棟単位で都道府県に報告する仕組みを設けること，②都道府県は報告に基づき地域の医療機能の現状を把握し将来的な医療ニーズの見通しを踏まえながら医療提供者等の主体的な関与の下で，医療計画において地域にふさわしい医療機能の分化と連携を適切に推進するための地域医療ビジョンを策定すること等を提言した。この提言のポイントは，医療法上の病床区分の見直しという手法ではなく，医療機関の自主的な選択を出発点として医療機能の分化と連携を進めるという手法をとったことにある。そして，この提言が2013（平成25）年12月の

■ 図表7-3 病床機能報告制度における病床機能の区分

区　分	定　義
1. 高度急性期機能	急性期の患者に対し，当該患者の状態の早期安定化に向けて，診療密度の特に高い医療を提供するもの
2. 急性期機能	急性期の患者に対し，当該患者の状態の早期安定化に向けて，医療を提供するもの（1に該当するものを除く）
3. 回復期機能	急性期を経過した患者に対し，在宅復帰に向けた医療またはリハビリテーションの提供を行うもの（急性期を経過した脳血管疾患，大腿骨頸部骨折その他の疾患の患者に対し，ADL〈日常生活における基本的動作を行う能力をいう〉の向上及び在宅復帰を目的としたリハビリテーションの提供を集中的に行うものを含む）
4. 慢性期機能	長期にわたり療養が必要な患者（長期にわたり療養が必要な重度の障害者〈重度の意識障害者を含む〉，筋ジストロフィー患者，難病患者その他の疾患の患者を含む）を入院させるもの

資料：医療法施行規則第30条の33の2に基づき筆者作成

医療部会の「医療法等改正に関する意見」に反映され，2014年改正において制度化されることになった。

　病床機能報告制度においては，一般病床または療養病床を有する病院または診療所の管理者は，病床の機能区分に従い，①基準日における病床の機能，②基準日から一定期間が経過した日における病床の機能の予定，③入院患者に提供する医療の内容，④その他厚生労働省令で定める事項を都道府県知事に報告しなければならない（第30条の13第1項。2014〈平成26〉年10月1日施行）。病床機能報告制度において病院等が報告を行う際の病床の機能の区分は，①高度急性期機能，②急性期機能，③回復期機能，④慢性期機能の4区分である（医療法施行規則第30条の33の2。図表7-3）。

　病床機能報告制度においては，医療資源の効果的かつ効率的な活用を図る観点から医療機関内でも機能分化を推進するため，報告は病棟単位を基本として行うこととされ，病院等の管理者は，病棟が担う機能を前記の①から④のいずれか1つ選択して報告することとした。報告は毎年7月1日を基準日とし，基準日から6年経過後の機能の予定（あわせて任意で2025〈平成37〉年度の医療機能）と，提供している具体的な医療の内容に関する項目及び構造設備・人員配置等に関する項目を毎年10月末日までに報告することとした。なお，都道府県知事への報告には，厚生労働省の設定した全国共通のサーバーを使用したり，具体的な医療の内容に関する項目については，電子レセプトによる診療報酬請求を行っている医療機関に対しては，電子レセプトから必要な項目を集計して作成しこれを必要に応じ医療機関が修正するなどの省力化した方法がとられた。

② 地域医療構想の策定

　地域医療構想は，都道府県が，地域医療構想の構想区域を設定し，構想区域における病床の機能区分ごとの将来の病床数の必要量等を盛り込んだ将来の医療提供体制に関する構想である。上記の急性期医療に関する作業グループが提言した「地域医療ビジョン」に相当する。地域ごとの将来の医療需要を踏まえ 2025 年のあるべき病床の姿を構想として提示し，情報を共有して関係者の協議や様々な規制的・誘導的手法によりその実現を進めるという新たな制度が医療法に位置付けられた。

　地域医療構想は，医療計画の記載事項の一つとして規定されており，医療計画の一部として策定するものである（関係部分は 2015〈平成 27〉年 4 月 1 日施行）。地域医療構想には，2025 年における医療需要（入院・外来別・疾患別患者数等），2025（平成 37）年に目指すべき医療提供体制—構想区域における病床機能区分ごとの将来の病床数の必要量，構想区域における病床の機能の分化及び連携のために必要なものとして厚生労働省令で定める事項を含めた将来の医療提供体制の構想—を記載する。都道府県は地域医療構想の策定にあたり，病床機能報告の内容，人口構造の変化の見通しその他の医療の需要の動向，医療従事者及び医療提供施設の配置の状況の見通し等を勘案しなければならない。

　地域医療構想の策定については，国は 2015（平成 27）年 3 月に関係省令を公布[205]するとともに，地域医療構想策定のためのガイドラインを策定し各都道府県に通知した[206]。これに基づき，2015（平成 27）年度から各都道府県における地域医療構想策定の作業が開始される。地域医療構想の策定のプロセス及び策定後の実現に向けた取組みについては，図表 7-4 に示すとおりである。

　地域医療構想の策定にあたっては，他の関連する計画や施策との連携を図ること，都道府県境界付近の医療の需給の実情に照らして必要に応じ関係都道府県と連絡調整を行うこと，診療または調剤に関する学識経験者の団体の意見聴取や，都道府県医療審議会の意見聴取などが必要である。このほか，地域の医療提供体制の改革に保険者の声を反映させる観点から，市町村及び都道府県単位で設置されている保険者協議会の意見聴取などが必要となっている[207]。

　地域医療構想を策定した後は，2025（平成 37）年に向け，これを実現すべく地域の医療提供体制を変革していく必要がある。策定した地域医療構想を実現するために必要な措置としては，都道府県は，構想区域等ごとに，診療に関する学識経験者の団体その他の医療関係者，医療保険者等の関係者との協議の場を設け，地域医療構想の達成の推進に必要な事項に

205）地域における医療及び介護の総合的な確保を推進するための関係法律の整備等に関する法律の一部の施行に伴う厚生労働省関係省令の整備等に関する省令（平成 27 年厚生労働省令 57）
206）地域医療構想策定ガイドライン等について（厚生労働省医政局長通知。平成 27 年 3 月 31 日医政発 0331 第 53 号）
207）124 頁参照。

■ 図表7-4　地域医療構想の策定プロセス及び策定後の実現に向けた取組み

1　地域医療構想の策定を行う体制の整備*

　　＊　地域医療構想調整会議は，地域医療構想の策定段階から設置も検討

2　地域医療構想の策定及び実現に必要なデータの収集・分析・共有

3　構想区域の設定*

　　＊　二次医療圏を原則としつつ，①人口規模，②患者の受療動向，③疾病構造の変化，④基幹病院までのアクセス時間等の要素を勘案して柔軟に設定

4　構想区域ごとに医療需要の推計*

　　＊　4機能（高度急性期，急性期，回復期，慢性期）ごとの医療需要を推計

5　医療需要に対する医療供給（医療提供体制）の検討*

　　＊　高度急性期　…　他の構想区域の医療機関で，医療を提供することも検討（アクセスを確認）
　　　　急性期　　　…　一部を除き構想区域内で完結
　　　　回復期　　　…　基本的に構想区域内で完結
　　　　慢性期
　　　　　　　　　　　　　　　　　　　　　　　　主な疾病ごとに検討

　　＊　現在の医療提供体制を基に，将来のあるべき医療提供体制について，構想区域間（都道府県間を含む）で調整を行い，医療供給を確定

6　医療需要に対する医療供給を踏まえ必要病床数の推計

7　構想区域の確認

必要病床数と平成26年度の病床機能報告制度による集計数の比較

8　平成37（2025）年のあるべき医療提供体制を実現するための施策を検討

（参考）策定後の取組み

毎年度の病床機能報告制度による集計数
＋（比較）
地域医療構想の必要病床数

　→　構想区域内の医療機関の自主的な取組み
　　　＋
　　　地域医療構想調整会議を活用した医療機関相互の協議
　　　＋
　　　地域医療介護総合確保基金の活用

実現に向けた取組みとPDCA

資料：地域医療構想策定ガイドライン

ついて，協議を行うものとした[208]。この医療関係者等の協議により地域医療構想を推進していくことが望ましいが，協議では進まない場合に都道府県が講ずることができる措置として，①病院の新規開設・増床の開設許可の際に，不足している医療機能を担うという条件を付けることができること，②既存医療機関が過剰な医療機能に転換しようとする場合で転換にやむを得ない事情がないと認めるときは転換の中止を要請（公的医療機関等には命令）することができること，③不足している医療機能に係る医療を提供すること等を要請（公的医療機関等には指示）することができること，④公的医療機関等以外の医療機関に対して，稼働していない病床の削減を要請することができることなどの措置が設けられた。

以上のほか，医療機関が正当な理由なく上記の要請または命令・指示に従わない場合には，都道府県知事による勧告や，医療機関名の公表，地域医療支援病院・特定機能病院の不承認・承認の取消しの措置等を講ずることができることとした。

医療介護総合確保推進法は，地域医療構想を実現するため，医療法にこれらの規制的手法を規定するとともに，医療介護総合確保法に，経済的誘導策として，新たな財政支援制度としての基金について規定し，規制と財政支援の両面から地域医療構想の実現に取り組んでいくこととしている。

2014年改正では，以上のほか，医療計画の規定や，医療連携体制の構築等に関し，次の規定の整備が行われている。

①都道府県が医療計画を策定するにあたっては，医療介護総合確保法の都道府県計画及び都道府県介護保険事業支援計画との整合性の確保を図らなければならないものとすること

②医療計画の記載事項に，居宅等の医療の確保の目標に関する事項，病床の機能に関する情報の提供の推進に関する事項を追加

③医療と介護の総合的な確保の観点から，従来5年ごとに行うこととなっていた医療計画の達成状況等の調査・分析・評価とそれに基づく計画の変更を，居宅等医療等に係る事項については3年ごとに，それ以外については6年ごとに行うこと[209]

④医療連携体制の構築のための医療提供施設の開設者及び管理者による必要な協力として，病院は，病床の機能に応じ地域における病床の機能の分化及び連携の推進に協力し，地域において必要な医療を確保する役割を果たすこと

⑤同様に，有床診療所は，その提供する医療の内容に応じ，患者が住み慣れた地域で日常生活を営むことができるよう必要な医療（病院を退院する患者が居宅等における療養生活に円滑に移行するために必要な医療を提供すること，居宅等において必要な医療を提供すること，患者の病状が急変した場合その他入院が必要な場合に入院させ，必要な医療を提供すること）を確保する役割を果たすこと

---

208) 地域医療構想策定ガイドラインは，この協議の場を「地域医療構想調整会議」とした。
209) 介護保険法に基づく介護保険事業計画等が3年ごとに策定されることとの整合性を図ったもの。

このほか，医療に関する選択の支援等に関する章において，新たに，国民の役割に関する規定が新設され，国民は良質かつ適切な医療の効率的な提供に資するよう，医療提供施設相互間の機能の分担及び業務の連携の重要性についての理解を深め，医療提供施設の機能に応じ，医療に関する選択を適切に行い，医療を適切に受けるよう努めることとされた。

3 医療従事者の確保及び勤務環境の改善

今後の医療提供体制の確保を進めていくためには，その支え手である医療従事者の確保を図ること及びその勤務環境を改善していくことが重要であり，そのためには，病院及び診療所，都道府県，国が，それぞれの立場から協力しつつ役割を果たしていくことが必要である。また，医療機関における医師不足の問題に対しては，2011（平成23）年度から国の都道府県に対する補助事業として，都道府県がキャリア形成支援と一体となって医師不足の医療機関の医師確保の支援等を行う地域医療支援センターの運営への補助が行われてきたが，2014年改正においては，勤務環境改善についての関係者の役割を明らかにするとともに，地域医療支援センターの機能について規定が整備された。

医療従事者の勤務環境の改善に関する関係者の役割については，①病院または診療所の管理者は，勤務する医療従事者の勤務環境の改善その他の医療従事者の確保に関する措置を講ずるよう努めなければならないこと，②都道府県は，医療従事者の勤務環境の改善を促進するため，勤務環境の改善に関する相談・必要な情報提供，助言その他の援助，調査及び啓発活動その他の必要な支援の事務[210]を実施するよう努めること（当該事務を委託できることとして機能の確保・守秘義務等規定），③国は，病院及び診療所の管理者が講ずべき措置の指針の策定公表，都道府県に対する必要な情報提供その他の協力を行うことが定められた。

次に医療従事者の確保に関しては，①都道府県知事は，医療従事者の確保等の必要とされる医療の確保に関する施策（地域医療対策。関係者との協議・協力を経て作成公表）を踏まえ，特に必要があると認めるときは，関係者に対し，医師の派遣，研修体制の整備その他の医師が不足している地域の病院または診療所における医師の確保に関し必要な協力を要請することができること，②都道府県は，医師の確保の動向等必要な医療の確保のための調査分析，病院診療所の開設者・管理者等に対する相談・情報提供・助言その他の援助，就業を希望する医師や医学生に対する就業相談・情報提供・助言その他の援助等を実施するよう努めること，③都道府県は，医師について無料の職業紹介事業を行うこと及び医業について労働者派遣事業を行うことができること（②及び③の事務[211]を委託できることとして機能の確保・守秘義務等規定），④地域医療の関係者及び医療従事者は，地域医療対策の実施に協力するよう努めるとともに，都道府県知事の要請に応じ医師の確保に関し協力するよう努めること，が定められた。

210）医療勤務環境改善支援センター機能
211）地域医療支援センター機能

4 医療事故調査制度の創設

　医療安全の確保の観点からの医療事故に関する調査の仕組みのあり方については，2007（平成19）年頃から議論が活発になり，診療行為に関連した死亡に係る死因究明等に関する検討会での検討，数次にわたる試案や医療安全調査委員会設置法案（仮称）大綱案の公表とその後の様々な議論があった。2012（平成24）年2月からは，厚生労働省の医療事故の原因究明及び再発防止の仕組み等のあり方に関する検討部会（座長：山本和彦一橋大学大学院法学研究科教授）において具体的な検討が開始され，翌年5月に「医療事故に係る調査の仕組み等に関する基本的なあり方案」がとりまとめられた。原因究明と再発防止のため，診療に関連した死亡事例が発生した場合，医療機関は，まずは遺族に十分な説明を行い，第三者機関に届け出た上で，必要に応じて第三者機関に助言を求めつつ，速やかに院内調査を行い，当該調査結果について第三者機関に報告すること，院内調査の実施状況や結果に納得が得られなかった場合など，遺族または医療機関から申請があったものについて，第三者機関が調査を行うこと等を内容とするものであった。

　こうした検討経緯を踏まえ，2014年改正においては，新たに医療事故調査制度に関する規定を整備し，医療事故が発生した医療機関において院内調査を行いその調査報告を民間の第三者機関である医療事故調査・支援センターが収集・分析することで再発防止につなげる仕組みを創設することとし，医療法の第3章に2節を設けて医療安全の確保のための措置及び医療事故調査・支援センターに関し次の規定を整備した。

①厚生労働大臣は，医療事故調査を行うこと及び医療事故が発生した病院等の管理者が行う医療事故調査への支援を行うことにより医療の安全の確保に資することを目的とする一般社団法人または一般財団法人であって，次の業務を適切かつ確実に行うことができると認められるものを，その申請により，医療事故調査・支援センターとして指定することができること

②病院等の管理者は，医療事故（当該病院等に勤務する医療従事者が提供した医療に起因し，または起因すると疑われる死亡または死産であって，当該管理者が当該死亡または死産を予期しなかったものとして厚生労働省令で定めるもの）が発生した場合には，厚生労働省令で定めるところにより，遅滞なく，当該医療事故の日時，場所及び状況その他の事項を医療事故調査・支援センターに報告しなければならず，報告にあたっては，あらかじめ，遺族に対し説明しなければならないこと

③病院等の管理者は，医療事故が発生した場合には，厚生労働省令で定めるところにより，医療事故調査を行わなければならないこと[212]及び病院等の管理者は，医療事故調査を終了したときは，その結果を遅滞なく医療事故調査・支援センターに報告しなけれ

212）病院等の管理者は，医療事故調査等支援団体（医学医術に関する学術団体その他の厚生労働大臣が定める団体）に対し必要な支援を求め，当該団体は支援を行う。

ばならず，報告にあたっては遺族に対しあらかじめ説明をしなければならないこと
④医療事故調査・支援センターは，医療事故が発生した病院等の管理者または遺族から，調査の依頼があつたときは，必要な調査を行うことができること，必要があると認めるときは，管理者に対し，文書若しくは口頭による説明を求め，または資料の提出その他必要な協力を求めることができること，管理者は，これを拒んではならないこと，調査を終了したときは，その調査の結果を同項の管理者及び遺族に報告しなければならないこと

医療事故調査制度は，2015（平成27）年10月1日に施行予定であり，医療事故の定義や，具体的な報告事項等について，医療事故調査制度の施行に係る検討会（座長：山本和彦一橋大学大学院法学研究科教授）が検討を行い，2015（平成27）年3月に取りまとめを行った[213]。今後これに基づき関係省令等の整備が行われる予定である。

5 臨床研究中核病院制度の創設等

日本において革新的医薬品・医療機器の開発などに必要となる質の高い臨床研究を推進していくにあたって，臨床研究に精通する医師の不足，戦略的に臨床研究を企画・立案・実施するためのマネージメントや被験者ケアを担う人材の不足，データ管理システム等の設備や多施設共同研究の調整不十分などの課題が指摘されてきた。今後，十分な人材や設備等を有する拠点を選択し集中的に整備を進めていくことが必要となっている[214]。

このような背景から，2014年改正では，国際水準の臨床研究や医師主導治験の中心的役割を担う病院となる臨床研究中核病院の制度を創設し，臨床研究の実施の中核的な役割を担うことに関する要件に該当する病院は，厚生労働大臣の承認を得て臨床研究中核病院と称することができるという仕組みを設けた。要件としては，特定臨床研究の計画立案・実施能力や共同実施の主導的役割を果たす能力（必要な体制整備・医師主導治験の実施件数等），特定臨床研究を援助する能力研修を行う能力，診療科（10以上），病床数（400以上），臨床研究にかかる施設，臨床研究支援管理の人員などが定められている。

臨床研究中核病院は，地域医療支援病院，特定機能病院に次ぐ第3の特別の病院類型として創設されたものであり，名称独占が付与される。臨床研究中核病院の具体的な承認要件については，厚生労働省の「医療法に基づく臨床研究中核病院の承認要件に関する検討会」（座長：楠岡英雄独立行政法人国立病院機構大阪医療センター院長）が2014（平成26）年9月から検討を進め，2015（平成27）年1月30日に「臨床研究中核病院の承認要件につい

---

213) 医療事故調査制度の施行に係る検討会「医療事故制度の施行に係る検討について」(2015〈平成27〉年3月20日)
214) 2014（平成26）年5月に成立した健康医療戦略推進法（平成26年法律第49号）に基づき，政府が作成した「健康・医療戦略」（平成26年7月22日閣議決定）において，革新的な医療技術創出のため，2020年頃までに医師主導治験届出年間40件などの数値目標が設定されている。

て」をとりまとめた（図表7-5）。

　このほか，2014年改正では，医療法人制度について，①これまで認められていなかった医療法人社団及び医療法人財団の合併の規定を整備するとともに，②地域における医療提供の継続の観点から，医療法人による選択を前提としつつ，持ち分なし医療法人への移行促進策が講じられた（第57条及び良質な医療を提供する体制の確立を図るための医療法等の一部を改正する法律〈平成18年法律第84号〉第10条の2〜第10条の9。2014〈平成26〉年10月1日施行）。

図表7−5 臨床研究中核病院の承認要件概要

能力要件（医療法第4条の3第1項第1号〜第4号、第10号）			施設要件 （第4条の3第1項第5号、6号、8号、9号）	人員要件 （第4条の3第1項第7号）
実施体制	実績	（参考）法律上の規定		
○不適正事案の防止等のための管理体制の整備 ・病院管理者の権限及び責任を明記した規程等の整備 ・病院管理者を補佐するための会議体の設置 ・取組状況を監査する委員会の設置 ＊上記の他、申請時に過去の不適正事案の調査、再発防止策の策定等の義務づけ。	○自ら行う特定臨床研究の実施件数 ○論文数	I 特定臨床研究に関する計画を立案し実施する能力	○診療科 ・10以上 ○病床数 ・400以上	○臨床研究支援・管理部門に所属する人員数 ・医師・歯科医師 5人 ・薬剤師 10人 ・看護師 15人 ・臨床研究コーディネーター 12人 ・データマネージャー 3人 ・生物統計家 2人 ・薬事承認審査機関経験者1人
	○主導する多施設共同の特定臨床研究の実施件数	II 他の医療機関と共同して特定臨床研究を行う場合に主導的な役割を果たす能力	○技術能力について外部評価を受けた臨床検査室	
	○他の医療機関が行う特定臨床研究に対する支援件数	III 他の医療機関が行う特定臨床研究の援助を行う能力		
○以下の体制について担当部門・責任者の設置、手順書の整備等を規定 ・臨床研究支援体制 ・データ管理体制 ・安全管理体制 ・倫理審査体制 ・利益相反管理体制 ・知的財産管理・技術移転体制 ・国民への普及・啓発及び研究対象者への相談体制	○特定臨床研究に関する研修会の開催件数	IV 特定臨床研究に関する研修を行う能力		

資料：臨床研究中核病院の承認要件に関する検討会報告書概要（2015（平成27）年1月30日）

3 地域における公的介護施設等の計画的な整備の促進に関する法律関係の改正（医療介護総合確保法関係）

　医療介護総合確保推進法は，「地域における医療及び介護の総合的な確保を推進するための関係法律の整備等に関する法律」と題しているとおり，効率的かつ質の高い医療提供体制とともに，地域包括ケアシステムの構築を通じ，地域における医療・介護の総合的な確保を推進することを目的としている。

　このため，2014年改正においては，1989（平成元）年に制定された「地域における公的介護施設等の計画的な整備等の促進に関する法律」（平成元年法律第64号。以下「旧法」）を，「地域における医療及び介護の総合的な確保の促進に関する法律」に名称変更するとともに，法律の目的を含めて全面的な改正を行った（改正後の同法を「医療介護総合確保法」と略称）。厚生労働大臣が地域における医療及び介護を総合的に確保するための基本的な方針を定め，これに即して都道府県及び市町村が地域の実情に応じた医療及び介護の総合的な確保のための事業の実施計画を作成し，都道府県に新たに設置する基金も活用して医療・介護サービスの提供体制の総合的・計画的な整備を推進することが主な内容となっている。

1 地域包括ケアシステムの構築

　旧法は，地域において介護給付等対象サービス等を提供する施設及び設備の計画的な整備を促進することを主たる目的としていたが，これを改め，地域における創意工夫を生かしつつ，地域において効率的かつ質の高い医療提供体制を構築するとともに地域包括ケアシステムを構築することを通じ，地域における医療及び介護の総合的な確保を促進することを目的とする（医療介護総合確保法第1条。2014〈平成26〉年6月25日施行）

　地域包括ケアシステムの定義については，地域の実情に応じて，高齢者が，可能な限り，住み慣れた地域でその有する能力に応じ自立した日常生活を営むことができるよう，医療，介護，介護予防（要介護状態若しくは要支援状態となることの予防または要介護状態若しくは要支援状態の軽減若しくは悪化の防止をいう），住まい及び自立した日常生活の支援が包括的に確保される体制をいうと規定した（医療介護総合確保法第2条）。

2 総合確保方針及び都道府県・市町村計画

　厚生労働大臣は，地域において効率的かつ質の高い医療提供体制を構築するとともに地域包括ケアシステムを構築することを通じ，地域における医療及び介護を総合的に確保するための基本的な方針（総合確保方針）を定めなければならない。

厚生労働大臣が定める総合確保方針には，①医療と介護の総合的な確保の意義，基本的な方向，②医療法で定める基本方針，介護保険法で定める基本指針の基本となる事項，③法に基づく都道府県計画，市町村計画の作成，及びその整合性の確保に関する基本的な事項，④都道府県計画，医療計画，介護保険事業支援計画の整合性の確保に関する事項，⑤基金事業に関する基本的な事項（公正性・透明性の確保等），⑥その他地域における医療及び介護の総合的な確保に関し必要な事項を定める（医療介護総合確保法第3条）。

　厚生労働大臣が総合確保方針を定める際には，医療または介護を受ける立場にある者，都道府県知事，市町村長，保険者，医療機関，介護サービス事業者，診療・調剤等の医療関係団体，学識経験者の意見を反映させるための措置を講じる[215]。

　総合確保方針は，2014（平成26）年9月，厚生労働大臣から「地域における医療及び介護を総合的に確保するための基本的方針」（平成26年厚生労働省告示第354号）として告示された。

　次に，都道府県は，総合確保方針に即して，かつ，地域の実情に応じて，都道府県の地域における医療及び介護の総合的な確保のための事業の実施に関する計画（都道府県計画）を作成することができる。都道府県計画には，①医療介護総合確保区域（地理的条件，人口，交通事情その他の社会的条件，医療機関の施設及び設備並びに公的介護施設等及び特定民間施設の整備の状況その他の条件から見て医療及び介護の総合的な確保の促進を図るべき区域[216]）ごとの当該区域における医療及び介護の総合的な確保に関する目標及び計画期間，②地域医療構想の達成に向けた医療機関の施設または設備の整備に係る事項，③医療介護総合確保区域における居宅等における医療の提供に関する事業，④公的介護施設等の整備に関する事業，⑤医療従事者の確保に関する事業，⑥介護従事者の確保に関する事業等を定める。

　また，市町村（特別区を含む）は，総合確保方針に即して，かつ，地域の実情に応じて，市町村の地域における医療及び介護の総合的な確保のための事業の実施に関する計画を作成することができる（市町村計画）。市町村計画には①医療介護総合確保区域ごとの当該区域または当該市町村の区域における医療及び介護の総合的な確保に関する目標及び計画期間，②居宅等における医療の提供に関する事業，③老人居宅生活支援事業を実施する施設の整備，④特別養護老人ホーム等の整備等を定める（医療介護総合確保法第4条及び第5条）。

③ 地域医療介護総合確保基金

　2014年改正により，都道府県が，都道府県計画に掲載された事業に要する経費にあてる

---

[215] この規定に基づき，関係者を構成員として2014（平成26）年7月から9月までの間「医療介護総合確保促進会議」が開催され，その議論を通じて総合確保方針案が取りまとめられた。
[216] 総合確保方針においては，二次医療圏及び老人福祉圏域を念頭に置きつつ，地域の実情を踏まえて設定するものとされている。また，医療計画，市町村介護保険事業計画，都道府県介護保険事業支援計画の作成・見直しのサイクルが一致する2018（平成30）年度以降，これらを一体的に作成し整合性を確保できるようにすること，二次医療圏と老人福祉圏域を一致させるよう努める必要があることとされている。

ための基金（地域医療介護総合確保基金）を設置する場合には，消費税増収分を財源として，国が必要な資金の3分の2を負担することとした（医療介護総合確保法第6条及び第7条）。総合確保方針において，基金をあてて実施する事業の範囲として，①地域医療構想の達成に向けた医療機関の施設または設備の整備に関する事業，②居宅等における医療の提供に関する事業，③介護施設等の整備に関する事業，④医療従事者の確保に関する事業，⑤介護従事者の確保に関する事業が定められた。2014（平成26）年11月には，都道府県の申請に基づき，全都道府県合計で総額904億円の基金設置について交付決定が行われた（うち国費は602億円）。対象となった具体的な事業としては，例えば病床の機能分化・連携に関する事業として「急性期病床」から「地域包括ケア病床」への転換を促すための施設・設備の整備，在宅医療の推進に関する事業として有床診療所支援事業，医療従事者の確保・養成に関する事業として女性医師サポート事業がある[217]。

---

[217] 2014（平成26）年度は医療関係の事業のみを対象としたが，2015（平成27）年度以降介護関係の事業も対象となった。2015（平成27）年度の地域医療介護総合確保基金の予算は医療分602億円，介護分483億円（国負担分）。

医療従事者に関する諸法の改正

1 チーム医療の推進

　2014年改正では、チーム医療の推進の観点から、保健師助産師看護師法をはじめとする医療従事者に関する諸法について、看護師の研修制度の創設や、業務範囲の見直し等に係る改正が行われた。

　保健師助産師看護師法においては、特定行為に係る看護師の研修制度が創設された。これは、在宅医療等の一層の推進を図っていくため、医師または歯科医師の判断を待たずに、手順書により一定の診療の補助（例えば、脱水時の点滴〈脱水の程度の判断と輸液による補正〉など）を行う看護師を養成・確保していくことを目指したものである。

　特定行為は、「診療の補助であって、看護師が手順書により行う場合には、実践的な理解力、思考力及び判断力並びに高度かつ専門的な知識及び技能が特に必要とされるものとして厚生労働省令で定めるもの」と定義され、特定行為を手順書により行う看護師は、厚生労働大臣が指定する研修機関において、当該特定行為の特定行為区分に係る特定行為研修を受けなければならない。特定行為研修は、看護師が手順書により特定行為を行う場合に特に必要とされる実践的な理解力、思考力及び判断力並びに高度かつ専門的な知識及び技能の向上を図るものである（保健師助産師看護師法第37条の2。2015〈平成27〉年10月1日施行）。

　具体的な特定行為及び特定行為研修の基準の内容、手順書の記載事項については、医道審議会保健師助産師看護師分科会の下に設置された看護師特定行為・研修部会において検討が行われ、2014（平成26）年12月24日に意見が取りまとめられた。これに基づき、特定行為及び特定行為区分として38行為、21区分が定められた（平成27年厚生労働省令第33号別表第一及び別表第二。図表7-6）。2015（平成27）年度から指導研修機関の指定、研修の実施が行われる予定である。

　特定行為に係る看護師の研修制度により、例えば、在宅療養中の脱水を繰り返す患者について、訪問看護師が脱水の可能性を疑った場合、研修を終了した看護師であれば、医師への報告とその指示を待たずに、手順書で定めた範囲内の点滴等を行うことができることとなった。

　次に、2014年改正では、歯科衛生士法を改正し、歯科衛生士が予防処置を実施する場合の歯科医師の関与の程度の見直しを行った。

　これまで歯科衛生士は、厚生労働大臣の免許を受けて、歯科医師の「直接の指導の下」に歯牙及び口腔の疾患の予防処置の行為を行うものとされていたものを、「指導の下に」に改め、新たに、歯科衛生士は、その業務を行うにあたっては、歯科医師その他の歯科医療関係者と緊密な連携を図り、適正な歯科医療の確保に努めなければならないこととした。あわせて法の本則上歯科衛生士は「女子」に限られ男子については附則により準用していたものを、

■ 図表7-6　特定行為及び特定行為区分

特定行為区分	特定行為
呼吸器（気道確保に係るもの）関連	1　経口用気管チューブまたは経鼻用気管チューブの位置の調整
呼吸器（人工呼吸療法に係るもの）関連	2　侵襲的陽圧換気の設定の変更 3　非侵襲的陽圧換気の設定の変更 4　人工呼吸管理がなされている者に対する鎮静薬の投与量の調整 5　人工呼吸器からの離脱
呼吸器（長期呼吸療法に係るもの）関連	6　気管カニューレの交換
循環器関連	7　一時的ペースメーカの操作及び管理 8　一時的ペースメーカリードの抜去 9　経皮的心肺補助装置の操作及び管理 10　大動脈内バルーンパンピングからの離脱を行うときの補助の頻度の調整
心嚢ドレーン管理関連	11　心嚢ドレーンの抜去
胸腔ドレーン管理関連	12　低圧胸腔内持続吸引器の吸引圧の設定及びその変更 13　胸腔ドレーンの抜去
腹腔ドレーン管理関連	14　腹腔ドレーンの抜去（腹腔内に留置された穿刺針の抜針を含む）
ろう孔管理関連	15　胃ろうカテーテル若しくは腸ろうカテーテルまたは胃ろうボタンの交換 16　膀胱ろうカテーテルの交換
栄養に係るカテーテル管理（中心静脈カテーテル管理）関連	17　中心静脈カテーテルの抜去
栄養に係るカテーテル管理（末梢留置型中心静脈注射用カテーテル管理）関連	18　末梢留置型中心静脈注射用カテーテルの挿入
創傷管理関連	19　褥瘡または慢性創傷の治療における血流のない壊死組織の除去 20　創傷に対する陰圧閉鎖療法
創部ドレーン管理関連	21　創部ドレーンの抜去
動脈血液ガス分析関連	22　直接動脈穿刺法による採血 23　橈骨動脈ラインの確保
透析管理関連	24　急性血液浄化療法における血液透析器または血液透析濾過器の操作及び管理
栄養及び水分管理に係る薬剤投与関連	25　持続点滴中の高カロリー輸液の投与量の調整 26　脱水症状に対する輸液による補正
感染に係る薬剤投与関連	27　感染徴候がある者に対する薬剤の臨時の投与
血糖コントロールに係る薬剤投与関連	28　インスリンの投与量の調整
術後疼痛管理関連	29　硬膜外カテーテルによる鎮痛剤の投与及び投与量の調整
循環動態に係る薬剤投与関連	30　持続点滴中のカテコラミンの投与量の調整 31　持続点滴中のナトリウム，カリウムまたはクロールの投与量の調整 32　持続点滴中の降圧剤の投与量の調整 33　持続点滴中の糖質輸液又は電解質輸液の投与量の調整 34　持続点滴中の利尿剤の投与量の調整
精神及び神経症状に係る薬剤投与関連	35　抗けいれん剤の臨時の投与 36　抗精神病薬の臨時の投与 37　抗不安薬の臨時の投与
皮膚損傷に係る薬剤投与関連	38　抗がん剤その他の薬剤が血管外に漏出したときのステロイド薬の局所注射及び投与量の調整

資料：保健師助産師看護師法第37条の2第2項第1号に規定する特定行為及び同項第4号に規定する特定行為研修に関する省令（平成27年厚生労働省令第33号）別表第1及び第2に基づき筆者作成

本則上も「女子」を「者」に改めた（歯科衛生士法第2条，第13条の5。2015〈平成27〉年4月1日施行）。

　診療放射線技師については，診療放射線技師法を改正し，診療放射線技師の従来からの業務である放射線の照射及びMRI等を用いた検査に加え，当該業務に関連する行為として厚生労働省令で定めるもの（造影剤の血管内投与に関する業務等）について，診療の補助として，医師または歯科医師の具体的な指示の下に行うことを可能とした（診療放射技師法第24条の2。2015〈平成27〉年4月1日施行）。また，X線検診車等における診療放射線技師の胸部X線撮影（CT検査を除く）において，医師または歯科医師の立会を求めないこととした（診療放射線技師法第26条。2014〈平成26〉年6月25日施行）。

　臨床検査技師については，従来から，診療の補助として，医師または歯科医師の具体的指示を受けて，採血を行うことが認められているが，2014年改正では，臨床検査技師等に関する法律を改正し，診療の補助として，検査のための検体採取の行為で政令で定めるもの（インフルエンザ等のための鼻腔ぬぐい液による検体採取等）を，医師または歯科医師の具体的な指示を受けて，臨床検査技師が業として行うことを可能とした（臨床検査技師等に関する法律第11条及び第20条の2。2015〈平成27〉年4月1日施行）。

　このほか，2014年改正では，歯科技工士について，歯科技工士法を改正し，歯科技工士国家試験を養成施設の所在地の都道府県知事が各々実施している現状を見直し，国が実施することとした（歯科技工士法第9条の2等。2015〈平成27〉年4月1日施行）。

② 看護師等の人材確保の促進に関する法律の改正

　看護職員の人材確保については，若年人口が減少しつつあるなかで，資格を持ちながら就業していない看護師等の復職支援が重要になっている。これまでも都道府県ナースセンターが無料職業紹介事業を行うなどしてきたが，離職後，復職するかどうか迷っている看護師等に対して適切にアプローチして支援する仕組みが必要とされた。このため，2014年改正では，看護師等の人材確保の促進に関する法律を改正し，同法に基づいて設置されている都道府県ナースセンターについて，同センターが中心となって看護職員の復職支援の強化を図る観点から看護師等に対し，その就業の促進に関する情報の提供，相談その他の援助を行うことを都道府県ナースセンターの業務に追加するとともに，看護師等が病院等を離職した場合等には，都道府県ナースセンターへ住所，氏名等の届出の努力義務を規定し，さらに，都道府県ナースセンターが官公署に対し情報提供を求めることができる旨の規定及び都道府県ナースセンター役職員等についての守秘義務規定を整備した（第15条～第16条の5。2015〈平成27〉年10月1日施行）。

③ 外国医師等が行う臨床修練に係る医師法第17条等の特例等に関する法律の改正

　外国医師等の臨床修練制度は，医療研修を目的として来日した外国医師等に対し，その目的を十分に達成することができるよう，当該研修で診療を行うことを特例的に認める制度である。この制度に関しては，2010（平成22）年の規制緩和・制度改革に対する対処方針（平成22年6月18日閣議決定）において，制度の活用促進のための手続き簡素化等と医療技術の教授目的の場合や国際水準の共同研究の場合にも認めるための制度改正を行うという方針が定められた。また，2011（平成23）年12月22日の社会保障審議会医療部会の意見においても同旨の取りまとめがなされている。

　2014年改正は，外国医師等が行う臨床修練に係る医師法第17条等の特例等に関する法律を改正し，法の目的に教授または医学・歯科医学の研究を目的とした外国医師等の特例を加え，臨床修練に加えて臨床教授等（医療に関する知識及び技能の教授または医学若しくは歯科医学の研究を目的として入国した外国医師等が診療を行うこと）に係る規定を整備するとともに，正当な理由があると認めるときは，2年を限度として有効期間を更新できるようにする等の改正がなされた（外国医師等が行う臨床修練等に係る医師法第17条等の特例等に関する法律第1条〜第26条。2014〈平成26〉年10月1日施行）。

5 検討規定等

　地域における医療及び介護の総合的な確保を推進するための関係法律の整備等に関する法律の附則には，次の検討規定が設けられている。

（検討）
第2条　政府は，この法律の公布後必要に応じ，地域における病床の機能の分化及び連携の推進の状況等を勘案し，さらなる病床の機能の分化及び連携の推進の方策について検討を加え，必要があると認めるときは，その結果に基づいて所要の措置を講ずるものとする。

2　政府は，……実施状況等を勘案し，医師法……第21条の規定による届出及び新医療法第6条の15第1項の医療事故調査・支援センター……への……医療事故の報告，医療事故調査及び医療事故調査・支援センターの在り方を見直すこと等について検討を加え，その結果に基づき，この法律の公布後2年以内に法制上の措置その他の必要な措置を講ずるものとする。

3　政府は，我が国における急速な高齢化の進展等に伴い，介護関係業務に係る労働力への需要が増大していることに鑑み，この法律の公布後1年を目途として，介護関係業務に係る労働力の確保のための方策について検討を加え，必要があると認めるときは，その結果に基づいて所要の措置を講ずるものとする。

4　政府は，前3項に定める事項のほか，この法律の公布後5年を目途として，この法律による改正後のそれぞれの法律……の施行の状況等を勘案し，改正後の各法律の規定について検討を加え，必要があると認めるときは，その結果に基づいて所要の措置を講ずるものとする。

　また，2014（平成26）年6月17日の参議院厚生労働委員会における法案の採決の際には，地域における医療及び介護の総合的な確保を推進するための関係法律の整備等に関する法律案に対する附帯決議が採択され，政府に対し，22項目にわたって必要な改革や施行にあたり適切な措置を講ずるよう求めた。

　医療法の今後の課題については，将来における医療機能の必要量を適切に推計し地域医療構想の策定を進めた上で，構想に基づく病床機能の再編を協議の場での調整や保険者及び地域住民の意見の反映を行い着実に進めていくこと，新たに発足する医療事故調査制度が，中立性，透明性及び公正性を確保して適切に実施されること等が課題となっている。また，医療介護総合確保法に関しては，基金による実効性・公正性・透明性ある事業の実施や適正な事業評価が，医療関係資格法等の改正に関しては，特定行為の実施に係る研修制度を始めチーム医療を着実に推進していくこと，そして医療需要を踏まえた医療従事者の確保を進めていくこと等が課題となっている。

なお，2015（平成27）年4月3日，政府は，医療法の一部を改正する法律案を閣議決定し，同日国会に提出した。同法案は，地域の医療機関相互間の機能の分担及び業務の連携を推進するため，地域医療連携推進法人の認定制度を創設すること，及び医療法人の経営の透明性向上等のため医療法人について貸借対照表等に係る公認会計士等による監査，公告等に係る規定及び分割に係る規定を整備することなどを主な内容としている。

　地域医療連携推進法人は，地域において良質かつ適切な医療を効率的に提供する参加法人を社員とし，開設する病院，診療所及び介護老人保健施設の業務を推進するための医療連携推進方針を定め，医療従事者の研修，医薬品等の物資の供給，資金貸付その他の医療連携推進業務を行うことを目的とする一般社団法人で，都道府県知事の認定を受けたものをいう。

　また，医療法人制度の見直しは，医療法人の経営の透明化の確保及びガバナンスの強化の観点から，事業活動に規模その他の事情を勘案して厚生労働省令で定める基準に該当する医療法人は，厚生労働省令で定める会計基準（公益会計基準に準拠したものを予定）に従い，貸借対照表及び損益計算書を作成し，公認会計士等による監査，公告を実施するなどの規定を整備することを内容としている（原則として，公布の日から起算して2年を超えない範囲内において政令で定める日から施行）。

　（＊同法案は，本書執筆の2015年6月時点で未成立）

第8章

持続可能な医療保険制度を構築するための国民健康保険法等の一部を改正する法律
2015年医療保険制度改革

　2015（平成27）年には，持続可能な医療保険制度を構築するための国民健康保険法等の一部を改正する法律（平成27年法律第31号）が成立し，国民健康保険制度の都道府県財政運営への移行及び財政基盤安定化，高齢者医療における後期高齢者支援金の全面総報酬割の導入，協会けんぽの国庫補助率の安定化と財政特例措置，医療費適正化計画の見直し，個人や保険者による予防・健康づくりの促進，入院時食事療養費の見直しや紹介状なしで大病院を受診する場合の定額負担の導入などの負担の公平化，患者申出療養制度の創設などの大きな改革が進められることになった。本章では，2015年医療保険制度改革に関し，法案の検討経緯や，社会保障改革プログラム法，2014年医療制度改革との関連も含めて解説する。

2015年医療保険制度改革法の成立

　2015年の医療保険制度改革については，社会保障制度改革国民会議報告書の提言を受けて制定された社会保障改革プログラム法において，基本的な方向性と改革措置の内容が示されていた[218]。このため，2014（平成26）年4月に医療保険制度改革の議論を開始した社会保障審議会医療保険部会（部会長：遠藤久夫学習院大学経済学部長）は，まずプログラム法に検討事項として示された国民健康保険制度の改革等の検討を行い，秋以降にそれ以外の改革の検討を行うというスケジュールで議論を進めた。

　焦点の国保改革については，医療保険部会における検討と並行して進められていた，厚生労働省と地方との協議の場である国保基盤強化協議会（構成員：福田富一栃木県知事，岡崎誠也高知市長，斎藤正寧井川町長，田村憲久厚生労働大臣，土屋品子厚生労働副大臣，赤石清美厚生労働大臣政務官）において，①国保の財政上の構造問題の分析と解決方策，②国保運営に関する都道府県と市町村の役割分担のあり方等を中心に協議が進められ，同年8月8日には「国民健康保険の見直しについて（中間整理）」が取りまとめられた。同日，医療保険部会もそれまでの議論を整理して「社会保障審議会医療保険部会での主な意見（平成26年8月8日）」を取りまとめ公表した。その後，医療保険部会においては，委員の間で意見が対立していた後期高齢者支援金の全面総報酬割の導入及び国庫補助の取扱いや，医療費適正化，現金給付，患者申出療養，特定健保組合，任意継続被保険者制度について議論を続けたが，同年11月には消費税率引上げ時期の変更決定やそれに続く衆議院解散・総選挙もあって議論が中断した。このような経過もあり，翌2015（平成27）年1月9日に再開された第85回医療保険部会においては，部会による意見書とりまとめではなく，事務局から「医療保険制度改革骨子（案）」が提示され，これに対し委員が意見を述べる形で審議が進められた。国保関係の委員からの国保への財政支援拡充などの意見，被用者保険関係の委員からの総報酬割導入に伴う国庫負担の国保への活用への反対意見，医療費適正化計画についての様々な意見などが表明された。1月13日には，政府の社会保障制度改革推進本部が医療保険制度改革骨子案を決定した。2月12日には国保基盤強化協議会が①毎年約3400億円の財政支援の拡充等による財政基盤強化，②平成30年度から都道府県が市町村とともに国保の運営を担う，③地方との十分な協議・不断の検証等を柱とする「国民健康保険の見直しについて（議論のとりまとめ）」を公表，国保改革の法案提出につき国と地方の間で実質的な合意が成立した。

　政府は以上の検討の経過を踏まえて改正法案の検討を進め，2015年3月3日，「持続可能な医療保険制度を構築するための国民健康保険法等の一部を改正する法律案」を閣議決定

218）具体的な措置及び法律案提出時期等については，図表6-2参照。

し，同日に第189回通常国会に提出した。同法案については，4月14日に衆議院本会議において趣旨説明質疑，衆議院厚生労働委員会での審議を経て4月24日可決，4月28日衆議院本会議で可決し，5月13日参議院本会議趣旨説明質疑，参議院厚生労働委員会での審議を経て5月26日可決，5月27日参議院本会議で可決成立し，5月29日公布された（平成27年法律第31号）（図表8-1）。同法案の衆議院厚生労働委員会での採決に際しては，施行期日を一部修正する議決及び政府に所要の措置を求める附帯決議が付されている。また，参議院厚生労働委員会での採決に際しても，政府に所要の措置を求める附帯決議が付されている。

　同法案の趣旨は，社会保障改革プログラム法に基づく措置として，持続可能な医療保険制度を構築するため，国民健康保険の財政支援の拡充や財政運営責任の都道府県への移行等による医療保険制度の財政基盤の安定化，被用者保険者の後期高齢者支援金の全面総報酬割の導入，医療費適正化の推進を行うほか，患者申出療養の創設の措置を講ずるというものであり[219]，改革の基本的事項は次のとおりである。

① 国民健康保険制度の安定的な運営が可能となるよう，国民健康保険への財政支援を拡充し，財政基盤を強化する。都道府県が市町村とともに国民健康保険の運営を担い，国民健康保険の財政運営の責任主体として安定的な財政運営や効率的な事業の確保などの事業運営において中心的な役割を担うこととする。

② 後期高齢者支援金について，より負担能力に応じた負担とし，被用者保険者相互の支え合いを強化するため，被用者保険者の後期高齢者支援金の額のすべてを標準報酬総額に応じた負担とするとともに，高齢者医療への拠出金負担の重い保険者の負担を軽減する措置を拡充する。

③ 医療費適正化の取組みを実効的に推進するため，医療費適正化計画において，医療に要する費用についての目標を定めるとともに，毎年度の進捗状況を公表し，目標と実績に差がある場合には，その要因を分析し，必要な対策を講ずることとする。

④ 困難な病気と闘う患者からの申出を基点として，安全性及び有効性を確認しつつ，高度な医療技術を用いた医療を迅速に保険診療と併用して行うことができるよう，新たな保険外併用療養費制度として患者申出療養を創設する。

⑤ 全国健康保険協会に対する国庫補助率の安定化，入院時食事療養費の見直し等を行う。

⑥ 施行期日は，一部の規定を除き2018（平成30）年4月1日とする。

---

219) 2015（平成27）年4月15日衆議院厚生労働委員会における塩崎恭久厚生労働大臣提案理由説明。

■ 図表 8-1　持続可能な医療保険制度を構築するための国民健康保険法等の一部を改正する法律（平成27年法律第31号）の概要

> 持続可能な社会保障制度の確立を図るための改革の推進に関する法律に基づく措置として，持続可能な医療保険制度を構築するため，国保をはじめとする医療保険制度の財政基盤の安定化，負担の公平化，医療費適正化の推進，患者申出療養の創設等の措置を講ずる。

1．国民健康保険の安定化
- 国保への財政支援の拡充により，財政基盤を強化
- 平成30年度から，都道府県が財政運営の責任主体となり，安定的な財政運営や効率的な事業の確保等の国保運営に中心的な役割を担い，制度を安定化

2．後期高齢者支援金の全面総報酬割の導入
- 被用者保険者の後期高齢者支援金について，段階的に全面総報酬割を実施
  （現行：1／3総報酬割→27年度：1／2総報酬割→28年度：2／3総報酬割→29年度：全面総報酬割）

3．負担の公平化等
① 入院時の食事代について，在宅療養との公平等の観点から，調理費が含まれるよう段階的に引き上げ（低所得者，難病・小児慢性特定疾病患者の負担は引き上げない）
② 特定機能病院等は，医療機関の機能分担のため，必要に応じて患者に病状に応じた適切な医療機関を紹介する等の措置を講ずることとする（紹介状なしの大病院受診時の定額負担の導入）
③ 健康保険の保険料の算定の基礎となる標準報酬月額の上限額を引き上げ（121万円から139万円に）

4．その他
① 協会けんぽの国庫補助率を「当分の間16.4％」と定めるとともに，法定準備金を超える準備金に係る国庫補助額の特例的な減額措置を講ずる
② 被保険者の所得水準の高い国保組合の国庫補助について，所得水準に応じた補助率に見直し（被保険者の所得水準の低い組合に影響が生じないよう，調整補助金を増額）
③ 医療費適正化計画の見直し，予防・健康づくりの促進
- 都道府県が地域医療構想と整合的な目標（医療費の水準，医療の効率的な提供の推進）を計画の中に設定
- 保険者が行う保健事業に，予防・健康づくりに関する被保険者の自助努力への支援を追加
④ 患者申出療養を創設（患者からの申出を起点とする新たな保険外併用療養の仕組み）

【施行期日】平成30年4月1日（4.①は公布の日〈平成27年5月29日〉，2.は公布の日及び平成29年4月1日、3.及び4.②～④は平成28年4月1日）

資料：厚生労働省資料を一部改変

2015年医療保険制度改革法による改正

　以下では，持続可能な医療保険制度を構築するための国民健康保険法等の一部を改正する法律（平成27年法律第31号）による医療保険制度改革（以下「2015年医療保険制度改革」）による具体的な改正内容を解説する。

1 国民健康保険制度の改革

　2015年医療保険制度改革は，後期高齢者医療制度を創設した2006（平成18）年改正以来の大きな医療保険制度改革となったが，そのなかでも重要なのは，国民健康保険制度の改革である。

　これまで市町村が担ってきた国民健康保険の保険者に関しては，新たに，都道府県は，当該都道府県内の市町村（特別区を含む）とともに，国民健康保険を行うことが規定された（2018〈平成30〉年4月1日施行）。

　新たな国民健康保険制度における国，都道府県及び市町村のそれぞれが果たすべき責務は次の通りである。

①国は，国民健康保険事業の運営が健全に行われるよう必要な各般の措置を講ずるとともに，国民健康保険法の目的の達成に資するため，保健，医療及び福祉に関する施策その他の関連施策を積極的に推進する。

②都道府県は，安定的な財政運営，市町村における国民健康保険事業の効率的な実施の確保等，都道府県及び当該都道府県内の市町村の国民健康保険事業の健全な運営について中心的な役割を果たす。

③市町村は被保険者の資格の取得及び喪失に関する事項，国民健康保険の保険料の徴収，保健事業の実施その他の国民健康保険事業を適切に実施する。

　この基本的な考え方に基づく，改革後の国保の運営における都道府県と市町村の具体的な役割分担は，図表8－2に掲げた通りである。

　都道府県及び市町村には，それぞれ，国民健康保険事業の運営に関する重要事項を審議させるために国民健康保険事業の運営に関する協議会を置く。改革後は，国民健康保険の被保険者については，都道府県の区域内に住所を有する者は，都道府県が当該都道府県内の市町村とともに行う国民健康保険（以下「都道府県等が行う国民健康保険」）の被保険者とする。

　次に，費用負担である。まず，国と都道府県の間では，国は，都道府県に対し，①療養の給付等に要する費用等の100分の32，高額医療費負担対象額の4分の1相当額を負担するとともに，②療養の給付等に要する費用等の100分の9相当額の調整交付金の交付，被保険者の健康の保持増進，医療の効率的な提供の推進その他医療に要する費用の適正化等に

■ 図表8-2 改革後の国保の運営における都道府県と市町村の役割

改革の方向性	
1. 運営の在り方 (総論)	○ 都道府県が，当該都道府県内の市町村とともに，国保の運営を担う ○ 都道府県が財政運営の責任主体となり，安定的な財政運営や効率的な事業運営の確保等の国保運営に中心的な役割を担い，制度を安定化 ○ 都道府県が，都道府県内の統一的な運営方針としての国保運営方針を示し，市町村が担う事務の効率化，標準化，広域化を推進

	都道府県の主な役割	市町村の主な役割
2. 財政運営	**財政運営の責任主体** ・市町村ごとの国保事業費納付金を決定 ・財政安定化基金の設置・運営	・国保事業費納付金を都道府県に納付
3. 資格管理	国保運営方針に基づき，事務の効率化，標準化，広域化を推進 ※4.と5.も同様	・地域住民と身近な関係のなか，資格を管理（被保険者証等の発行）
4. 保険料の決定 賦課・徴収	標準的な算定方法等により，市町村ごとの標準保険料率を算定・公表	・**標準保険料率等を参考に保険料率を決定** ・個々の事情に応じた賦課・徴収
5. 保険給付	・**給付に必要な費用を，全額，市町村に対して支払い** ・市町村が行った保険給付の点検	・保険給付の決定 ・個々の事情に応じた窓口負担減免等
6. 保健事業	市町村に対し，必要な助言・支援	・**被保険者の特性に応じたきめ細かい保健事業を実施** （データヘルス事業等）

資料：全国厚生労働関係部局長会議資料（2015年2月24日）

係る都道府県及び当該都道府県内の市町村の取組みを支援するための予算の範囲内での交付金の交付を行う。都道府県は，一般会計から，療養の給付等に要する費用等の100分の9相当額及び高額医療費負担対象額の4分の1相当額を当該都道府県の国民健康保険に関する特別会計に繰り入れる。次に，都道府県と市町村の間では，以下の仕組みが設けられた。まず，都道府県は，当該都道府県内の市町村に対し，療養の給付等に要する費用その他の国民健康保険事業に要する費用について，国民健康保険保険給付費等交付金を交付する[220]。一方，都道府県は，国民健康保険事業に要する費用にあてるため，当該都道府県内の市町村から，年度ごとに，国民健康保険事業費納付金を徴収する。また，都道府県は，国民健康保険財政の安定化を図るため財政安定化基金を設け，①保険料の収納が不足する当該都道府県内の市町村に対する資金の貸付または交付の事業にあてるほか，②都道府県の国民健康保険

---

[220] 市町村による保険給付が法令の規定に違反し，または不当に行われた恐れがあると認めるときは，当該市町村に対し，再度の審査を求めることができ，さらに，市町村に対し当該保険給付の全部または一部の取消の勧告を行うことができるが，当該勧告に市町村が従わないときは，交付金の額から相当額を減額することができる。

に関する特別会計において療養の給付等に要する費用等にあてるために収入した額が，実際に療養の給付等に要した費用等の額に不足する場合に，財政安定化基金を取り崩し，当該都道府県の国民健康保険に関する特別会計への繰入れを行う。

国民健康保険の運営については，都道府県は，都道府県等が行う安定的な財政運営と市町村の国民健康保険事業の運営の広域化及び効率化の推進を図るため，都道府県等が行う国民健康保険の運営に関する方針を定める。保険料の設定については，都道府県は，毎年度，厚生労働省令で定めるルールに従って，当該都道府県内の市町村ごとの保険料率の標準的な水準を定める標準保険料率等を算定する。市町村は，都道府県が定めた標準的な保険料算定方式等を参考に，実際の算定方式や保険料率を定め，保険料を賦課徴収する。市町村は，都道府県が設定する標準的な収納率[221]よりも高い収納率を上げれば標準保険料率よりも安い保険料率を設定することができる。

以上の改革を通じ，2018（平成30）年度から，都道府県が，当該都道府県内の市町村とともに国保の運営を担う，新たな国保制度が発足する。

2015年改正によるこれらの国保改革の結果，現状では小規模な保険者の多い国保について運営の安定化を図ること，新たに国保の財政運営に責任を有することになる都道府県が，医療計画・地域医療構想の策定・実現等を通じて良質で効率的な医療提供体制の確保に取り組む仕組みとなること，恒常的な一般会計繰入を解消すること，システムの標準化・共同化や統一的な運営方針等を通じ事務遂行の効率化，標準化を進めること，などの効果が期待されている。

なお，以上の市町村国保に関する改革のほか，2015年改正では，国民健康保険組合に対する国庫補助について見直しが行われ，国庫補助割合について，国民健康保険組合の財政力を勘案して100分の13から100分の32までの範囲内において政令で定める割合とされた（国民健康保険組合関係は2016年4月施行。補助率は5年かけて見直し）。

2 健康保険法の一部改正

（保険料関係）

健康保険法に定める保険料の賦課の基礎となる標準報酬月額について，3等級区分（第48級から第50級）を追加し，上限額が139万円に引き上げられ，また，標準賞与額の上限額について，年度における標準賞与額の累計額が573万円に引き上げられた（2016〈平成28〉年4月1日施行）。協会けんぽ及び健康保険組合が管掌する健康保険の一般保険料率については，新たに1000分の30から1000分の130までの範囲内において決定するものと規定された。

---

[221] 被保険者数に応じ，1万人未満94％から10万人以上88％の4段階で設定。

(保険給付関係)

保険給付に関しては，保険外併用療養費制度について見直しが行われ，評価療養及び選定療養に加え，新たに，患者申出療養が保険外併用療養費の支給対象となった。患者申出療養は，高度の医療技術を用いた療養であって，当該療養を受けようとする者の申出に基づき，療養の給付の対象とすべきものであるか否かについて，適正な医療の効率的な提供を図る観点から評価を行うことが必要な療養として厚生労働大臣が定めるものである。患者による申出は，厚生労働大臣に対し，当該申出に係る療養を行う臨床研究中核病院の開設者の意見書その他の必要な書類を添えて行い，厚生労働大臣は，申出について速やかに検討を加え，必要と認められる場合には，当該申出に係る療養を患者申出療養として定め，通知する仕組みとした。

また，医療機関の外来の機能分化を促進する観点から，特定機能病院その他の病院であって厚生労働省令で定めるものは，患者の病状その他の事情に応じた適切な他の保険医療機関を当該患者に紹介すること，その他の保険医療機関相互間の機能の分担及び業務の連携のための措置として厚生労働省令で定める措置を講ずることが規定された。これにより，新たに，紹介状なしで特定機能病院等を受診する場合等には，原則として，定額負担[222]を患者に求める仕組みが導入される。これまで保険外併用療養費制度の選定療養として200床以上の病院が設定できることとされてきた初診・再診料に加え，新たに特定機能病院等の対象病院に対し選定療養を義務化するものと位置付けられている[223]。施行後は対象病院に紹介状なしで受診した患者は，救急等の場合を除き，定額負担を支払わなければならなくなる。再診については，他の医療機関に対して文書による紹介を行う旨の申出を行ったにもかかわらず，大病院を再度受診する場合に定額負担を求めることになる（図表8-3）。

入院時食事療養費の食事療養標準負担額については，入院と在宅療養の負担の公平等を図る観点から食材費相当額に加え調理費相当額の負担を求めることとし，新たに，平均的な家計における食費及び特定介護保険施設等における食事の提供に要する平均的な費用の額を勘案して厚生労働大臣が定めるものとすることが規定された。これに基づき2016年度以降，一般所得者について現行260円から360円（2016年度），460円（2017年度）に段階的引上げが予定されている（低所得者と，難病・小児慢性特定疾病患者については据え置かれる予定）。

現金給付である傷病手当金については，支給額の算定基礎となる標準報酬月額の計算を直前1月にしていることを見直し，新たに，傷病手当金の額を，1日につき，傷病手当金の支給を始める日の属する月以前の直近の継続した12月間の各月の標準報酬月額を平均した額

---

222) 定額負担の額は，例えば5000円～10000円が想定されているが，今後審議会等で検討の上定められる。
223) 2015年医療保険制度改革による改正以前より，病床数が200床以上の病院であって，地方厚生局に届け出たものは，初再診において特別の料金を徴収できることとされており，初診1191施設（最高8400円，最低105円，平均2130円），再診110施設（最高5250円，最低210円，平均1006円）で設定されている（2013〈平成25〉年7月1日現在）。

■ 図表8−3 紹介状なしで大病院を受診する場合等の定額負担の導入

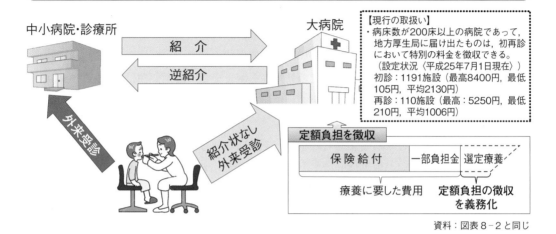

資料：図表8−2と同じ

の30分の1に相当する額の3分の2に相当する額とするものとした（出産手当金についても同趣旨の改正）。

（協会けんぽへの国庫補助等）

全国健康保険協会の療養の給付等に対する国庫補助については，時限の特別措置により定められてきたことを改め，健康保険法本則において療養の給付等の額に1000分の130から1000分の200までの範囲内において政令で定める割合を乗じて得た額とするものとした上で，同法附則において，当該規定にかかわらず，当分の間1000分の164を乗じて得た額とした（16.4％を事実上恒久化）。ただし，2015年度以降の国庫補助の額について，協会の準備金が法定準備金を超えて積み立てられる場合においては，一の事業年度において当該積み立てられた準備金の額に1000分の164を乗じて得た額を翌年度分から控除するものとした。さらに，政府は，協会の一般保険料率を引き上げる必要があると見込まれる場合において，協会の国庫補助に係る規定について検討を加え，必要があると認めるときは，その結果に基づいて所要の措置を講ずるものとするとの規定が設けられた（2015〈平成27〉年5月施行）。

協会けんぽの都道府県単位保険料率の調整を行う期限については，医療に要する費用の適正化等に係る協会の取組みの状況を勘案して2024（平成36）年3月31日までの間において政令で定める日までの間に延長された（改正前は2020〈平成32〉年度まで）。

3 高齢者の医療の確保に関する法律の一部改正

（医療費適正化計画）

　高齢者の医療の確保に関する法律に基づき，2008（平成20）年より，5年を1期として国は全国医療費適正化計画を，都道府県は都道府県医療費適正化計画を策定してきた。2015年医療保険制度改革においては，全国医療費適正化計画に関し，医療計画や介護保険事業支援計画との整合性を確保するため，計画期間5年を6年に変更するとともに，全国医療費適正化計画において定めるべき事項に，各都道府県の医療計画に基づく事業の実施による病床の機能の分化及び連携の推進の成果，国民の健康の保持の推進及び医療の効率的な提供の推進により達成が見込まれる医療費適正化の効果等を踏まえて，計画期間における医療に要する費用の見込み（国の医療に要する費用の目標）に関する事項を定めることとされた。厚生労働大臣は，各年度進捗状況を公表するとともに，計画期間において，国における医療に要する費用が国の医療に要する費用の目標を著しく上回ると認める場合には，その要因を分析するとともに，当該要因の解消に向けて，関係者と協力して必要な対策を講ずるものとされた。

　次に都道府県医療費適正化計画については，計画期間を6年にするとともに，都道府県医療費適正化計画において定めるべき事項に，都道府県の医療計画に基づく事業の実施による病床の機能の分化及び連携の成果，住民の健康の保持の増進及び医療の効率的な提供の推進による達成が見込まれる医療費適正化の効果を踏まえて，計画期間における医療に要する費用の見込み（都道府県の医療に要する費用の目標）に関する事項を定めることとされた。都道府県においても，各年度進捗状況を公表するとともに，都道府県における医療に要する費用が都道府県の医療に要する費用の目標を著しく上回ると認める場合には，その要因を分析するとともに，当該都道府県における医療提供体制の確保に向けて，関係者と協力して必要な対策を講ずるよう努めるものとされた（図表8-4）。

　現行の医療費適正化計画においては医療に要する費用の見通しに関する事項を記載することとされているが，改革後は，病床機能の分化及び連携の推進の成果と行動目標の達成による医療費適正化効果を踏まえた医療に要する費用の目標が定められ，PDCAサイクルによって進捗管理を行うことにより医療費適正化の取組みが推進されることが期待されている。

（前期高齢者納付金及び後期高齢者支援金等）

　前期高齢者納付金及び後期高齢者支援金の拠出金負担が特に重い保険者（上位3％）については，保険者の支え合いでその負担を全保険者において再按分することにより軽減する措置が取られてきたが，2015年改正により対象となる保険者の範囲を拡大（上位10％）するとともに，当該再按分に加えて，国が当該拡大分の費用負担に要する費用の2分の1に相当する額を負担することとされた。これにより拡大分に該当する保険者の負担は，保険者相互

■ 図表8-4　医療費適正化計画の見直し

○ 現行の『医療費の見通し』は,【病床機能の分化及び連携の推進の成果】及び【行動目標の達成による医療費適正化効果】を踏まえた『医療に要する費用の見込み』に変更
○ 『医療に要する費用の見込み』は,PDCAサイクルの強化を図る観点から,要因分析や対策実施の文脈において,『医療に要する費用の目標』と呼称
○ 『行動目標』については,医療費適正化効果との関係で見直し。また,『後発医薬品の普及』等を追加
○ 医療費の算定方法・行動目標については,厚生労働省から推計式等を提示

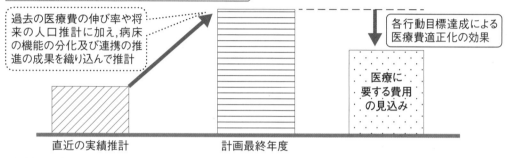

＊行動目標を定めるに当たっては,地域における病床機能の分化及び連携の推進並びに地域包括ケアシステムの構築に向けた取組の重要性に留意。

資料：図表8-2と同じ

の拠出と,国費の折半により軽減する仕組みとなる（2017〈平成29〉年4月施行）。

　被用者保険等保険者に係る後期高齢者支援金の算定については,より負担能力に応じた負担とする観点から,新たにその額のすべてを被用者保険等保険者の標準報酬総額に応じたものとすることを規定し（全面総報酬割）,総報酬割部分を2015年度に2分の1[224],2016（平成28）年度に3分の2と段階実施したうえで,2017（平成29）年度に全面総報酬割を実施することとされた。

（その他）

　健康保険法の保健事業に関し,健康保険の保険者は,健康教育,健康相談及び健康診査,健康管理及び疾病予防について,被保険者と被扶養者の自助努力についての支援その他の被保険者等の健康の保持増進のために必要な事業を行うよう努めなければならないものとすること,後期高齢者医療広域連合は,高齢者の心身の特性に応じた保健事業を行うよう努めるとともに,保健事業の実施にあたっては介護保険の地域支援事業を実施する市町村等との連携を図るものとすること等が規定され,そのほか,船員保険法,社会保険診療報酬支払基金法について,所要の改正が行われている。

　また,法の附則には,検討規定が設けられ,政府の講ずべき措置として次の2点を規定し

224）衆議院での修正により,施行日が4月1日から公布日（5月29日）に変更された。

ている。

①政府は，この法律の公布後において，持続可能な医療保険制度を構築する観点から，医療に要する費用の適正化，医療保険の保険給付の範囲及び加入者等の負担能力に応じた医療に要する費用の負担のあり方等についてさらに検討を加え，その結果に基づいて必要な措置を講ずるものとすること

②政府は，この法律による改正後の国民健康保険法の施行後において，国民健康保険の医療に要する費用の増加の要因，当該費用の適正化に向けた国，都道府県及び当該都道府県内の市町村の取組み並びに国民健康保険事業の標準化及び効率化に向けた都道府県及び当該都道府県内の市町村の取組み等の国民健康保険事業の運営の状況を検証しつつ，これらの取組みの一層の推進を図るとともに，国民健康保険の持続可能な運営を確保する観点から，当該取組みの状況も踏まえ，都道府県及び当該都道府県内の市町村の役割分担のあり方も含め，国民健康保険全般について，医療保険制度間における公平に留意しつつ検討を加え，その結果に基づいて必要な措置を講ずるものとすること

2015年医療保険制度改革においては，国民健康保険の安定的な財政運営のため，長年の課題であった，都道府県への財政運営の移管が2018年に実現することになった。2006年改正における国民健康保険への保険財政共同安定化事業等と後期高齢者医療制度の導入，2012年改正における共同事業の対象拡大を通じた財政運営の都道府県単位化推進，2014年の社会保障制度改革国民会議報告以降の社会保障・税一体改革の取組み等の過程を経て，今回の改革において財政運営の移管が法定されたことの意義は大きい。また，保険者の財政安定化措置や，負担の公平化に加え，医療費適正化対策について，2014年医療制度改革で制度化された地域医療構想策定などによる医療提供体制の改革と整合的な医療費適正化計画を策定し，進捗管理して実現を図るなど，医療費適正化の取組みも拡充されることになった。

今後の課題については，上記法の附則に掲げられた検討事項のほか，衆議院厚生労働委員会における附帯決議において，①患者申出療養について，②医療費適正化の指導について，③医療保険制度と再構築するための検討について，政府に適切な措置が求められている。また，参議院厚生労働委員会における附帯決議においては，①国民健康保険について，②高齢者医療制度及び被用者保険について，③患者負担について，④医療費適正化計画及び予防・健康づくりについて，⑤患者申出療養についての5項目にわたって政府に適切な措置が求められる（本章末に参考として衆議院厚生労働委員会及び参議院厚生労働委員会の附帯決議，法律案の提案理由説明及び修正案趣旨説明を掲載した）。

参考1

持続可能な医療保険制度を構築するための国民健康保険法等の一部を改正する法律案に対する附帯決議

平成 27 年 4 月 24 日
衆議院厚生労働委員会

政府は，本法の施行に当たり，次の事項について適切な措置を講ずるべきである。

一 患者申出療養については，患者が自ら申し出たことを理由に，有害な事象が発生した際に不利益を被ることのない仕組みとするとともに，患者申出療養の対象となった医療が，できる限り速やかに保険適用されるような措置を講じること。

二 持続可能な医療保険制度を構築するためには増大する医療費の抑制が不可欠であることに鑑み，今回の改正による医療費適正化の取組に加え，現在実施されている実効性のある取組の普及・促進を図る等医療費適正化の指導の徹底を図ること。

三 本法による制度改革の実施状況を踏まえつつ，高齢者医療制度を含めた医療保険制度体系，保険給付の範囲，負担能力に応じた費用負担の在り方等について，必要に応じ，盤石な医療保険制度を再構築するための検討を行うこと。

参考 2

持続可能な医療保険制度を構築するための国民健康保険法等の一部を改正する法律案に対する附帯決議

平成 27 年 5 月 26 日
参議院厚生労働委員会

政府は，本法の施行に当たり，次の事項について適切な措置を講ずるべきである。

一、国民健康保険について

1　都道府県を市町村とともに国民健康保険の保険者とするに当たっては，都道府県と市町村との間の連携が図られるよう，両者の権限及び責任を明確にするとともに，国民健康保険事業費納付金の納付等が円滑に行われるよう必要な支援を行い，あわせて，市町村の保険者機能や加入者の利便性を損ねることがないよう，円滑な運営に向けた環境整備を着実に進めること。また，都道府県内の保険料負担の平準化を進めるに当たっては，医療サービスの水準に地域格差がある現状に鑑み，受けられる医療サービスに見合わない保険料負担とならないよう配慮すること。

2　国民健康保険の保険料負担については，低所得者対策として介護保険には境界層措置があることも参考に，その在り方について検討するとともに，子どもに係る均等割保険料の軽減措置について，地方創生の観点や地方からの提案も踏まえ，現行制度の趣旨や国保財政に与える影響等を考慮しながら，引き続き議論すること。

3　国民健康保険に対する財政支援に当たっては，保険料の収納率の向上等，国民健康保険の運営面の問題の改善を図った上で，その財源を安定的に確保するよう努めること。また，財政支援の効果について，国民健康保険の持続可能な運営を確保する観点から，その評価及び検証を行うこと。

4　都道府県の財政安定化基金からの貸付け及び交付については，国民健康保険における市町村の財政規律を維持するため，それらの要件が適切に設定されるよう必要な措置を講ずること。

5　保険者努力支援制度の実施に当たっては，保険者の努力が報われ，医療費適正化に向けた取組等が推進されるよう，綿密なデータ収集に基づく適正かつ客観的な指標の策定に取り組むこと。

6　国民健康保険組合については，今後とも，自主的な運営に基づく保険者機能を発揮できるよう，必要な支援を行うとともに，定率補助の見直しに当たっては，対象となる被保険者が多いなど個々の組合の財政影響等を踏まえた特別調整補助金による支援や，定率補助の見直しに伴い保有すべき積立金が増加することへの対応など，補助率

が引き下げられる組合に対する適切な激変緩和措置を検討すること。また，所得水準の高い組合に対する定率補助の見直しについては，実施状況の検証を行うこと。

二、高齢者医療制度及び被用者保険について

1　高齢者の医療費の増加等に伴い，現役世代の負担が大きくなっている中で，持続可能な医療保険制度の確立に向けて，更なる医療保険制度改革を促進するとともに，負担の公平性等の観点から高齢者医療制度に関する検討を行うこと。

2　前期高齢者納付金及び後期高齢者支援金については，今後高齢化の一層の進展が見込まれていることを踏まえ，現役世代の拠出金負担が過大とならないよう，本法に規定された拠出金負担が特に重い保険者に対する拠出金負担軽減措置を講ずるとともに，将来にわたって高齢者医療運営円滑化等補助金の財源を確保するよう努めること。

3　後期高齢者支援金の総報酬割の拡大に当たっては，被用者保険の保険財政への影響の評価及び検証を行うとともに，被用者保険の保険者及び被保険者に十分な説明を行い，その理解と納得を得るよう努めること。

4　協会けんぽに対する国庫補助の在り方については，加入者の報酬水準が相対的に低いことに鑑み，その加入者の保険料負担が過重とならないようにするため，必要な財源の確保に努めること。

三、患者負担について

1　入院時食事療養費については，今後も引き続き，低所得者，難病患者及び小児慢性特定疾病患者はもちろん，長期にわたり入院を余儀なくされている療養患者等への配慮を十分に行うこと。

2　紹介状のない大病院受診に係る定額負担の導入に当たっては，外来の機能分化促進の効果，低所得者等の受診状況の変化等を調査し，その結果に基づき適切な措置を講ずるとともに，定額負担の対象とならない症例等，事例の明確化及び積極的な周知を行うこと。

四、医療費適正化計画及び予防・健康づくりについて

1　特定健康診査及び特定保健指導の実施率，平均在院日数等の医療費適正化計画における指標については，医療費適正化効果の定量的な分析を行うとともに，今後の医療費適正化計画の指標の在り方については，地域医療の実態を分析し，地域医療構想を踏まえた指標を検討すること。

2　保健事業において保険者が実施する予防・健康づくりのインセンティブの強化に当たっては，保険者に対し好事例の周知に積極的に取り組むとともに，必要な医療を受けるべき者が受診を抑制し，重症化することがないよう，インセンティブ付与の在り方について十分に検討すること。

五、患者申出療養について

1　患者申出療養については，患者からの申出が適切に行われるよう，患者が必要とする医薬品等の情報を容易に入手できる環境を整備するとともに，製薬企業から不適切

な関与が起きないことを担保しつつ，医学的に適切な判断に基づいて，ヘルシンキ宣言及び「人を対象とする医学系研究に関する倫理指針」に基づく臨床研究等として，患者申出療養が実施されるよう，患者等に対する相談体制及び倫理審査体制の整備，利益相反の適切な管理等必要な措置を講ずること。

2 　患者申出療養の実施に当たっては，医の倫理及び被験者保護の確保と，その安全性及び有効性の確保を十分に行うとともに，患者の不利益とならないよう，また，患者に責任が押しつけられないよう，患者申出療養の実施に伴い，副作用，事故等が生じた場合に，患者が十分かつ確実に保護される枠組みとすること。

3 　臨床研究中核病院が作成する実施計画については，患者申出療養に関する会議において厳格かつ透明性ある審議が迅速に行われるようにするとともに，保険収載に向けた評価が着実に実施されるよう，また，臨床研究計画の内容が国際水準を目指したものとなるよう，必要な措置を講ずること。

4 　患者申出療養においては，円滑な制度の運用に資するため，負担が重くなる臨床研究中核病院等の医療機関に対し，必要な支援措置を講ずるとともに，患者申出療養に関わる医療従事者等が長時間労働にならないようにするなど，医療従事者等の負担について十分な配慮を行うこと。また，関係学会等に協力を要請し，患者申出療養において申出が予想される医薬品等のリスト化を行うなど，申請作業の迅速化及び効率化が図られるよう，所要の措置を講ずること。

5 　評価療養の中で実施されている先進医療，最先端医療迅速評価制度及び国家戦略特別区域での先進医療に加え，新たに患者申出療養制度が設けられることにより，保険外併用療養費制度がますます複雑化することから，制度の効率化を図るとともに，国民にとって分かりやすいものとすること。

参考3

持続可能な医療保険制度を構築するための国民健康保険法等の一部を改正する法律案提案理由説明

衆議院厚生労働委員会（2015年4月15日）

　○塩崎恭久厚生労働大臣　ただいま議題となりました持続可能な医療保険制度を構築するための国民健康保険法等の一部を改正する法律案につきまして，その提案の理由及び内容の概要を御説明いたします。

　我が国は，誰もが安心して医療を受けることができる世界に誇るべき国民皆保険を実現し，世界最長の平均寿命や高い保健医療水準を達成してきました。しかしながら，急速な少子高齢化など大きな環境変化に直面している中，将来にわたり医療保険制度を持続可能なものとし，国民皆保険を堅持していくためには，たゆまぬ制度改革が必要であります。

　これを踏まえ，持続可能な社会保障制度の確立を図るための改革の推進に関する法律に基づく措置として，持続可能な医療保険制度を構築するため，国民健康保険の財政支援の拡充や財政運営責任の都道府県への移行等による医療保険制度の財政基盤の安定化，被用者保険者に係る後期高齢者支援金の全面総報酬割の導入，医療費適正化の推進を行うほか，患者申し出療養の創設の措置を講ずることとし，この法律案を提出いたしました。

　以下，この法律案の内容につきまして，その概要を御説明いたします。

　第1に，国民皆保険を支える重要な基盤である国民健康保険制度の安定的な運営が可能となるよう，国民健康保険への財政支援の拡充を行うことにより，財政基盤を強化することとしております。また，都道府県が，市町村とともに国民健康保険の運営を担い，国民健康保険の財政運営の責任主体として，安定的な財政運営や効率的な事業の確保などの事業運営において中心的な役割を担うことにより，国民健康保険制度の安定化を図ることとしています。

　第2に，後期高齢者支援金について，より負担能力に応じた負担とし，被用者保険者相互の支え合いを強化するため，被用者保険者の後期高齢者支援金の額の全てを標準報酬総額に応じた負担とするとともに，高齢者医療への拠出金負担の重い保険者の負担を軽減する措置を拡充することとしています。

　第3に，医療費適正化の取り組みを実効的に推進するため，医療費適正化計画において，医療に要する費用についての目標を定めるとともに，毎年度の進捗状況を公表し，目標と実績に差がある場合には，その要因を分析し，必要な対策を講ずることとしています。

　第4に，困難な病気と闘う患者からの申し出を起点として，安全性及び有効性を確認しつつ，高度な医療技術を用いた医療を迅速に保険診療と併用して行うことができるよう，新たな保険外併用療養費制度として患者申し出療養を創設することとしています。

以上のほか，全国健康保険協会に対する国庫補助率の安定化，入院時食事療養費の見直し等を行うこととしています．

　最後に，この法律案の施行期日は，一部の規定を除き，平成30年4月1日としています．

　以上が，この法律案の提案の理由及びその内容の概要でございます．

　御審議の上，速やかに可決していただくことをお願いいたします．

参考 4

持続可能な医療保険制度を構築するための国民健康保険法等の一部を改正する法律案に対する修正案趣旨説明

衆議院厚生労働委員会（2015 年 4 月 24 日）

○高鳥修一委員　ただいま議題となりました持続可能な医療保険制度を構築するための国民健康保険法等の一部を改正する法律案に対する修正案につきまして，自由民主党及び公明党を代表して，その趣旨を御説明申し上げます。

　修正の要旨は，協会けんぽに対する国庫補助に関する改正規定，後期高齢者支援金の額の算定に係る全面総報酬割の実施までの間の総報酬割部分の特例に関する改正規定等の施行期日を「平成27年4月1日」から「公布の日」に改めることであります。

　何とぞ委員各位の御賛同をお願い申し上げます。

参考文献

- 天野拓（2013）『オバマの医療改革——国民皆保険制度への苦闘』勁草書房
- 飯塚敏晃（2014）「アメリカの医療保険制度改革——オレゴン州の『実験』からわかること」経済セミナー No.676
- 井伊雅子編（2009）『アジアの医療保障制度』東京大学出版会
- 猪飼周平（2010）『病院の世紀の理論』有斐閣
- 池上直己（2014）『医療・介護問題を読み解く』日本経済新聞出版社
- 池上直己ほか（2011）「日本の皆保険制度の変遷，成果と課題」『ランセット日本特集号国民皆保険達成から50年』
- 池上直己（2011）『ベーシック医療問題第4版』日本経済新聞出版社
- 池上直己（2006）「地域医療計画の課題と新たな展開」田中滋・二木立編著『講座医療経済・政策学3 保健・医療提供制度』勁草書房
- 泉田信行（2009）「保険者機能の強化について」田近栄治・尾形裕也編著『次世代型医療制度改革』ミネルヴァ書房
- 泉眞樹子（2014）「難病対策の概要と立法化への経緯——医療費助成と検討経緯を中心に」調査と情報 No.823
- 泉眞樹子（2012）「東日本大震災における災害医療と医療の復興」『東日本大震災への政策対応と諸課題（調査資料）』国立国会図書館調査及び立法考査局
- 一圓光彌・田畑雄紀（2012）「イギリスの家庭医制度」健保連海外医療保障 No.93
- 伊藤暁子（2013）「イギリス及びスウェーデンの医療制度と医療技術評価」レファレンス 2013.10
- 稲森公嘉（2014）「フランスの医療保険の給付範囲」健保連海外医療保障 No.101
- 稲森公嘉（2012）「公的医療保険の給付」日本社会保障法学会編『新・講座社会保障法1 これからの医療と年金』法律文化社
- 今井澄（2002）『理想の医療を語れますか』東洋経済新報社
- 今中雄一・松田晋哉・伏見清秀（2012）「医療データの標準化——医療の質の向上に向けて」松田晋哉・伏見清秀編『診療情報による医療評価—— DPC データから見る医療の質』東京大学出版会
- 今中雄一（2006）「医療の質と原価の評価——根拠に基づく医療提供制度の設計・経営・政策に向けて」田中滋・二木立編著『講座医療経済・政策学3 保健・医療提供制度』勁草書房
- 岩渕豊（2013）『日本の医療政策——成り立ちと仕組みを学ぶ』中央法規出版
- 岩渕豊（2013）「医療・介護制度の展開と社会保障・税一体改革」西村周三監修，国立社会保障・人口問題研究所編『地域包括ケアシステム——「住み慣れた地域で老いる」社会をめざして』慶應義塾大学出版会
- 岩渕豊（2012）「高額療養費制度に関する考察——負担軽減と公的医療保険財政に及ぼす影響を中心に」社会保険旬報 No.2508
- 岩渕豊・大原光博・田村やよひ（2002）「医療提供体制」尾形裕也・田村やよひ編著『看護経済学——マネジメントのための基礎』法研
- 岩渕豊（1994）「ECにおける社会保障制度間調整」海外社会保障情報 No.106
- 岩村正彦（2007）「外国人労働者と公的医療・公的年金」季刊社会保障研究 No.43（2）
- 岩村正彦（2005）「入門講座社会保障法入門第67講——医療保険法：医療保険法の給付」『自治事務セミナー』No.44（4）

- 岩村正彦（2001）『社会保障法Ⅰ』弘文堂
- 印南一路（2009）『「社会的入院」の研究――高齢者医療最大の病理にいかに対処すべきか』東洋経済新報社
- 栄畑潤（2007）『医療保険の構造改革――平成18年改革の軌跡とポイント』法研
- 太田秀樹・秋山正子・坂井孝壱郎・大島伸一（2012）『治す医療から，生活を支える医療へ――超高齢化社会に向けた在宅ケアの理論と実践』図書出版木星舎
- 葛西美恵・小林慎・池田俊也他（2011）「医療技術評価（HTA）の政策立案への活用可能性（後編）――海外の動向とわが国における課題」医療と社会 No.21（3）
- 笠木映里（2014）「医療制度・医療保険制度改革」『論究ジュリスト』2014秋号 No.11
- 笠木映里（2012）『社会保障と私保険――フランスの補足的医療保険』有斐閣
- 笠木映里（2008）『公的医療保険の給付範囲――比較法を手がかりとした基礎的考察』有斐閣
- 笠木映里（2008）「フランスの医療制度」クォータリー生活福祉研究 No.17（1）
- 笠木映里（2007）「医療制度――近年の動向・現状・課題」海外社会保障研究 No.161
- 加藤智章（2014）「社会保障と税の一体改革」『論究ジュリスト』2014秋号 No.11
- 加藤智章（2013）「フランスにおける医療費適正化の試み」健保連海外医療保障 No.99
- 加藤智章・西田和弘編（2013）『世界の医療保障』法律文化社
- 加藤智章（2012）「フランスにおけるかかりつけ医制度と医療提供体制」健保連海外医療保障 No.93
- 加藤智章・菊池馨実・倉田聡・前田雅子（2007）『社会保障法第4版』有斐閣
- 株本千鶴（2013）「韓国における医療費対策の動向」健保連海外医療保障 No.99
- 河野正輝・中島誠・西田和弘編（2011）『社会保障論第2版』法律文化社
- 河野正輝・江口隆裕編（2009）『レクチャー社会保障法』法律文化社
- 金賢植・金道勲・前橋章（2013）「韓国における高齢者対策の動向」健保連海外医療保障 No.100
- 桐野高明（2014）『医療の選択』岩波新書
- 京極髙宣（2007）『社会保障と日本経済――「社会市場」の理論と実証』慶應義塾大学出版会
- 健康保険組合連合会（2014）『平成25年度健保組合決算見込みの概要』
- 『健康保険法の解釈と運用（第11版）』（2003）法研
- 権丈善一（2006）『医療年金問題の考え方――再分配政策の政治経済学Ⅲ』慶応義塾大学出版会
- 厚生省保険局国民健康保険課監修（1983）『逐条詳解国民健康保険法』中央法規出版
- 厚生省健康政策局総務課編（1994）『医療法・医師法（歯科医師法）解第16版』医学通信社
- 厚生労働省（2014）「特定健診・保健指導の医療費適正化効果等の検討のためのワーキンググループ第二次中間取りまとめ」
- 厚生労働省（2014）「救急医療体制等のあり方に関する検討会報告書」
- 厚生労働省（2014）「終末期医療に関する意識調査等検討会報告書」
- 厚生労働省（2013）「専門医の在り方に関する検討会報告書」
- 厚生労働省編（2012）『厚生労働白書平成24年版』日経印刷
- 厚生労働省（2012）「公的医療保険って何だろう？」
- 厚生労働省（2012）「全国健康保険協会の平成23年度における健康保険事業及び船員保険事業の業績に関する評価結果」
- 厚生労働省（2014）「2013年の海外情勢報告」
- 厚生労働省（2012）「2010.2011年の海外情勢報告」
- 厚生労働省「平成24年医師・歯科医師・薬剤師調査の概況」
- 厚生労働省「平成24年度国民医療費の概況」
- 厚生労働省高齢者医療制度改革会議（2010）「高齢者のための新たな医療制度等について（最終とり

まとめ）」
- 国民健康保険中央会監（2011）『国保担当者ハンドブック改訂 15 版』社会保険出版社
- 小林美亜・池田俊也・藤森研司（2010）「臨床指標と DPC データ」医療と社会 No.20 (1)
- 小松秀樹（2006）『医療崩壊「立ち去り型サボタージュ」とは何か』朝日新聞社
- 柴田洋二郎（2014）「フランスにおける補足医療保険改革の動向——社会的地位か市場原理か？」健保連海外医療保障 No.104
- 柴田洋二郎（2012）「フランス社会保障財源の租税化（fiscalisation）——議論・帰結・展開」海外社会保障研究 No.179
- 篠田道子（2011）「フランスにおける医師と看護師の役割分担——看護師の「固有の役割」を中心に——」海外社会保障研究 No.174
- 島崎謙治（2011）『日本の医療——制度と政策』東京大学出版会
- 社会保障制度改革国民会議（2013）「社会保障制度改革国民会議報告書——確かな社会保障を将来世代に伝えるための道筋」
- 関ふ佐子（2014）「アメリカにおける医療保障改革」『論究ジュリスト』2014 秋号 No.11
- 関根由紀（2014）「EU 主要国における社会保障の動向」『論究ジュリスト』2014 秋号 No.11
- 全国健康保険協会「平成 25 年度事業報告書」
- 高久史麿監，水野肇・田中一哉編（2011）『総合医の時代』社会保険出版社
- 髙橋紘士編（2012）『地域包括ケアシステム』オーム社
- 田尾雅夫・西村周三・藤田綾子編（2003）『超高齢社会と向き合う』名古屋大学出版会
- 田極春美・家子直幸（2012）「イギリス NHS 改革のこれまでと最新の動向」健保連海外医療保障 No.93
- 鄭在哲（2011）「韓国医療制度の一本化後の現状と課題」健保連海外医療保障 No.92
- 対馬忠明（2003）「健康保険組合と保険者機能の強化」山崎泰彦・尾形裕也編著『医療制度改革と保険者機能』東洋経済新報社
- 土田武史（2014）「ドイツにおける医療保険給付の範囲をめぐる動向」健保連海外医療保障 No.101
- 堤修三（2007）『社会保障改革の立法政策的批判——2005／2006 年介護・福祉・医療改革を巡って』社会保険研究所
- 手嶋豊（2011）『医事法入門第 3 版』有斐閣
- 中浜隆（2006）『アメリカの民間医療保険』日本経済評論社
- 日本社会保障法学会編（2012）『新・講座社会保障法 1 これからの医療と年金』法律文化社
- 二木立（2014）『安倍政権の医療・社会保障改革』勁草書房
- 二木立（2011）『民主党政権の医療政策』勁草書房
- 西内啓・野口晴子（2014）「対談：データを活かした医療政策を——20 年後の社会を見据えて」『経済セミナー』No.676
- 西村健一郎・岩村正彦・菊池馨実編（2005）『社会保障法—— Cases and Materials』有斐閣
- 西村健一郎（2003）『社会保障法』有斐閣
- 西村周三・京極髙宣・金子能宏編著（2014）『社会保障の国際比較研究——制度再考にむけた学際的・政策科学的アプローチ』ミネルヴァ書房
- 西村周三（2013）「医療・介護サービスへの影響」西村周三監修・国立社会保障・人口問題研究所編『地域包括ケアシステム——「住み慣れた地域で老いる」社会をめざして』慶應義塾大学出版会
- 西村周三・京極髙宣（2010）「医療における技術革新と産業としての医療」宮島洋・西村周三・京極髙宣編『社会保障と経済 3 社会サービスと地域』東京大学出版会
- 西村淳（2007）「社会保障協定と外国人適用——社会保障の国際化に係る政策動向と課題」季刊社会

保障研究 No.43（2）
- 長谷川千春（2011）「アメリカ医療保険改革——雇用主提供医療保険の空洞化との関連で」『健保連海外医療保障』No.91
- 久道茂・鴨池治編（2013）『今を生きる－東日本大震災から明日へ！—— 4 医療と福祉』東北大学出版会
- 福田敬（2013）「医療経済評価手法の概要」保健医療科学 No.62（6）
- 伏見清秀（2012）「地域医療資源の分析」松田晋哉・伏見清秀編『診療情報による医療評価——DPC データから見る医療の質』東京大学出版会
- 米国医療の質委員会／医学研究所，医学ジャーナリスト協会訳（2002）『医療の質——谷間を越えて 21 世紀システムへ』日本評論社
- 堀勝洋（2009）『社会保障・社会福祉の原理・法・政策』ミネルヴァ書房
- 堀真奈美（2014）「英国 NHS 給付のあり方について」健保連海外医療保障 No.101
- 松田晋哉・村松圭司・伏見清秀・藤森研司・石川ベンジャミン光一（2014）「データに基づく地域医療計画策定①～④」社会保険旬報 No.2583 ～ 2586
- 松田晋哉（2013）『医療の何が問題なのか——超高齢社会日本の医療モデル』勁草書房
- 松田晋哉（2013）「英国における近年の医療制度改革」産業医科大学雑誌 No.35-4
- 松田晋哉・片山壽（2013）「地域包括ケアをどのように具体化するか」社会保険旬報 No.2525
- 松田晋哉・伏見清秀編（2012）『診療情報による医療評価—— DPC データから見る医療の質』東京大学出版会
- 松本勝明編著　加藤智章・片桐由喜・白瀬由美香・松本由美（2015）『医療制度改革－ドイツ・フランス・イギリスの比較分析と日本への示唆』旬報社
- 松本勝明（2014）「メルケル政権下の医療制度改革——医療制度における競争」海外社会保障研究 No.186
- 松本勝明（2008）「ドイツにおける 2007 年医療制度改革——競争強化の視点から」海外社会保障研究 No.165
- 松本勝明（2006）「シュレーダー政権下での医療保険改革の評価と今後の展望」海外社会保障研究 No.155
- 松本由美（2014）「フランスにおける保健事業——健康増進・予防をめぐる政策的取組み——」健保連海外医療情報 No.102
- 松本由美（2012）「フランスにおける保健医療計画の導入と展開——医療への平等なアクセスの実現を目指して——」海外社会保障研究 No.178
- 真野俊樹（2012）『入門医療政策』中央公論新社
- みずほ情報総研株式会社（2012）「フランスにおける診療報酬の審査等に関する調査報告書」（平成 23 年度社会保険診療報酬支払基金委託事業）
- 宮島俊彦（2013）『超高齢化社会を生き抜くために——地域包括ケアの展望』社会保険研究所
- 森周子（2013）「ドイツにおける医療費適正化の取組み」健保連海外医療保障 No.99
- 山崎泰彦（2003）「保険者機能と医療制度改革」山崎泰彦・尾形裕也編著『医療制度改革と保険者機能』東洋経済新報社
- 吉田あつし（2009）『日本の医療のなにが問題か』NTT 出版株式会社
- 吉原健二・和田勝（2008）『日本医療保険制度史増補改訂版』東洋経済新報社
- 李蓮花（2011）『東アジアにおける後発近代化と社会政策——韓国と台湾の医療保険政策』ミネルヴァ書房
- 李蓮花（2009）「保健医療政策——過去は乗り越えられたのか」海外社会保障研究 No.167

- 李庸吉（2011）「韓国における『医療事故被害救済及び医療紛争調停等に関する法律』」龍谷法学 No.44-3
- OECD編著，鐘ヶ江葉子訳（2010）『図表でみる世界の保健医療――OECDインディケータ（2009年版）』明石書店
- L. コーン・J. コリガン・M. ドナルドソン編，米国医療の質委員会／医学研究所，医学ジャーナリスト協会訳（2000）『人は誰でも間違える――より安全な医療システムを目指して』日本評論社

著者紹介

岩渕　豊（いわぶち・ゆたか）

1982年厚生省入省。EC日本政府代表部一等書記官，厚生労働省保険局保険課長，医政局総務課長，国立社会保障・人口問題研究所政策研究調整官，京都大学客員教授，早稲田大学政治経済学術院非常勤講師などを経て，内閣府大臣官房審議官。

〈近著〉

『日本の医療政策―成り立ちと仕組みを学ぶ―』(2013) 中央法規出版

「医療・介護制度の展開と社会保障・税一体改革」(2013) 西村周三監修国立社会保障・人口問題研究所編『地域包括ケアシステム―「住み慣れた地域で老いる」社会をめざして』慶應義塾大学出版会

「高額療養費制度に関する考察―負担軽減と公的医療保険財政に及ぼす影響を中心に」(2012) 社会保険旬報 No.2508

「書評　李蓮花著『東アジアにおける後発近代化と社会政策―韓国と台湾の医療保険政策』」(2012) 海外社会保障研究 No.180

日本の医療
―その仕組みと新たな展開―
2015年 8月10日 発行

著　者	岩渕　豊（いわぶち・ゆたか）
発行者	荘村　明彦
発行所	中央法規出版株式会社
	〒110-0016　東京都台東区台東 3-29-1　中央法規ビル
	営　　業　TEL 03-3834-5817　FAX 03-3837-8037
	書店窓口　TEL 03-3834-5815　FAX 03-3837-8035
	編　　集　TEL 03-3834-5812　FAX 03-3837-8032
	http://www.chuohoki.co.jp/

印刷・製本　株式会社 高山

定価はカバーに表示してあります。
ISBN978-4-8058-5246-0

本書のコピー、スキャン、デジタル化等の無断複製は、著作権法上での例外を除き禁じられています。また、本書を代行業者等の第三者に依頼してコピー、スキャン、デジタル化することは、たとえ個人や家庭内での利用であっても著作権法違反です。

落丁本・乱丁本はお取り替えいたします。